# 은혜의 배달부

지용수 지음

쿰란출판사

## 머리말

이 세상의 모든 광산은 신비롭습니다. 금, 은, 동을 비롯한 갖가지 귀한 보석들과 인간 생활에 없어서는 아니 될 소중한 것들을 광산에서 캐냅니다. 참으로 놀라운 것이 광산입니다.

하나님께서 우리에게 주신 성경은 이 지구촌의 모든 광산보다 더 놀랍고 신비로우며, 더 값지고 복된 것을 우리에게 제공해 줍니다. 세상의 광산들과 비교할 수 없을 만큼 복이 되는 놀라운 광산이라 할 수 있습니다.

우리는 성경이라는 축복의 놀라운 광산에서 영생, 평화, 사랑, 기쁨, 소망, 위로, 행복, 번영, 성공, 능력, 승리 등을 날마다 캐낼 수 있으며, 우리가 천국으로 이사 갈 때까지 만나고 겪게 되는 천가지 만가지의 모든 문제를 해결할 수 있는 열쇠와 같은 진리들을 얻게 됩니다.

《은혜의 배달부》라는 제목으로 금번에 새롭게 출간되는 이 말씀들도 언제나 필자의 말씀 사역을 위해 기도의 불길을 활활 태우시는 양곡교회 성도님들과 저를 위해 간절하게 기도해 주시는 어머님과 아내와 가족들, 그리고 저의 말씀 사역을 위해 뜨겁게 후원해 주시는 모든 귀하신 분들과 제가 힘을 합하여 하나님 앞에 엎드려 기도함으로 발굴해 낸, 아니 하나님께서 선물로 주신 보석과 같은 말씀들이라고 감히 말씀드릴 수 있습니다.

아무쪼록 이 책을 접하시는 모든 분이 이 책에 수록된 말씀들을 읽을 때, 성령님께서 밝히 조명해 주심으로 독자 여러분 모두가 갖가지 진귀하고 소중한 보석들을 발굴하게 되시기를 기원합니다. 그리하여 항상 감사와 기쁨과 행복이 넘쳐 흐르는 승리의 삶을 영위하게 되시기를 바랍니다. 더 나아가 날마다 만나는 모든 분에게 그리스도의 생명의 복음을 전함으로써 멸망으로 치닫고 있는 이 땅의 허다한 영혼들이 구원을 받고, 민족 복음화와 세계 복음화가 앞당겨지기를 소망합니다.

2014년 7월

지용수 목사

# 차례

Contents

# 1

# 책임이 중한 가장

(시편 112:1-10)

원숭이 500마리가 모여 사는 마을 두 곳이 있었습니다. 어느 날 한 마을의 원숭이들이 여행을 갔는데, 사람들을 피해 뒷동산으로 가다가 아주 먹음직스럽고 탐스러운 열매가 가득한 나무를 보았습니다. 원숭이들이 "동장님! 동장님! 우리 이것, 따 먹고 갑시다. 아주 맛있어 보입니다"라고 하자 동장 원숭이가 이렇게 말했습니다.

"어디 보자. 내가 봐도 탐스럽고 먹음직스럽게 보인다. 그런데 이런 열매를 그 똑똑한 사람들이 왜 따 먹지 않고 그냥 두었을까를 생각해 보아라. 분명 독이 들어 있어 먹지 않았을 것이다."

그 원숭이들은 동장님의 말대로 열매를 따 먹지 않고 그냥 지나갔습니다.

나중에 출발한 다른 동네의 원숭이들도 그 나무에 열린 탐스러운 열매를 보았습니다. 그러자 모두가 "동장님! 저것 따 먹고 갑시다. 너무 맛있어 보입니다"라고 했습니다. 통찰력이 부족한 그 동장은 "내가 봐도 맛있어 보인다. 우리 따 먹고 가자. 금강산도 식후경이다"라고 했습니다. 그 동네 원숭이들은 그것을 따 먹고 다 죽었다고 합니다.

누군가 만든 이야기겠지만, 이것은 리더, 지도자의 책임이 아주 크다는 것을 가르쳐 줍니다.

한 나라의 대통령이나 왕, 국가 원수가 자기 욕심만 채우고 잘못하면 백성들이 굶게 됩니다. 아합 같은 왕을 만나면 억울하게 죽임을 당해도 아무 말도 못합니다. 나봇은 아합 왕에게 죽임을 당하고 포도원을 빼앗겼습니다. 그러나 리더가 잘하면 백성들이 평화를 누리며 잘 먹고 잘살게 됩니다. 히스기야, 다윗, 솔로몬 같은 선한 왕 시대에는 모든 백성들이 복을 누렸습니다.

그러므로 우리도 대통령을 잘 세워야 합니다. 고향 사람이라고, 학교 동문이라고 찍어 주면 안 됩니다. 나라를 정말 잘 이끌어 갈 사람을 세워야 하는 것입니다. 내 사촌형이라도 인물이 되지 않으면 찍지 말고, 나와 아무 상관이 없어도 인물이 되는 사람을 찍어 주어야 하는 것입니다. 그리고 나라의 지도자로 세운 다음에는 그를 위해 무조건 기도해 주어야 합니다. 저는 하루도 빠짐없이 대통령을 위해 기도합니다. 어느 대통령이든 늘 그를 위해 기도했고 지금도 기도합니다. 대통령이 누구냐에 따라 나라가 동쪽으로 가기도 하고 서쪽으로 가기도 하기 때문입니다.

대통령뿐 아니라 도의 지도자, 교육감을 위해서도 기도해야 합니다. 교육감이 누구냐에 따라 교육이 북쪽으로 가기도 하고 남쪽으로 가기도 하는 것입니다. 도지사나 시장이 누구인가도 얼마나 중요한지 모릅니다.

회사의 회장이 누구인가도 중요합니다. 회사의 회장이 깨어 있으면 그 회사는 잘됩니다. 회장의 한마디는 영향력이 대단합니다. 회장이 "조직이 젊어야 한다"고 한마디 하니 그 회사의 모든 중역들이 머리를 새까맣게 염색하고 왔다는 이야기가 있습니다. 또 "아내만 빼고 다 바꾸어라" 하니 모든 사원들이 진취적으로 변화했다는 것입니다. 그러나 놀기 좋아하고 쾌락이나 좋아하는 썩은 정신의 지도자가 회사를 경영하면 회사가 망합니다.

교회도 마찬가지입니다. 레위기 4장 3절에 "만일 기름 부음을 받은 제사장이 범죄하여 백성으로 죄얼을 입게 하였으면 그 범한 죄를 인하여 흠 없는 수송아지로 속죄 제물을 삼아 여호와께 드릴지니"라고 했습니다. 저는 이 말씀을 읽다가 깜짝 놀랐습니다. 이는 목사가 죄를 지으면 목사 혼자 망하는 것이 아니라 그 죄얼이 모든 교인에게 임한다는 말씀이기 때문입니다. 제사장이 죄를 지으면 그 죄얼이, 죗값이 온 백성에게 임하니 흠 없는 수송아지를 하나님께 드려 속죄 제사를 드리라는 것입니다. 이 말씀을 다시 확대해서 보면, 목회자가 거룩하고 의롭게 살면 그 의가 온 교우에게 퍼진다는 것입니다. 그러므로 여러분이 저를 위해 기도하지 않으면 안 되는 것입니다.

담임 목사님뿐 아니라 교구 목사님도 중요하고, 교회학교 선생님도 중요합니다. 교사에 따라 교회학교 학생들이 되기도 하고 안 되기도 합니다. 또 구역장에 따라, 남선교회장에 따라, 여전도회장에 따라 그 구역이, 남선교회가, 여전도회가 부흥하기도 하고 안 되기도 합니다.

이렇듯 리더가 얼마나 중요한지 모릅니다.

가정도 마찬가지입니다. 가정의 가장이 얼마나 중요한지 모릅니다. 가장 한 사람이 하나님 앞에 바로 서면 온 가족이 복을 받습니다. 은혜를 받습니다. 아브라함 한 사람이 바로 서니 아브라함 때문에 자손 대대가 복을 받고, 에서 한 사람이 하나님을 떠나니 에서의 후손이 다 축복권 밖으로 밀려나고 말았습니다. 다윗왕이 하나님 마음에 합하게 살려고 애쓰니 그 후손에서 열왕들이 나왔습니다. 사울 왕이 하나님을 등지니 그와 그 아들들이 한자리에서 전사하고, 그 후손이 고통받았습니다. 사울 왕 때문에 귀한 아들인 요나단도 죽었습니다. 엘리 제사장과 그 아들들이 잘못하니 하나님의 영광이 떠나갔습니다.

우리의 가문에는 언제나 하나님의 영광이 있기를 바랍니다.

요한복음 17장 1절에 예수께서, “아버지여 때가 이르렀사오니 아들을 영화롭게 하사 아들로 아버지를 영화롭게 하게 하옵소서”라고 기도하셨습니다. 우리가 명예롭게, 영광스럽게 되면 하나님께서 영광을 받으십니다. 록펠러, 조나단 에드워즈 때문에 하나님께서 영광을 받으신 것처럼 우리 때문에, 우리 교회 때문에 하나님께서 영광 받게 되시기를 축원합니다.

그러려면 가장이 잘해야 합니다. 온 식구가 다 잘해야 하지만 특별히 가장의 책임이 큽니다.

미국에서 돌아오는 비행기 안에서 이 말씀을 읽다가 ‘한 집이 되고 안 되는 것은 가장에게 달렸구나! 가장의 책임이 이렇게 크구나!’ 하는 것을 깨닫고 큰 충격을 받았습니다. 모두가 은혜를 받아야 하지만 특별히 집안의 가장이 은혜 받아야 합니다.

### 가장이 은혜와 복을 받으려면 어떻게 해야 합니까?

먼저는 "할렐루야! 할렐루야!" 하는 가장이 되어야 합니다.

'할렐루야!'는 하나님을 높이는 것, 찬양하는 것입니다. 찬송을 계획해서 불러드릴 때 그것이 복이 되어 그 가정이 복을 받는 것입니다.

저는 하나님께 복을 많이 받았습니다. 제가 죄인이지만 그래도 매일 새벽에 찬송을 열 장씩 올려 드린 것이 하나님께 잘한 일이 되어 이런 복을 받는 것이 아닐까 하는 생각을 해봅니다. 오늘 아침에도 설교 준비를 마무리하느라 바빴지만 새벽에 일어나서 먼저 찬송 열 장을 올려 드리고 성경 스무 장을 읽고 나서 설교 마무리를 했습니다.

이사야 43장 21절에 "이 백성은 내가 나를 위하여 지었나니 나의 찬송을 부르게 하려 함이니라"고 말씀합니다. 하나님께서는 찬송을 좋아하시고 찬송 중에 거하십니다.

주일 낮 예배에도 하나님께서 임하시고 은혜를 주시지만, 밤 예배 때에는 우리가 찬송을 많이 불러 드리기 때문에 하나님께서 더 큰 기쁨으로 임하시어 우리에게도 기쁨을 주시고 은혜를 주시는 것입니다. 하나님께서는 얼마나 찬송을 좋아하시는지, 찬송하도록 우리를 지으셨습니다. 그래서 "할렐루야! 할렐루야!" 찬송하는 자를 예뻐하시는 것입니다.

우리 교인들이 다니면서 입에 침이 마르도록 "지용수 목사님 최고! 최고!"라고 한다는 말을 들으면 제 기분이 좋습니다. 하나님께서도 우리가 하나님을 찬송할 때 기뻐하시는 것입니다. "할렐루야! 할렐루야! 하나님 최고! 하나님 영광! 하나님 만세!"라고 하는 사람을 하나님께서 예뻐하시는 것입니다.

하나님께서도 마찬가지입니다. "나는 하나님뿐이에요. 하나님 없이는 못 살아요. 하나님이 최고예요. 할렐루야! 할렐루야! 나는 주님뿐이에요" 하는 사람을 특별히 사랑하시는 것입니다.

다윗이 그런 사람이었습니다. 그는 입만 열면 찬송했습니다. 입만 열면 "여호와는 나의 목자, 여호와는 나의 힘, 나의 구원의 뿔, 나의 방패, 나의 반석, 나의 힘, 하나님은 나의 모든 것! 주밖에는 다른 복이 내게 없습니다. 주님밖에 없습니다"라고 하니 하나님께서 다윗에게 마음을 다 빼앗기신 것입니다.

"할렐루야! 할렐루야! 할렐루야! 할렐루야!" 하는 사람을 하나님께서 사랑하시는 것입니다.

그리고 여호와를 경외하는 가장이 되어야 합니다.

"여호와를 경외하며"(fear God).

'경외'(fear)라는 말은 사랑하면서도 높인다는 뜻입니다. 우리가 정말 사랑하면 그 사람을 두려워합니다. 혹 그 마음, 그 사랑을 잃을까 해서입니다. 제가 제일 두려워하는 분은 하나님이십니다. 그런데 이 세상에서 제일 두려운 사람은 바로 제 아내입니다. 저는 아내의 사랑을 잃을까봐, 아내가 저를 싫어할까봐 아내에게 잘 보이려고 늘 단정한 모습을 하고 말도 조심해서 합니다. 또 제가 존경하는 분들을 만나면 그분들의 마음이 상하지 않도록 늘 조심합니다. 그분들이 저를 아들처럼 사랑해 주셔도 저는 늘 조심합니다.

우리가 하나님을 사랑하지만 우리 때문에 하나님께서 난처해지실까봐 조심하는 것이 경외입니다. '내가 말을 함부로 하면 하나님의 영광을 가리게 되지. 내가 막살면 하나님의 영광을 가리지. 내가 귀하게 살아야 주님께서 영광 받으시지. 어찌하든지 나 때문에 하나님께서 높임 받아야지' 하는 것이 바로 경외의 모습입니다.

제가 얼마나 조심하는지 아십니까? 만일 제가 실수하면 우리 교회의 명예가 떨어집니다. 제가 무슨 잘못을 한다면, 돈 문제나 이성 문제로 좋지 않은 말이 나온다면 우리 교회가 초라해지고 주님의 이름에 먹칠을 하게 됩니다. 제가 정직하고 바르고 깨끗하게 살면 우리 교회가 빛이 나고 우리 주님께서 영광을 받으시게 됩니다. 그래서 저는 항상 'fear, fear' 하는 것입니다.

친구를 만나도, 무슨 놀이를 해도 하나님께 영광되지 않는 것은 하지 않아야 합니다. 옷을 입어도 하나님께 영광이 되도록 입어야 합니다. 무슨 일을 하든 하나님께 영광되도록 하려면 신실하고 정직하게 살 수밖에 없습니다.

그렇게 사는 사람에게는 하나님께서 지혜를 주십니다. 시편 111편 10절에 "여호와를 경외함이 곧 지혜의 근본이라 그 계명을 지키는 자는 다 좋은 지각이 있나니 여호와를 찬송함이 영원히 있으리로다"라고 말씀합니다. 하나님의 계명을 지키는 자에게 하나님께서 지각을 주십니다. 그러니 후회할 일을 하지 않게 되고, 신뢰를 깰 일을 하지 않게 됩니다.

세계 최고의 부자인 워런 버핏에게 열 살 먹은 소녀가 물었습니다.

"버핏 할아버지, 제 나이가 열 살인데요. 저 같은 아이는 뭘 하면 돈을 벌 수 있을까요?"

"글쎄, 네가 열두 살이라면 신문 배달을 하라고 추천하겠는데, 열두 살이 안 되었으니 뭘 하면 좋을까? 부모님하고 의논해 봐라."

"버핏 할아버지에게 여쭈었으니 할아버지가 대답해 주세요."

"글쎄, 열두 살이 안 되어서……."

그때 워런 버핏의 곁에 있던 그의 파트너, 늘 그에게 지혜를 주는 상담사 찰스 멍거가 말했습니다.

"얘야, 무엇을 하는 것보다 더 중요한 것은 사람에게 신뢰 받는 자가 되는 거다. 사람이 너를 믿어 주면 돈을 벌 수 있는 길이 많이 열리게 된단다. 우리가 무엇을 해서 돈을 버는 것보다 더 중요한 것은 사람들에게 신뢰 받는 거야."

우리 교회의 한 안수집사님은 지방의 야간 대학을 졸업했습니다. 낮에는 회사에 다니고 밤에는 대학에 다녔습니다. 그 회사에서는 입사할 때의 학력을 중요하게 여기고 입사 후에 취득한 대졸 학력은 별로 중요하게 여기지 않았는데도 집사님은 4년간 학교를 다니며 열심히 공부했습니다. 대학 졸업 후에도 퇴근하면 학원에 가서 전공 분야에 대한 실력을 꾸준히 쌓았습니다. 그렇게 10년간 공부하고 나서 본사로 발령받아 갔습니다. 집사님이 다니는 회사는 우리나라 최고의 회사인데, 거기에서도 노른자와 같은 전산실의 팀장이 된 것입니다.

그 집사님은 명문대를 나온 것도 아니고 대학원에서 공부한 것도 아닙니다. 그래도 계속 공부하니 서울대, 연세대, 고려대 등 명문대 출신의 70명을 제치고 팀장이 되고, 집사님을 능가할 사람이 없는 것입니다. 큰 회사의 이사가 된 집사님이 회사를 위해 열심히 일하면서 몇백억짜리 프로젝트를 할 때마다 큰 이익을 남기고 있습니다. 그런 실력자가 되니 미국에서도 집사님을 스카우트해 가려고 야단입니다. 그러니 그 자리가 든든합니다. 그런데도 집사님은 공과 사를 분명히 하고 얼마나 깨끗하고 신실한지 모릅니다. 그래서 하는 일이 더 잘되는 줄로 믿습니다. 지금은 서울에서 이름 있는 사람이 되었습니다.

고등학교를 졸업하고 회사에 들어갔지만 계속 기도하며 열심히 살고 정직하여 신뢰를 받으니 그 자리가 갈수록 든든해지는 것입니다. 그 집사님은 담배꽁초 하나 맛보지 않았고, 술 한 잔 하지 않았고, 농담도 할 줄 모릅니다. 하지만 회사에서 집사님에게 무슨 일이라도 믿고 맡기는 것입니다. 그러니 하나님께서 집사님 때문에 영광을 받으시는 것입니다.

> "할렐루야, 여호와를 경외하며 그 계명을 크게 즐거워하는 자는 복이 있도다"(시 112:1).

그리고 말씀을 크게 즐거워하는 가장, 설교 듣는 것을 좋아하고, 성경 읽기를 좋아하는 가장이 되어야 합니다. 박윤선 박사님처럼 말씀이 좋아서 말씀을 사랑하는 가장이 되면 복이 있어서 그 집이 복을 받는 것입니다.

## 그러면 이런 가장은 어떤 복을 받습니까?

성경은 "그 후손이 땅에서 강성함이여 정직자의 후대가 복이 있으리로다"(시 112:2)라고 말씀합니다.

하나님을 늘 찬송하며 살고, 무슨 일을 하든지 '내가 이 일을 잘해야 하나님께서 높임 받으시지' 하며 하나님을 높이려 하고, 말씀을 크게 즐거워하면 후손이 강해지고, 성공하고, 복이 있습니다. 무엇을 해도 잘되는 후손이 됩니다. 그러므로 자녀가 잘되고 안 되는 것, 후손이 잘되고 안 되는 것은 우리 자신에게 달렸습니다. 저는 '내가 잘못하면 내 자식이 안 되고, 내가 잘하면 내 자식이 잘된다'고 생각할 때마다 아찔아찔합니다.

구원은 각자 따로입니다. 아버지가 예수님을 믿어 아버지가 구원받고, 아들이 예수님을 믿어 아들이 구원받습니다. 그러나 축복은 그렇지 않습니다. 아버지가 부자이면 아들딸도 부자로 삽니다. 아버지가 가난하면 아들딸도 가난하게 삽니다. 아버지가 의인이면 의인의 자녀가 됩니다. 아버지가 도둑이면 도둑의 자녀가 됩니다.

저의 아버지께서 일본에 사실 때 한 살인강도가 화형을 당했답니다. 그런데 강도를 장작불에 불태우면서 그의 세 살 먹은 아들도 함께 태웠다고 합니다. 세 살 먹은 아이에게 무슨 죄가 있습니까? 그러나 아버지가 강도이니 강도의 씨를 말린다고 아들도 함께 화형시켰다는 것입니다. 일본 사람들, 참 무섭습니다. 불길이 위로 올라오니 살인강도 아버지가 아들을 머리에 이고 "여러분! 내 아들을 살려 주세요! 여러분! 내 아들을 살려 주세요! 나는 죽어 마땅하지만 내 아들이 무슨 죄가 있습니까?"라고 외쳤지만 끝내 아들도 함께 타 죽었다고 합니다. 다음 날 신문에 '그는 인간으로서는 악했지만 아버지로서는 선했다'라는 기사가 실렸다고 합니다.

그 세 살 먹은 아이가 무슨 죄를 지었습니까? 아버지가 강도였기 때문에 함께 죽은 것입니다. 자식의 운명은 부모에게 달렸습니다. 특별히 아버지에게 달렸습니다. 아버지의 책임이 얼마나 큰지 모릅니다. 자녀를 위해서도 바른 길을 걸어가는 아버지가 될 수 있기를 바랍니다.

그리고 남편이 선하고 귀하면 아내가 복을 받습니다. 시편 128편 3절에 "네 집 내실에 있는 네 아내는 결실한 포도나무 같으며"라고 말씀합니다. 자녀가 잘된 것은 이미 아내가 잘되어 있다는 것입니다. 아내가 아이를 잘 낳아서 잘 기르니 결실한 포도나무 같은 것입니다.

한 가정의 가장이 하나님 앞에서 예쁘게 잘살면 자식도 잘되고, 아내도 복을 받는 것입니다. 할렐루야! 그래서 저는 '내가 좀 더 거룩하고, 경건하고, 더 충성해야 내 아내가 복을 받을 텐데' 하고 제 아내를 위해서도 더 좋은 목사가 되려고 날마다 다짐을 합니다.

그다음 "부요와 재물이 그 집에 있음이여"라고 말씀합니다.
사랑하는 자에게 무엇을 아끼겠습니까?

"부귀가 내게 있고 장구한 재물과 의도 그러하니라"(잠 8:18).

"이는 나를 사랑하는 자로 재물을 얻어서 그 곳간에 채우게 하려 함이니라"(잠 8:21).
"여호와께서 복을 주시므로 사람으로 부하게 하시고 근심을 겸하여 주지 아니하시느니라"(잠 10:22).
"아브람에게 육축과 은금이 풍부하였더라"(창 13:2).
"이삭이 그 땅에서 농사하여 그해에 백 배나 얻었고 여호와께서 복을 주시므로 그 사람이 창대하고 왕성하여 마침내 거부가 되어"(창 26:12-13).
"이에 그 사람이 심히 풍부하여 양 떼와 노비와 약대와 나귀가 많았더라"(창 30:43).

하나님께서 야곱에게 복을 주시니 야곱이 심히 풍부하게 된 것입니다. 할렐루야!

"그러므로 여호와께서 나라를 그 손에서 견고하게 하시매 유다 무리가 여호사밧에게 예물을 드렸으므로 저가 부귀와 영광이 극하였더라"(대하 17:5).

가장이 하나님께 복을 받으면 부요와 재물도 쌓입니다. 남편이 하나님 앞에 바로 설 때 집안이 복을 받는 것입니다.

그리고 "흑암 중에 빛이 일어나나니"라고 말씀합니다.

정직한 자에게도, 의로운 집에도 흑암은 옵니다. 그러나'아! 어떻게 할까?' 하는 캄캄한 중에도 하나님께서 곧 빛을 주셔서 간증거리가 되게 하십니다.

아브라함에게도 흑암이 왔지만 그것을 간증거리로 만들어 주셨습니다. 야곱에게도 흑암이 왔지만 하나님께서는 그것을 간증거리가 되게 하셨습니다. 야곱을 쳐죽이려 형 에서가 왔지만 하나님께서는 그 형의 얼굴을 하나님 얼굴처럼 만들어 주셨습니다. 또 라반이 야곱을 쳐죽이려 왔지만 하나님께서는 그것도 막아 주셨습니다. 우리가 하나님 앞에 바로 살면 풍랑이 와도 그것을 간증거리로 만들어 주시는 것입니다.

그리고 "그 의가 영원히 있으리로다"라고 말씀합니다.

아무리 잘되어도 손가락질받으면 불행합니다. 얼굴을 들고 다닐 수 없습니다. 그런데 의가 있으면 존경받고 그 의가 흔들리지 않습니다.

시편 125편 1절에 "여호와를 의뢰하는 자는 시온 산이 요동치 아니하고 영원히 있음 같도다"라고 말씀합니다. 할렐루야! 우리가 하나님을 경외하면 아무리 흑암이 와도, 사망의 골짜기를 지날지라도 이기게 됩니다.

> "여호와는 나의 목자시니 내가 부족함이 없으리로다 그가 나를 푸른 초장에 누이시며 쉴 만한 물가으로 인도하시는도다 내 영혼을 소생시키시고 자기 이름을 위하여 의의 길로 인도하시는도다 내가 사망의 음침한 골짜기로 다닐지라도 해를 두려워하지 않을 것은 주께서 나와 함께하심이라 주의 지팡이와 막대기가 나를 안위하시나이다 주께서 내 원수의 목전에서 내게 상을 베푸시고 기름으로 내 머리에 바르셨으니 내 잔이 넘치나이다 나의 평생에 선하심과 인자하

심이 정녕 나를 따르리니 내가 여호와의 집에 영원히 거하리로다"
(시 23:1-6).

하나님을 경외하는 자에게 좋은 날도 있고 좋지 않은 날도 있지만 다 간증거리가 되게 하시는 것입니다.

그리고 "그는 흉한 소식을 두려워 아니함이여"라고 말씀합니다.

"내가 너를 죽일 거야! 그냥 안 둘 거야!"라는 소식이 있어도 하나님을 경외하면 두려워하지 않는 것입니다. 왜 그렇습니까?

"여호와를 의뢰하고 그 마음을 굳게 정하였도다"(시 112:7).
"주는 나를 돕는 자시니 내가 무서워 아니하겠노라 사람이 내게 어찌하리요 하노라"(히 13:6).
"천만 인이 나를 둘러치려 하여도 나는 두려워 아니하리이다"(시 3:6).
"아브람아 두려워 말라 나는 너의 방패요 너의 지극히 큰 상급이니라" (창 15:1).

우리가 하나님을 의지하고 의롭게 살면 하나님께서 우리의 방패가 되어 주십니다. 그래서 누가 "너, 그냥 안 둬!"라고 해도, 아무리 흉한 소식이 와도 걱정하지 않습니다. '네가 나를 어떻게 한다고? 내겐 하나님이 계셔' 하며 담대한 것입니다. 결국 하나님께서 그 원수를 다 굴복시키시고, 다 멸하여 주시며, 의인만 땅 위에 견고하게 세워 주실 것입니다.

마지막으로, "저가 재물을 흩어 빈궁한 자에게 주었으니"라고 말씀합니다.

여호와를 경외하면, 가난한 사람을 구제하고 어려운 이웃을 위해서 재물을 흩어 나누니 이웃들이 복을 받습니다. 형제가, 사촌이, 육촌이, 친척이 복을 받습니다. 옆에 있는 사람들이 복을 받습니다. 그러므로 그는 모든 사람에게 복이 되는 사람, 축복의 근원이 되어 더 잘되는 것입니다.

> "주라 그리하면 너희에게 줄 것이니 곧 후히 되어 누르고 흔들어 넘치도록 하여 너희에게 안겨 주리라"(눅 6:38).
>
> "구제를 좋아하는 자는 풍족하여질 것이요 남을 윤택하게 하는 자는 윤택하여지리라"(잠 11:25).
>
> "가난한 자를 불쌍히 여기는 것은 여호와께 꾸이는 것이니 그 선행을 갚아 주시리라"(잠 19:17).

우리가 하나님의 복을 받아 잘되면 마음이 풍성해져서 어려운 이웃을 도와주게 됩니다. 그럴 때 하나님께서 우리를 더 풍족하게 해주실 것입니다.

2

# 책임이 막중한 가정주부

(잠언 14:1-3)

아간 한 사람이 욕심을 내어 취하지 않아야 할 물건을 취하니 그 아내와 아들딸이 돌에 맞아 죽었습니다. 여호사밧 왕은 하나님의 은혜로 부와 영광이 극에 달했습니다. 그런데 사귀어서는 안 될 악한 아합 왕을 친구로 사귀다가 사돈까지 맺었습니다. 그 일로 여호사밧의 아들들이 다 죽고 말았습니다. 며느리가 된 아합의 딸이 왕이 된 자기 남편 여호람을 꼬드겨 형제들을 다 죽이게 했기 때문입니다.

세계인들이 부러워하며 우러러보던 골프 황제 타이거 우즈, 그가 승리하면 세계인들이 열광하고, 아내가 달려와 매달리고, 아이들이 품에 안겨 기뻐했습니다. 그 모습이 마치 한 폭의 그림 같았습니다. 그런데 그가 잘못을 저지르니 그의 아내가 괴로워하다가 이혼을 하고, 아이들 마음도 찢기고 말았습니다. 미국 대통령도 함께 골프하고 싶어 하던 자랑스러운 존재였지만 이제는 그의 명예가 추락했습니다.

한 가정의 가장이 잘못하면 아내와 자식이 피눈물을 흘리고, 부모가 통탄해하고, 친구들이 부끄러워합니다. 그러나 의롭게 살며 어려움을 당한 주의 종 다윗 왕을 돕고 선을 행한 바르실래 같은 사람은 그 아들들이 왕의 테이블에서 먹고, 그 가문이 명문가가 되어 지금까지 빛납니다.

찬송을 기뻐하고, 하나님 말씀 듣기를 좋아하고, 성경 읽기를 사모하며 크게 즐거워하는 가정은 하나님께서 그 아내도 잘되게 하시고, 아들들도 강성하게 하십니다. 그리고 그 집에는 부요와 재물이 있고, 의가 영원하고, 흑암이 와도 하나님께서 금방 빛을 비추어 주십니다. 또 "너를 그냥 두지 않겠다"라고 하는 사람이 있어도 '까불지 마라. 하나님께서 나를 지키시니 네가 아무리 그래도 네가 망하지, 나는 망하지 않는다'라는 확신이 있으니 흉한 소식을 두려워하지 않습니다. 그리고 가난한 사람을 도와주게 됩니다.

그러므로 가장 한 사람만 잘해도 그 집이 복을 받습니다. 구원은 믿음으로 받지만 축복은 노력해서 받습니다. 망할 길로 가면 하나님의 매를 맞습니다. 복 받을 길로 가면 복을 받습니다.

가장이 이렇게 중요하지만 가정의 안주인인 주모(主母)는 더 중요합니다.

우리 어른들은 남편을 바깥주인, 아내를 안주인이라고 했습니다. 바깥주인이라는 말대로 남편들은 주로 바깥에서 활동하니,

가정에서는 주모인 안주인이 더 중요한 것입니다.

만일 모세를 애굽 여자가 길렀으면 모세는 애굽 남자가 되어 애굽을 위해 일하고 히브리를 대적했을 것입니다. 히브리 여자가 모세를 길렀기 때문에 모세가 히브리 사람이 되어 히브리 백성을 위해 일하는 지도자가 된 것입니다.

자식은 아버지의 영향도 받지만 어머니의 영향을 더 많이 받습니다. 그리고 가정의 모든 분위기는 어머니가 만들어 갑니다.

세상 나라들은 대개 여자보다 남자를 중히 여깁니다. 출애굽기 1장 22절에 보면 애굽 왕 바로가 "남자가 나거든 너희는 그를 하수에 던지고 여자여든 살리라"고 합니다. 애굽 사람들은 자기들이 히브리 여자와 잠을 자서 아이를 낳아도 그 아이가 애굽 백성이 된다고 생각했는데, 그것은 남자를 더 중히 여겼기 때문입니다.

그러나 히브리인들, 유대인들은 그렇지 않습니다. 그들은 아버지는 어느 나라 사람이든 상관하지 않고 어머니가 유대인이면 그 아들딸을 유대인으로 받아들입니다. 자녀는 어머니의 손에 달려 있다고 믿기 때문입니다. 이렇듯 어머니의 역할이 얼마나 중요한지 모릅니다.

## 그러면 누가 복 있는 가정의 주모입니까?

본문 1절에 "지혜로운 여인은 그 집을 세우되(The wise woman builds her house) 미련한 여인은 자기 손으로 그것을 허느니라"라고 말씀합니다. 그래서 저는 매일 새벽 며느리를 위해 기도할 때

“지혜로운 딸이 되게 해주세요”라고 합니다.

지혜로운 여인은 그 집을 세우는데, 가장 먼저 부모님을 세웁니다. 며느리들은 ‘시아버지, 시어머니가 나와 살이 섞였나, 피가 섞였나?’라고 할지 모르지만, 결혼은 남편과 아내가 한 몸이 되는 것입니다. 아내는 남편의 몸이고, 남편은 아내의 몸이므로 남편이, 아내가 서로 자기 생명처럼 귀한 것입니다. 그러므로 내 남편을 낳고 길러 준 시어머니가 바로 내 어머니가 되는 것입니다. 내 아내를 낳고 길러 준 장모가 바로 내 어머니가 되는 것입니다. 이것이 성경의 진리입니다.

그러므로 친부모든 시부모든 처부모든 모두 높여야 합니다. 쉬운 일은 아니지만 새 집에 들어가면 제일 크고 좋은 방은 부모님께 드려야 하는 것입니다. 제일 값진 옷은 아버지 어머니가 입으시도록 해야 합니다.

우리는 예수님을 믿으면서도 이것을 잘 못합니다. 그러나 성경은 분명히 말씀합니다.

> “자녀들아 너희 부모를 주 안에서 순종하라 이것이 옳으니라 네 아버지와 어머니를 공경하라 이것이 약속 있는 첫 계명이니 이는 네가 잘되고 땅에서 장수하리라”(엡 6:1-3).

성경대로 해야 합니다. 내 집에서 부모를 높여 부모가 영광스러워져야 합니다. 부모를 즐겁게 해드려야 합니다. 부모를 구석방에서 지내시게 하는 것은 효도가 아닙니다. 말로도 존경하고, 음식으로도, 옷으로도 높여 드려야 합니다. 90세가 넘어 식사하시면서 침을 흘리고 국을 다 쏟아도 높여 드려야 합니다. 그런 집은 병들지 않고 건강하고, 반드시 잘됩니다.

하나님께서는 살아 계십니다. 하나님께서 "네 아버지 어머니를 공경하라 네가 잘되고 땅에서 장수하리라"라고 말씀하셨습니다. 이 쉬운 일을 왜 못합니까? 하나님은 약속에 신실하십니다. 부모님을 잘 섬겨 땅에서 잘되고 장수하기를 바랍니다.

그리고 지혜로운 여인은 남편을 높입니다.

지혜로운 여인은 남편에게 말을 높이고 친구들 앞에서나 아이들 앞에서나 남편을 높입니다. 특별히 아이들에게 아버지를 존경하게 만듭니다.

"너의 아빠는 정말 훌륭한 분이시란다."

친정에 가서도 "어머니, 김 서방은 대단한 사람이에요. 실력 있고 귀하고 의로워요. 회사에서 아주 귀한 대접을 받고 있어요. 그리고 나를 얼마니 이끼는지 몰라요. 내 남편이지만 존경해요"라고 합니다. 그러면 남편이 친정에 가면 친정어머니가 버선발로 뛰어나와 씨암탉을 한 마리가 아니라 일곱 마리를 잡아 줍니다. "김 서방, 자랑스럽네. 고맙네" 하며 10만 원 주려던 차비를 50만 원, 100만 원도 주고, 그렇게 주고도 아까워하지 않습니다.

그러나 친정어머니에게 "엄마, 김 서방 때문에 미치겠어. 어디 가서 제대로 하는 것도 없고 얼마나 못났는지 답답해 죽겠어. 김 서방만 생각하면 속 터져 죽겠어. 어쩌다 그런 사람을 만났는지……"라고 하면 친정어머니 가슴이 답답해집니다. 그리고 김 서방이 오면 '내 딸 고생시키는 놈이 뭐 하러 오나?' 하는 생각이 들고 씨암탉은커녕 달걀 한 개도 주기 아까운 것입니다. 그리고 딸을 보아도 '아이고, 저 불쌍한 것! 저 못난 것! 지지리 복도 없는 것!' 하는 마음에 딸이 오는 것도 편하지 않을 수 있습니다. 친정에 가서 자기 남편을 높여야 자기도 대접을 받습니다.

칭찬은 돌고래도 춤추게 한다고 합니다. 남편에게 "여보, 당신이 최고예요. 당신이 너무 존경스러워요. 당신을 만난 게 축복이에요"라고 하면, 설령 그것이 거짓말이라 해도 남편은 그대로 믿고 잘살려고, 의롭게 살려고 애쓰는 것입니다.

제가 목사 안수를 받는 날, 아내가 "여보, 제가 듣기에는 당신 설교가 최고예요"라고 했습니다. 이것은 아내가 저를 격려해 주기 위해 한 말입니다. 그래도 저는 아내의 말에 힘을 얻어 '설교만은 잘해야 되겠다. 설교만은 잘해야 되겠다' 하고 오늘까지 달려왔습니다.

아내는 남편을 세워 주어야 합니다. 어떤 사람은 취직 시험에 109번 떨어졌습니다. 그때 그의 아내가 "여보, 끝까지 해봅시다"라며 힘을 주었습니다. 그분이 110번째에 합격해 쌍용에 들어갔습니다. 쌍용에서는 109번이나 떨어져도 포기하지 않고 110번째에 도전한 그분을 '불굴의 의지를 가진 남자'라며 귀히 여겼던 것입니다.

'You can do'(당신은 할 수 있다)라는 긍정적 마인드의 세계적 열풍을 일으킨 노먼 빈센트 필 박사도 한때는 낙심했는데 부인이 힘을 주어서 일어났다고 합니다. 루터도 낙심했을 때 부인이 세워 주어 종교개혁이 이루어진 것입니다.

지혜로운 부인은 남편을 세워 줍니다.

또 지혜로운 부인은 남편의 건강을 위해서 식단에도 신경을 씁니다. 냉장고를 보면 그 집 식구들의 건강상태를 알 수 있답니다. '아, 이 집 식구들은 위암이 생기겠구나','아, 이 집 식구들은 대장암이 생기겠구나','이 집 식구들은 비만하겠구나' 하는 것을 알 수 있다는 것입니다. 지혜로운 여인은 항암 냉장고, 암을 예방하는 냉장고로 만듭니다. 그리고 남편이 음식을 많이 먹으면 "여보, 조금만 참아요" 하고 절제시킵니다. 남편이 먹는 대로 두면 남편의 배가 산같이 되고 고혈압, 당뇨, 성인병이 다 옵니다.

제가 총회를 섬길 때 새벽 3시, 4시, 때로는 새벽 2시 반에 일어나 나간 적도 있습니다. 그래도 제 아내는 꼭 따뜻한 밥을 지어 주었고, 고구마를 삶아서 도시락에 싸주기도 했습니다.

본문 1절에 "무릇 지혜로운 여인은 그 집을 세우되 미련한 여인은 자기 손으로 그것을 허느니라"라고 말씀합니다. 지혜로운 아내는 남편을 세웁니다. 미련한 아내는 자기 손으로 집을 헙니다. 남편에게 막 대들어 자기 입으로 매를 자청하기도 합니다. 남편에게 "당신이 한 게 뭐 있어?" 하며 대드는 아내가 되어서는 안 됩니다. 미련한 사람은 교만하고 매를 자청합니다.

교회에서도 매를 자청하는 사람은 교만한 사람입니다. 자기의 세력을 보여주려다 매를 맞는 것입니다. 목사도 자기가 세력 있다는 것을 보여주려다가 하나님께 버림을 받기도 합니다. 하나님께서는 겸손하고 기도하는 사람을 세워 주십니다.

아내도 남편에게 겸손해야 합니다. 그런 아내가 지혜로운 아내입니다.

그리고 지혜로운 여인은 자식을 세웁니다.

지혜로운 어머니는 자녀에게 희망을 주고, 꿈을 심어 주고, 자녀를 말씀으로 기릅니다.

양팔과 양다리가 없는 닉 부이치치는 자신의 인생이 빛이라곤 전혀 없는 캄캄한 방에 있는 것 같아 죽기만을 기다렸습니다. 자살할 생각만 했습니다. 그러나 그의 어머니가 계속 성경을 읽어주며 "아들아, 하나님께서 너를 태어나게 하신 것은 목적이 있어서다. 너는 그냥 태어난 것이 아니라 하나님의 뜻을 이루기 위해 태어났단다. 하나님께서 네게 무슨 뜻을 갖고 계신다. 하나님을 의지하고 기도하자"라고 했습니다.

그 아이가 어머니의 사랑 때문에, 어머니의 기도 때문에 힘을 내어 공부해서 그 몸으로 대학을 졸업하고 세계적인 명사가 되었습니다. 세계 곳곳에서 그를 초청합니다. 그를 보고 그의 간증을 듣는 사람들이 다 힘을 얻습니다. 사람들이 '양팔과 양다리가 없는 사람도 저렇게 승리하는데 나는 뭐냐?' 하며 힘을 얻고 예수님을 믿게 되는 것입니다. 할렐루야!

미국에서 이름을 떨친 한국인 중 한 사람이 암 전문의 원종수 박사입니다. 원종수 박사는 고등학교에 다닐 때 공부하기를 싫어해서 420명 중에 380등을 했다고 합니다. 그런데도 그의 어머니는 그를 변함없이 사랑하며, 날마다 새벽기도를 다녀오면 그 차가운 손을 그의 머리에 얹고 축복기도를 해주었습니다. 하루는 그렇게 기도해 주는 어머니의 사랑이 그의 마음을 울렸습니다. 어머니가 그 차디찬 손을 자기 머리에 얹고 축복기도를 하는데 농땡이 아들의 가슴이 뭉클해졌습니다. 그다음 날부터 그는 새벽에 일어나서 어머니와 함께 새벽기도를 하고 열심히 공부했습니다.

"하나님! 저도 공부를 잘해서 어머니를 기쁘게 해드리게 해주세요."

시험 치는 날이 되어 시험지를 받아 보니 그가 공부한 것만 나왔습니다. 그래서 420명 중에 380등을 했던 그가 5등을 했습니다. 계속 새벽기도하며 공부해서 서울대학교 의과대학에 들어갔습니다. 대학에 들어가서도 계속 새벽기도를 하며 공부했습니다. 새벽기도를 하면 하나님께서 지혜를 주십니다. 그는 하나님께 지혜를 받아 서울대학교 의과대학을 수석으로 졸업하고, 의사고시에서도 일등을 했습니다. 그리고 미국에 가서 유명한 의사가 되었습니다. 어머니의 기도로 그렇게 된 것입니다.

저의 어머니께서는 효도에 1등입니다. 어머니께서는 외할아버지 생신 때 찾아뵙지 않은 적이 한 번도 없으십니다. 차가 없어 60리를 걸어서 다녀와야 하는데도 외할아버지께서 돌아가실 때까지 한 번도 가지 않은 적이 없으시고, 외할아버지께서 돌아가신 후에는 40년간 추도일에 한 번도 빠지지 않으셨습니다. 한번은 외할아버지 생신이 제가 중학교 시험 치는 날이었는데, 어머니께서는 그 전날 외가에 가셔서 제가 시험 치는 날 아침에는 집에 계시지 않았습니다. 생신 잔치를 아침에 하니 그 잔치에 참석하기 위해서였습니다.

장남의 중학교 입시가 중요합니까, 친정아버지 생신이 중요합니까? 저의 어머니께서는 그렇게 부모님을 섬기셨고, 아들에게도 정말 정성을 다하셨습니다.

또 기도의 어머니셨습니다. 어머니를 생각하면 '기도하는 어머니'가 떠오릅니다. 어머니 방에서는 늘 기도 소리와 찬송 소리가 들렸습니다. 그것이 제게 얼마나 큰 힘이 되는지 모릅니다.

> 날마다 주와 버성겨 그 크신 사랑 버리고
> 방탕한 길로 가다가 어머니 기도 못 잊어
> 나 집에 돌아갑니다 어머니 기도 못 잊어
> 새사람 되어 살려고 나 집에 돌아갑니다
>
> 메마른 들과 험한 산 갈 바를 몰라 헤매며
> 영 죽게 된 지경에서 어머니 기도 못 잊어
> 나 집에 돌아갑니다 어머니 기도 못 잊어
> 새사람 되어 살려고 나 집에 돌아갑니다.

20년 전쯤 모 회사 부사장님이 새벽기도에 빠지지 않고 나오셨습니다. 하루는 제가 그분에게 "고맙습니다. 늘 바쁘신데 이렇게 새벽기도에 나오시니 정말 고맙습니다"라고 인사를 드렸습니다. 그때 그분께서 이렇게 말씀하셨습니다.

"목사님, 저는 형편없는 사람입니다. 제 마음대로 살았습니다. 그런데 늘 저를 위해 기도하시던 어머니께서 돌아가실 때 제 손을 잡고 '아들아, 예수 잘 믿어라. 새벽기도 해라' 하고 말씀하셨습니다. 어머니의 유언 때문에 이렇게 새벽기도를 하러 나옵니다."

기도하는 어머니는 자녀를 세웁니다. 자녀에게 희망을 줍니다. 기도하는 어머니가 있으면 자녀는 망하지 않습니다.

어머니 모니카의 기도로 방탕아 어거스틴이 성 어거스틴이 되었습니다. 어머니의 기도 때문에 록펠러가 나왔습니다. 어머니의 기도 때문에 에이브러햄 링컨이 나왔습니다. 어머니가 기도로 살아 있으면 자식이 사는 것입니다.

그리고 지혜로운 여인은 가정의 경제를 살립니다.

지혜로운 여인은 남편이 70만 원을 갖고 와도 알뜰히 삽니다. 500만 원을 갖고 와도 마찬가지입니다. 70만 원을 벌어 주든 1억 원을 벌어 주든 알뜰히 살고 지혜롭게 살아서 가정을 일으키고 경제를 세웁니다.

저희는 아이들을 기를 때 옷을 다 얻어서 입혔습니다. 그러니 제가 40만 원을 받아도 살림을 꾸려 나갈 수 있었습니다.

어떤 가정주부는 강남에서 월세로 살다가 집수인이 "이제는 선세로 해야겠다"라고 해서 친구에게 빌려준 4억 원을 받으러 갔는데 친구가 돈을 주지 않았습니다. 아무리 달라고 해도 주지 않으니 속이 타서 무당을 찾아갔습니다. 용하다고 소문난 그 무당이 "큰 굿판을 벌이면 4억 원을 받을 수 있다"고 했습니다. 무당의 말대로 1억 원짜리 굿판을 벌였지만 여전히 돈을 받지 못하자 무당을 찾아가 항의했습니다. 그렇게 큰 굿을 했는데도 왜 친구가 돈을 주지 않느냐고 하니 굿을 세 번을 해야 된다고 했습니다. 그는 어리석게도 굿을 두 번이나 더했습니다. 그래도 돈을 받지 못하여 항의하니 "럭키 세븐이니 일곱 번을 해야 한다"고 해서 4억 3천만 원을 무당에게 주고 굿을 일곱 번이나 했습니다. 그래도 돈을 받지 못한 그는 너무 억울해서 무당을 고소했습니다. 무당은 1년 3개월간 구속되는 것으로 끝났지만 그는 4억 원을 받기는커녕 오히려 4억 3천만 원을 빚져서 집이 망했습니다.

미련한 여인은 자기 손으로 집을 무너뜨립니다. 그러나 지혜로운 여인은 자기 손으로 집을 세웁니다. 부모님을, 남편을, 자녀를 세우고, 경제를 세우는 것입니다.

그리고 지혜로운 여인은 성을, 도시를 세웁니다.

사무엘하 20장에 보면 한 성을 살린 지혜로운 여인이 나옵니다. 아벨 성의 세바라는 아주 악한 인간이 "우리가 왜 다윗을 섬기느냐?" 하며 다윗 왕을 대적했습니다. 그런데 그런 악한 자에게도 "맞아!" 하며 몰려드는 패거리가 있었습니다. 오늘의 교회에서도 마귀 짓을 하는 사람이 있을 때 거기에 붙는 사람이 있습니다. 우리 교회에는 그런 일이 없기를 바랍니다.

그런 세바를 보고 다윗 왕이 "세바로 인해 압살롬 때보다 더 큰 어려움을 당할 수 있으니 세바의 세력이 커지기 전에 세바를 멸하라"라고 했습니다. 요압 장군이 아벨 성을 에워쌌지만 성이 튼튼하여 들어가지 못하니 토성을 쌓아 화살 끝에 불을 붙여 쏘아서 그 성을 무너뜨리려 했습니다. 토성이 완성되자 아벨 성 사람들이 두려워 덜덜 떨었습니다. 요압 장군에게는 당할 자가 없기 때문입니다. 세바와 요압 장군은 대적이 되지 않기 때문입니다.

그때 한 여인이 나타나 성벽에서 소리쳤습니다.

"여보시오! 요압 장군을 좀 불러 주시오. 요압 장군에게 할 말이 있습니다."

"내가 요압이오. 무슨 말을 하겠다는 거요? 말해 보시오."

"요압 장군님! 예로부터 이 성은 지혜의 성이라 불렸습니다. 이스라엘 백성이 어려운 일을 당하면 여기에 와서 지혜를 얻어 가지고 일을 끝냈습니다. 이 성은 화평의 도시이고 하나님의 기업입니다. 어찌하여 장군께서는 이 화평의 도시, 하나님께서 주신 기업의 도시를 멸하려 하십니까?"

"그런 것이 결코 아니오. 오해하지 마시오. 이 성을 멸하는 것이 목적이 아니라 다윗 왕을 대적한 세바를 잡는 것이 목적이오."

"그렇다면 세바의 목만 드리면 이 성을 멸하지 않겠습니까?"

"그렇소. 세바만 주면 돌아가겠소."

이 여인이 성의 어른들을 모아 의논해서 세바의 목을 잘랐습니다. 그리고 세바의 목을 던져 주었습니다. 요압이 세바의 목을 확인한 다음 군사를 몰고 돌아가니 아벨 성이 건재했습니다. 한 지혜로운 여인이 성을 살린 것입니다.

우리 모든 성도는 영적으로 주님의 신부입니다.

교회는 헬라어로 '에클레시아'인데 여성 명사입니다. 우리는 다 주님의 신부입니다. 그러므로 우리는 교회를 세우는 지혜로운 성도가 되어야 합니다.

교회를 세우는 것은 교회를 위해 기도하고 전도하는 것입니다. 한 사람, 한 사람 전도해서 교회를 세우는 것입니다. 그리고 교회를 세우는 것은 패거리를 만들지 않는 것입니다. 교회 회의는 당회, 제직회, 남선교회, 여선교회, 청년회, 그뿐이어야 합니다. 우리 교회에는 연합남선교회와 연합여선교회는 있어도 장로회, 안수집사회, 권사회가 없습니다. 그러므로 만일 안수집사님들이 몇

분 모여서 무슨 의논을 한다면 그것이 교회를 위한 일이어도 패거리가 됩니다. 권사님들 몇 분이 모여 의논하면 교회를 위한 일로 모여도 그것은 패거리가 되어 마귀에게 쓰이는 것입니다.

"우리, 더 열심히 전도하자. 기도하자" 하는 모임만 있어야 합니다. 우리 교회에는 패거리가 없기를 바랍니다.

## 그러면 지혜는 무엇입니까?

시편 111편 10절에 "여호와를 경외함이 곧 지혜의 근본이라 그 계명을 지키는 자는 다 좋은 지각이 있나니"라고 말씀합니다. 하나님을 사랑하고 경외하면 하나님께서 지혜를 주십니다. 분별력을 주십니다. 그래서 사람도 알아볼 수 있게 하시고, 경계할 사람을 경계하게 하십니다.

그리고 이 말씀이 지혜입니다. 할렐루야! 그래서 말씀대로 살면 지혜로운 삶의 길을 가게 됩니다. 말씀대로 살면 정직하게 살고, 간음하지 않게 됩니다. 결혼한 사람이 다른 이성을 엿보는 것은 송곳으로 자기를 찌르는 것처럼 어리석은 일입니다. 말씀대로 사는 사람은 평생 절개를 지켜 자기 아내, 자기 남편만 사랑합니다. 또 뇌물을 받지 않고 정직하게 삽니다.

그리고 성경에 없는 문제는 기도할 때 하나님께서 지혜를 주십니다.

"너희 중에 누구든지 지혜가 부족하거든 모든 사람에게 후히 주시고 꾸짖지 아니하시는 하나님께 구하라 그리하면 주시리라"(약 1:5).

하나님의 딸들이 다 지혜를 얻으시기 바랍니다. 지혜를 얻으면 다 되는 것입니다.

강원도 횡성의 돌산이 경매물로 나왔는데 감정가가 3억 5천만 원인 그 돌산에는 팬션도, 집도 지을 수 없었습니다. 돌덩어리 땅이었기 때문입니다. 7천만 원까지 유찰이 되어도 사는 사람이 없었습니다. 그때 한 지혜로운 사람이 군청에 달려가서 담당직원에게 물었습니다.

"이 돌을 파내어 옮겨도 괜찮습니까? 이 산의 바위를 파내어도 됩니까?"

그는 괜찮다는 대답을 듣고 바로 달려가서 7,400만 원에 낙찰을 받았습니다. 그리고 그 돌을 찍어내어 팔았는데 그것이 5천만 원이었습니다. 돌을 찍어내어 평지가 되니 그 땅을 사겠다는 사람이 나타나 12억 원에 팔았습니다. 그래서 7,400만 원에 땅을 사서 12억 5천만 원을 만들었습니다. "목사님, 투기를 조장하시는 겁니까?"라고 하는 사람이 있을지 몰라도 이것은 투기가 아니라 지혜입니다.

지혜가 얼마나 중요한지 모릅니다.

하나님께서 우리에게 지혜를 부어 주시기를 기도하십시오. 솔로몬에게 주신 지혜를 우리에게도 주시기를 기도하십시오. 그래서 부모님을 세우고, 남편을 세우고, 자녀를 세우고, 경제를 세우고, 성읍을 세우는 지혜로운 가정주부가 되십시오. 그리고 주님의 신부인 우리 모두는 교회를 세우는 지혜로운 성도들이 되어야 합니다.

3

# 행복의 절정

(창세기 2:18-23)

웃고 기뻐하며 휘파람 불며 행복하게 살아도 한평생입니다. 짜증내고 불평하며 인상 쓰고 살아도 한평생입니다.

제가 서울역 화장실에서 손을 씻고 있는데, 스물대여섯 정도 되어 보이는 어떤 청년이 손을 씻고 말리려다가 드라이어가 고장 나 작동이 안 되니 "에이씨! 에이씨!" 하며 나갔습니다. 기계가 고장 나 있으면 '고장났구나' 하고 그냥 나가면 되지, 그렇게 불평하고 기계한테 화를 내면 어떻게 합니까? 그가 결혼해서 뭐가 잘 안 되면 아내에게 얼마나 불평을 하겠습니까? 인생은 그렇게 사는 것이 아닙니다.

"범사에 감사하라"(살전 5:18).

"항상 기뻐하라"(살전 5:16).

"주 안에서 항상 기뻐하라 내가 다시 말하노니 기뻐하라"(빌 4:4).
"내가 하나님의 단에 나아가 나의 극락의 하나님께 이르리이다"(시 43:4).

### 하나님은 극락의 하나님이십니다.

"주의 앞에는 기쁨이 충만하고 주의 우편에는 영원한 즐거움이 있나이다"(시 16:11).
"여호와를 기뻐하는 것이 너희의 힘이니라"(느 8:10).

하루하루가 얼마나 아깝습니까? 얼마나 귀한 날인데 불평하며 삽니까? 특별히 교회에서 회의할 때 싸우는 사람은 정신이 이상한 사람입니다. 교회에 와서는 감사하며 기뻐해야 합니다. 교회생활을 기쁨의 절정으로 해야 합니다. '참 행복하다. 아! 참 좋다' 하는 것이 교회생활의 지혜입니다.

그리고 어차피 하루 종일 회사에서 일해야 하는데 이사님, 부장님, 과장님 욕하고, 부하 직원이 말을 듣지 않는다고 욕하면 얼마나 괴롭습니까? 어차피 회사에서 일해야 되니 회사 자랑하고, 그저 감사하고, 소풍 가듯 기쁜 마음으로 출근하면 얼마나 좋습니까? 골프장에 갈 때는 좋아서 떠들고, 출근할 때는 "제기랄! 또 회사에 가야 하나?" 하면서 가면 자기만 손해입니다. 골프장에는 한 달에 몇 번밖에 못 가지만 회사는 매일 가야 하니 말입니다.

정주영 회장은 출근할 때마다 "나는 소풍 간다"라고 했답니다. 기자들이 "회장님, 골치 아픈 일이 쌓여 있고 힘든 일이 많을 때도 소풍 가듯이 가십니까?"라고 물으니 "그때는 골치 아픈 일은 생각하지 않고 그 일이 해결되었을 때의 기쁨을 생각하며 간다"고 대답했습니다.

학생은 어차피 해야 하는 공부인데 "아이고, 지겨운 공부! 아이고, 지겨운 공부!" 하면 얼마나 불행합니까? '공부하고 싶어도 못 하는 학생들도 많은데 감사하다' 하고 공부하면 얼마나 행복합니까? 옛날에는 종이도, 연필도 귀했습니다. 연필이 다 닳아 몽당연필이 되면 뒤에 무엇을 끼워서 더 사용했습니다. 그래서 저는 지금도 공문이 오면 그냥 버리지 않고 뒷면을 이용합니다. 모든 것이 풍족한 이 좋은 때에 공부하는 것이 얼마나 감사합니까? 감사하며 공부하면 행복합니다.

하물며 결혼생활은 어떠하겠습니까? 결혼했으면 행복의 절정에서 살아야 합니다. 제가 이렇게 말할 수 있는 것은 지금 제 생활이 행복의 절정이기 때문입니다. 저는 아내만 보면 좋습니다. 저는 아내의 발자국 소리도 압니다. 아내의 발자국 소리가 들리면 마음이 기쁘고, 가슴이 뛰고 참 좋습니다. 저처럼 이렇게 살아야지, 아내 발자국 소리가 들릴 때 '아이고! 저 여자가 또 오는구나' 한다면 그게 무슨 부부입니까? 행복하게 살려고 결혼했으니 행복하게 살아야 합니다.

우리 교회 한 장로님 부인은 아름답고 귀합니다. 그런데 본인은 살이 쪘다고 생각하나 봅니다. 그래도 장로님에게는 "여보, 내가 살을 좀 더 빼고 싶지만 안 뺀다. 내가 살을 더 빼면 당신이 출근을 못하잖아"라고 한답니다. 살이 쪄 있어도 좋아서 못 견딜 정도인데 더 날씬해지면 남편이 회사에 출근도 못할까 봐 살을 빼지 않는다는 것입니다. 부부는 그래야 정상입니다.

하나님께서 에덴 동산을 얼마나 아름답게 만드셨겠습니까?

31년 전에 일본 왕궁을 구경했습니다. 푸른 잔디에 꽃이 만발해 있는 왕궁을 보며 "아! 멋지다"라고 했습니다. 그리고 캐나다의 빅토리아 섬에 갔을 때 온갖 꽃이 만발해 있는 꽃 섬을 보고 그때도 "와! 멋지다"라고 감탄했습니다. 스위스의 알프스 산에 갔을 때도 골짜기마다 그림같이 아름다워 "와! 멋지다"라는 말이 저절로 나왔습니다. 지금은 우리 한국이 더 아름답습니다. 스위스는 어디를 가더라도 다 똑같은데, 우리나라는 곳곳마다 다르고 어디를 가도 아름답습니다.

그러나 에덴 동산과 비교할 곳은 없습니다. 에덴 동산은 하나님께서 직접 빚으셨으니 얼마나 아름답고 멋있겠습니까? 벌이 있어도 꿀만 만들지 쏘지 않고, 나비가 춤을 춥니다. 또 하나님께서 아담에게 모든 새들과 모든 짐승들을 친구로 붙여 주셨습니다. 아담이 새들에게 "너는 참새다. 너는 까마귀다. 너는 까치다. 너는 학이다. 너는 앵무새다……"라고 이름을 지어 주고, 짐승들에게도 "너는 개다. 너는 사자다. 너는 호랑이다. 너는 사슴이다. 너는 토끼다. 너는 다람쥐다"라고 이름을 붙여 주었습니다. 아담이 가는 곳에 참새도, 까치도, 까마귀도, 토끼도, 사슴도, 사자도, 코끼리도, 원숭이도 따라갑니다.

아담은 그렇게 좋은 곳에 살아도 공허하고, 쓸쓸하고, 고독하고, 행복하지 못했습니다. 그래서 하나님께서 "사람이 혼자 사는 것이 좋은 것이 아니다" 하시고 아담을 깊이 잠들게 하셨습니다. 하나님께서는 최초의 마취를 아담에게 하신 것입니다. 최초의 외과의사 선생님도 하나님이십니다. 하나님은 깊이 잠든 아담의 가슴을 열어 갈비뼈 하나를 뽑으셨습니다.

하나님께서 아담의 갈비뼈에 살을 붙이셔서 아름다운 여인을 만드셨습니다. 그리고 그 코에 생기를 불어넣으셨습니다. 하나님께서 빚으셨으니 얼마나 아름다웠겠습니까? 하나님께서 그 아름다운 여인 이브를 아담에게로 이끄십니다. 아담도 하나님께서 만드셨으니 얼마나 멋있었겠습니까? 아담이 인기척에 눈을 뜨니 세상에! 매력이 자르르 흐르는 여인이 있는 것입니다.

그때 아담이 기쁨의 절정을 맛봅니다. 그가 감격해서 “이는 내 뼈 중의 뼈요, 살 중의 살이로다!” 하며 기뻐합니다. 토끼 천 마리보다 이브가 더 귀하고 사슴, 사자, 다람쥐, 나비, 꽃, 에덴 동산의 모든 것보다 이브가 더 귀합니다. 다른 것이 다 있어도 기쁨의 절정을 모르다가 이브를 보니 기쁨의 절정을 체험하며 “야!” 하는 것입니다. 그 행복의 절정에서 두 사람이 부부가 되어 사는 것입니다.

우리의 가정생활이 다 그렇게 되어야 합니다. 부모와 자식 간에도 기쁨의 절정을 맛보아야 합니다.

얼마 전 저의 어머니께 전화를 드렸더니 어머니께서 아주 행복해하셨습니다. 부모와 자녀도 기쁨의 절정으로 살고, 남편과 아내도 다투지 않고 기쁨의 절정으로 살아야 합니다. 잠언 25장 24절에 “다투는 여인과 함께 큰 집에서 사는 것보다 움막에서 혼자 사는 것이 나으니라”라고 말씀합니다.

## 우리가 행복의 절정의 삶을 살려면 어떻게 해야 합니까?

저는 일찍 결혼해야 한다고 생각합니다. 에덴 동산에 모든 것이 다 있어도 아담이 이브와 결혼하기 전에는 기쁨의 극치를 몰랐습니다. 이브와 결혼해서 하나 되었을 때 '야! 이런 신비로운 기쁨이 있었구나' 하고 깨달았습니다.

행복의 절정의 삶을 살려면 결혼해야 하는데, 여자와 여자, 남자와 남자의 결혼은 결혼이 아닙니다. 만일 남자와 남자가 결혼하는 것이 좋으면 하나님께서 아담과 또 다른 남자를 만드셨을 것입니다. 여자와 여자가 사는 것이 좋으면 하나님께서 여자와 여자를 만드셨을 것입니다.

미국에서 제가 아내와 함께 어느 가정을 심방하고 돌아오는 길에 자동차의 휘발유가 거의 바닥이 났습니다. 주유소에 가서 기름을 넣었습니다. 저는 휘발유인 줄 알고 넣었는데 경유였습니다. 주유기 손잡이의 색이 휘발유는 검은색이고 경유는 녹색인데, 저는 그 사실을 모르고 녹색 주유기로 넣은 것입니다. 주유소에서 기름을 넣고 나서는 시동이 걸려 집으로 왔는데 다음 날 새벽기도회에 가려고 시동을 거니 아무리 해도 시동이 걸리지 않았습니다. 알고 보니 경유를 넣은 것입니다. 휘발유를 넣어야 할 차에 경유를 넣는 바람에 차가 망가져 고생을 했습니다.

휘발유 차에는 휘발유를 넣어야지 경유를 넣으면 안 됩니다. 결혼은 남자와 여자가 하는 것입니다. 남자끼리, 여자끼리 하는 결혼은 하나님의 저주를 부르는 일입니다. 그리고 통계를 보면, 동성연애자는 평균 15년 일찍 죽습니다. 정상적인 생활이 아니니 암에도 잘 걸리고, 에이즈에도 잘 걸립니다. 그리고 온 세상 사람들이 다 동성연애를 하면 이 세상은 끝이 납니다. 자식이 없기 때문입니다. 동성연애는 세상을 망하게 하는 지름길이고, 마귀의 종이 되는 것이며, 축복을 막는 일입니다. 동성끼리 연애를 하고 결혼을 하는 것은 얼마나 이상한 일입니까?

결혼은 남자와 여자가 해야 되고 또 일찍 해야 합니다. 그리고 결혼하면 바로 혼인신고를 해야 합니다. 왜 그렇습니까? 마태복음 19장 6절에 "이러한즉 이제 둘이 아니요 한 몸이니 하나님이 짝지어 주신 것을 사람이 나누지 못할지니라"라고 말씀합니다. 결혼을 하면 한 몸이 되었기 때문에 절대로 나누면 안 됩니다.

요즘 이혼율이 올라가다가 다시 내려가고 있는데, 그 이유가 혼인신고를 하지 않고 그냥 살기 때문이랍니다. 혼인신고를 하지 않고 그냥 살다가 헤어지니 이혼율에 들어가지 않아서 이혼율이 떨어진다는 것입니다. 그것은 나라가 망하는 길입니다. 결혼하기 전에 동거하면 안 되고, 결혼했으면 바로 혼인신고를 해야 합니다. 혼인신고를 하지 않으면 '수틀리면 헤어지자'라는 마음이 듭니다. 그것은 한 몸이 아닙니다. 결혼이 아닙니다.

함께 살지만 '이 여자가 언제 떠날까? 이 남자가 언제 떠날까?' 하는 생각으로 사는 사람들이 혼인신고를 하지 않고 삽니다. 혼인신고를 하면 잘살 것만 생각하게 됩니다. 그러므로 결혼은 빨리 하고, 결혼했으면 반드시 혼인신고를 해야 합니다. 그리고 한 몸이 되어 살아가야 합니다.

또한 마귀의 시험을 받으면 안 됩니다.

이브가 마귀의 시험을 받아 선악과를 따 먹었기 때문에 그 행복의 절정이 깨지고 말았습니다. 마귀는 오늘도 우리에게 선악과를 따 먹으라고 합니다. 보암직하고, 먹음직하고, 지혜롭고 탐스럽게 할 만한 좋은 것을 갖고 "미스터 김, 먹어 보세요"라고 합니다. 가정주부에게도 "아가씨, 먹어 보세요"라며 유혹합니다.

에베소서 4장 27절에 "마귀로 틈을 타지 못하게 하라"고 말씀합니다. 여러분의 남편이 유혹 받는 일이 없기를 바랍니다. 아내가 유혹 받는 일이 없기를 바랍니다.

언제나 마귀를 묶어야 합니다. 요즘에는 여자들도 직장생활을 하는 사람이 많습니다. 직장에서 함께 생활하다 보면 매력 있고, 쳐다보면 좋고, 함께 식사하면 기쁜 그런 남자들이 생기는 것입니다. 가정주부가 가정에서 일할 때는 이혼이 없었습니다. 남편과 몇 년을 사니 전기가 덜 통하고 몸이 부딪쳐도 아무 감각이 없다가 새 남자를 보니 '멋있다! 멋있다!'라는 생각이 들고, 웃음을 보내고, 함께 차를 마시기 시작합니다. 그러면 마귀가 '아! 걸려들었다' 하며 틈을 타서 노립니다. 그러면 그 집이 깨지는 것입니다.

이 세상에 별 남자 없고, 별 여자 없습니다.

노 장로님께서 TV를 보고 해주신 이야기입니다. 70세가 넘은 할머니들을 위한 잔치 자리에서 사회자가 이렇게 말했습니다.

"할머니들! 다시 태어나도 지금 할아버지와 결혼하실 분은 손 들어 보세요."

"미쳤어? 미쳤어?"

할머니들이 모두 지금 할아버지와 결혼하지 않겠다고 하시는데 한 분이 "나는 한다"라며 손을 드셨답니다.

"할머니는 할아버지의 어디가 훌륭해서 다시 태어나도 할아버지하고 결혼하시겠어요?"

"훌륭하긴 뭐가 훌륭해? 다 똑같아. 그놈이 그놈이오."

그 사람이 그 사람이라는 것입니다. 맞습니다. 별 사람 없습니다. 시험 들지 마시기 바랍니다. 다 흙덩어리이고, 별 사람 없습니다. 회사에서, 어디에서 윙크를 보내는 사람은 여자를 유혹하는 사람들입니다. 바람피우는 남자들이 쓴 글을 읽어 보십시오. 여자들을 유혹하는 것은 쉽답니다. 여자들은 딱 보면 따라온답니다.

그러므로 눈에 은혜를 받아야 합니다. 그래야 시험에 들지 않습니다. 시험에 드는 일이 없어야 합니다.

그다음, 아이를 일찍 낳아야 합니다.

이브에게 아이가 셋 딸렸다면 선악과를 쳐다볼 시간이 있었겠습니까? 아이들이 "엄마! 엄마!" 하는데 선악과를 볼 시간이 있었겠습니까? 아이를 늦게 낳으니 시험에 든 것입니다.

그리고 자녀를 많이 낳아야 합니다. 시편 127편 4-5절에 "젊은 자의 자식은 장사의 수중의 화살 같으니 이것이 그 전통에 가득한 자는 복되도다"라고 말씀합니다. 저를 보십시오. 아직 새신랑 같은데 손자가 몇입니까? 제가 자식을 일찍 낳으니 집안이 일어서는 것입니다.

하나님께서 아브라함에게 "네 자녀가 하늘의 별처럼 많아지리라" 하셨습니다. 자녀가 많은 것이 힘입니다. 나는 약해도 자식들이 강하면 사람들이 나를 함부로 하지 못하는 것입니다. 가능하면 자식을 많이 낳아야 합니다. 특별히 예수님을 믿는 우리가 셋, 넷, 다섯, 여섯……계속 낳으면 한 세대가 지난 후에 이 세상이 거의 주님의 나라가 되지 않겠습니까? 아이를 많이 낳는 것은 확실한 전도입니다.

그리고 나이가 들수록 손자를 보는 기쁨이 큽니다.

오래전 제가 대전의 큰 교회에서 집회를 인도한 적이 있는데, 그 교회 담임 목사님께서 집회를 마치고 가는 성도들에게 인사를 하실 때 손녀를 안고 "안녕히 가세요. 안녕히 가세요"라고 하셨습니다. 그때 제가 '왜 저러시나? 공과 사를 구분해야지. 손녀는 집에서 안아야지, 교회에서 왜 저러실까?'라고 생각했습니다.

그런데 지금은 저도 그렇게 하고 싶습니다. 사람이 살아가는 삶의 기쁨 중 하나가 아들딸을 보고 손자손녀를 보는 것입니다.

페스탈로치는 "임금이든 백성이든 자기 가정에서 자녀를 보는 기쁨이 최고로 고상한 기쁨이다"라고 말했습니다. 자녀를 많이 낳으면 그 집이 잘되는 것입니다.

그다음, 말씀대로 아내는 아내의 일을 하고 남편은 남편의 일을 해야 합니다.

에베소서 5장 22-23절에 "아내들이여 자기 남편에게 복종하기를 주께 하듯 하라 이는 남편이 아내의 머리 됨이 그리스도께서 교회의 머리 됨과 같음이니"라고 말씀합니다. 5장 33절에도 "아내도 그 남편을 경외하라"라고 말씀합니다.

아내들은 하나님을 경외하듯이 남편을 경외해야 합니다. 남편이 있을 때는 모르지만 세상을 떠난 후에는 남편이 얼마나 귀한지를 깨닫게 됩니다.

서울 올림픽 때 프렌츠 여사가 한국에 와서 컵라면으로 아침저녁 식사를 하며 올림픽에 참석했습니다. 그가 한국에 온 것은, 남편이 한국전쟁에 참전했다가 세상을 떠나 부산의 묘지에 묻혀 있기 때문이었습니다. 남편이 전쟁 중에 크리스마스 선물로 보내 준 하얀 고무신 한 켤레를 생명같이 지키고 있다가 남편이 목숨을 던져 지킨 한국에서 올림픽이 개최된다니 너무 반가워 한국에 온 것입니다. 그 할머니는 7년간 성냥 공장에서 일한 돈으로 비행기 삯을 만드셨답니다. 한국에 와서도 제일 싼 여관에 묵으며 컵라면으로 아침저녁 식사를 하며 올림픽을 본 다음, 남편 묘지에 가셨습니다.

"여보! 당신이 죽음으로써 지킨 한국에서 올림픽이 개최되었어요."

그리고 남편 무덤의 흙을 한 줌 갖고 미국으로 돌아갔습니다. 기자들이 이 사실을 알고 미국에 가서 취재를 했는데, 남편이 전쟁 중에 보내 준 한국 고무신을 유리 진열장에 보물단지처럼 보관하고 있었다고 합니다. 그리고 그 할머니께서 "내가 세상 떠날 때는 내 남편 무덤의 흙 한 줌과 저 고무신을 안고 있을 거예요"라고 했답니다. 프렌츠 할머니는 자나 깨나 세상을 떠난 남편을 생각하는 것입니다.

세상에 사람은 많아도 남편만큼 중한 사람이 또 있겠습니까? 열 효자보다 남편이 귀합니다. 교회에서 예수님을 섬기는 것처럼 아내는 남편을 섬겨야 합니다.

어느 큰 부잣집의 주인이 바보였습니다. 그래서 종들이 주인에게 묻지 않고 무엇이든 부인에게 물었습니다.

"마님, 이 일을 어떡할까요?"

그럴 때마다 부인은 "그래, 좀 기다리게. 내가 주인께 물어보고 답을 얻어 오지"라고 했습니다. 그러나 부인은 남편에게 묻지 않고 조금 있다 나가서 "우리 주인께서 이렇게 하라고 하시네"라고 했습니다. 종들도 그 사실을 다 알았습니다. 종들은 그런 마님을 존경하고 주인도 존경하는 것입니다.

엄마가 아이들 앞에서 "네 아빠는 훌륭하시다. 내가 살아 보아서 아는데, 네 아빠는 정말 훌륭하신 분이다"라고 해야 아이들에게 올바른 교육이 됩니다.

그리고 아내들은 지혜롭게 살림을 잘살아야 합니다. 잠언 14장 1절에 "지혜로운 여인은 그 집을 세우되"라고 말씀합니다. 남편을 세우고, 자녀를 세우고, 경제를 세우는 여성이 되십시오.

지미 카터 대통령이 대통령에 당선되었을 때, 기자들이 그의 어머니 릴리언 여사와 인터뷰를 하였습니다.

"여사님, 아들이 얼마나 자랑스러우세요?"

"어느 아들을 말하는 거예요?"

지미 카터 대통령의 동생 빌리 카터는 별 볼일 없는 사람입니다. 그런데 어머니가 그렇게 말한 것은, 어머니에게는 지미 카터도 귀하고 빌리 카터도 귀하다는 것입니다. 아들을 세워 주는 것입니다.

남편을 세우고, 자녀를 세우고, 경제를 세우는 분이 되시기를 바랍니다. 남편이 200만 원 벌어 주는데 250만 원을 쓰고, 150

만 원 벌어 주는데 200만 원을 쓰면 빚만 남게 됩니다. 남편이 200만 원 벌어 주면 100만 원만 쓰고, 만 원을 10만 원처럼 쓰면서 알뜰히 살아야 살림이 불어납니다.

어느 백화점에 늘 손을 꼭 잡고 다니는 부부가 있었습니다. 백화점 직원들이 보고 "저 부부는 참 금슬이 좋다"라며 부러워했습니다.

하루는 한 백화점 직원이 물었습니다.

"어찌 그렇게 금슬이 좋으세요? 너무 보기 좋아요."

"무슨 말이오?"

"두 분이 늘 손을 잡고 다니니 보기에 좋아요."

그러자 남편이 "이렇게 하지 않으면 내 아내의 구매욕을 막을 길이 없다오"라고 했습니다. 이것을 보면 이것이 사고 싶고, 저것을 보면 저것이 사고 싶고, 그래서 아내가 보는 것마다 사니 사지 못하도록 아내 손을 잡고 다니는 것입니다. 그런 아내가 되면 안 됩니다. 경제적으로도 잘 일으켜야 합니다.

그다음에 아내가 중히 여겨야 하는 일이 무엇입니까? 자기를 예쁘게 가꾸는 것입니다.

잠언 31장 10절에 "누가 현숙한 여인을 찾아 얻겠느냐 그 값은 진주보다 더하니라"라고 말씀합니다. 현숙한 여인, 진주보다 값진 현숙한 여인은 부지런히, 열심히 일하여 가정을 일으키면서도 잠언 31장 22절에서 자기를 아름답게 가꾼다고 했습니다.

"그는 자기를 위하여 아름다운 방석을 지으며 세마포와 자색 옷을 입으며."

현숙한 여인은 열심히 일하면서도 자기를 위해 아름다운 방석을 지으며 세마포와 자색 옷을 입어 아름답게 합니다. 하나님께서는 우리 중심을 보시지만 남편은 외모를 봅니다. 그래서 아내는 자기를 가꾸어야 합니다.

배가 나오면 밥을 줄이면 됩니다. 그리고 얼굴도 관리하면 됩니다. 남편이 퇴근하기 전에 아름답게 단장하고 향수도 뿌리고 있다가 "어서 오세요" 하고 남편을 맞아야 합니다. 직장 여성들은 다 단정합니다. 회사에서 그런 여성들을 보다가 집에 가니 자다 깬 아내가 나온다면 누가 그런 아내를 좋아하겠습니까? 80세가 넘어도 자기를 가꾸어야 합니다.

남편은 주님께서 우리에게 모든 것을 주신 것처럼 아내에게 마음과 몸과 땀, 모든 것을 다 주고 사랑해야 합니다.

에베소서 5장 25절에 "남편들아 아내 사랑하기를 그리스도께서 교회를 사랑하시고 위하여 자신을 주심같이 하라"라고 말씀합니다. 28절에서는 "남편들도 자기 아내 사랑하기를 제 몸같이 할지니 자기 아내를 사랑하는 자는 자기를 사랑하는 것이라"라고 말씀합니다.

아내는 우리 몸입니다. 아내를 사랑하는 것은 내 몸을 사랑하는 것입니다.

골로새서 3장 19절에는 "남편들아 아내를 사랑하며 괴롭게 하지 말라"라고 말씀합니다. 아내가 제일 아픈 것은 남편이 이성 교제를 하는 것입니다. 남편이 다른 여자에게 조금만 친절하게 전화해도 아내는 마음이 불편합니다. 이성 교제로 아내를 괴롭히는 일이 없기를 바랍니다.

그리고 남편은 실력을 쌓아야 합니다. 그래서 아내가 남편을 자랑스러워해야 합니다.

말씀드리기 죄송하지만 제가 아내와 함께 서울로 가면서 컴퓨터로 영문 에세이를 썼습니다. 저는 항상 컴퓨터를 갖고 다닙니다. 옆에 영화배우도 있었고 탤런트도 있었지만 제가 하는 일을 계속해서 했습니다. 나중에 아내가 그런 저를 보고 “여보, 자랑스러워요”라고 했습니다.

우리에게는 성장 곡선과 운동 곡선이 있습니다. 성장 곡선은 물 위의 오리처럼 학력, 경력과 같은 것으로 눈에 보이는 것이고, 운동 곡선은 물 밑의 오리 발처럼 보이지 않는 것입니다. 성장 곡선이 귀합니다. 서울대 출신, 하버드 대 출신이라는 것이 중요합니다. 그러나 성장 곡선이 좋아도 게으르면 자꾸 처지게 됩니다. 물 위에 떠 있는 오리가 가만히 있는 것처럼 보이지만 물 밑의 오리 발은 계속 움직이고 있는 것처럼, 학력도 좋지 않고 경력도 좋지 않고 좋은 것이 없지만 계속 노력하는 사람은 거북이가 토끼를 이기듯이 갈수록 올라가게 됩니다. 성장 곡선이 좋은 사람보다 운동 곡선이 좋은 사람이 갈수록 올라가게 됩니다.

남편들이여, 노력하십시오. 인생은 대학입니다. 계속 배우십시오.

저는 지금도 고3처럼 공부합니다. 단 2분이라도 헛되이 보내지 않으려고 노력합니다. 제 성장 곡선이 좋지 않지만 운동 곡선이 있으니 이 정도로 섬기는 지도자가 된 것입니다.

남편은 아내가 ‘아! 내 남편 짱이다’라고 하도록 자기를 키워 나가야 합니다.

그러나 가장 중요한 것은, 아무리 아내가 노력하고 남편이 노력해도 결국 행복의 절정으로 사는 것은 하나님의 손에 달렸다는 것입니다.

> "여호와께서 집을 세우지 아니하시면 세우는 자의 수고가 헛되며" (시 127:1).

남편, 아내가 아무리 잘해도 자식이 속 썩이고 며느리가 속 썩이는 것을 어떻게 합니까? 남편, 아내가 아무리 조심해도 시누이가 마음 상하게 하는 것을 어떻게 하겠습니까? 그래서 하나님께 우리 가정을 지켜 주시고 우리 부부를 지켜 달라고 기도하는 것이 최고입니다.

하나님께서는 행복하게 살라고 우리에게 가정을 주셨습니다. 다투고 싸우며 살라고 주신 것이 아닙니다.

"여봉 남봉, 여봉 남봉" 하며 아내를 안아 주고, 남편을 사랑하며 살아야 합니다. 그것이 하나님의 기쁨, 교회의 축복, 세상의 빛이 되는 길입니다.

4

# 갈릴리로 가라

(마태복음 28:1–10)

제가 이 세상을 살아가는 목적은 오직 하나입니다. 한 영혼이라도 더 예수님을 믿게 하여 천국 가도록 하는 것입니다.

예수님께서 이 세상에 오신 목적도 오직 하나입니다. 죄와 사망과 지옥에서 멸망할 이 세상 사람들을 구원하여 영원한 나라로 인도하시기 위함입니다. 예수님께서는 세상 죄를 지고 가는 하나님의 어린 양으로 오셨습니다. 때가 되매 모든 인류의 죄를 다 짊어지고 십자가에 달려 피를 흘리시며, "다 이루었다!" 하시고 운명하셨습니다.

주님의 귀한 몸이 나무 십자가에 걸려 있습니다. 예수님을 사랑하면서도 로마가 두렵고 권력자들이 두려워 그 시신을 장례 치를 사람이 없습니다. 그때 의인이요, 존귀한 공회의원이요, 소문난 재벌이요, 하나님의 나라를 기다리는, 숨은 제자 아리마대 요셉이 비장한 결단을 했습니다. 그는 운명을 건 결단을 하고, 빌라도에게 가서 예수님의 시신을 달라 하여 장례를 치렀습니다. 귀한 세마포로 주님의 몸을 감싸서 자기를 위해 준비해 두었던 새 무덤에 잘 모시고 큰 돌로 무덤 문을 닫았습니다.

하지만 대제사장, 장로들은 예수님께서 계속 "나는 죽지만 3일 만에 부활하리라. 3일 만에 다시 살아나리라" 하셨던 말씀이 마음에 걸립니다. 또 예수님의 제자들이 무덤에 몰래 와서 예수님의 시신을 훔쳐간 다음 예수님께서 부활하셨다고 하면 세상이 혼란스러워질까봐 두렵기도 하여, 빌라도 총독에게 찾아가 허락을 받고 경비병을 세워 아주 삼엄하게 지키도록 했습니다. 로마의 총독 빌라도도 책임이 있으니 염려가 되어 로마 군대를 파송해서 그 무덤을 지키게 했습니다. 그리고 그 무덤에 아무도 손대지 못하게 인봉까지 했습니다.

하루가 지났습니다. 이틀이 지났습니다. 예수님께서 부활하신다고 말씀하신 3일째 새벽입니다. 막달라 마리아(일곱 귀신이 들려 처참하게 살다가 예수님을 만나 구원을 받은 여인)와 다른 마리아(야고보의 어머니)는 예수님의 무덤이 어디에 있는지 알았습니다. 그러나 로마 군인들과 경비병들이 무덤을 지키는 줄은 몰랐습니다. 그래서 예수님의 시신에 향품을 부어 드리려고 준비해서 가면서 걱정을 했습니다.

"어떻게 바위를 치우지? 누가 굴려 줄까? 어떡하지?"

그런데 가 보니 놀라운 광경이 펼쳐져 있었습니다. 지진이 일어납니다. 산을 가르고 건물을 쓰러뜨리는 지진이 아니라 하나님의 임재를 알리는 지진이었습니다. 그리고 하늘에서 빛나는 천사가 내려와 무덤 문을 굴려내는 것입니다. 그러나 예수님께서는 이미 부활하셔서 무덤 안에 계시지 않았습니다. 무덤 문을 열어야 예수님께서 나오시는 것이 아닙니다. 예수님의 몸은 뼈가 있고 살이 있지만 이 땅의 몸이 아니라 천국의 몸, 영광의 몸(the body of glory)이기 때문에 문을 열지 않아도 마음대로 드나드실 수 있는, 그런 신비로운 몸을 소유하신 것입니다.

우리도 천국에 가면 그런 몸으로 살게 되는 것입니다.

빛나는 천사가 바위에 앉아 있었습니다. 그 모습이 번개 같고, 그 옷의 희기가 눈보다 더 희어 눈이 부셨습니다. 그 광경을 바라보던 로마 군인들과 경비병들은 기절해서 죽은 자같이 되었습니다.

하지만 이 여인들은 무서워도 기절하지 않고 서 있었습니다. 왜그렇습니까? 하나님께서 붙잡아 주셨기 때문입니다.

오늘날 세상에 환난과 시련이 많고 예수님을 믿는 길목에 장애물이 많아도, 우리가 이렇게 든든히 서서 믿음을 지키는 것은 두 여인을 붙잡아 주신 하나님께서 우리를 붙잡아 주시기 때문입니다. 부족하고 또 부족하고 정말 부족한 제가 이렇게 든든히 하나님의 일을 하는 것은 하나님께서 붙잡아 주시기 때문입니다.

천사가 두 여인에게 말합니다.

"무서워 말라. 너희들이 십자가에 못 박혀 죽으신 예수를 찾아온 줄 아노라. 그가 여기에 계시지 않고 그의 말씀하신 대로 살아나셨느니라. 그의 누우셨던 곳을 보라."

두 여인이 무덤 안으로 들어가서 예수님께서 누우셨던 곳을 봅니다. 예수님은 계시지 않고 예수님을 감쌌던 세마포와 예수님

머리를 감쌌던 수건이 포개져 있습니다.

천사가 이어서 말합니다.

"빨리 가서 제자들에게 전하라."

예수님의 부활 소식을 전하는 자는 빨리 가야 합니다. 저는 이 말씀을 3일간 준비하면서 이 '빨리'에 집중을 많이 했습니다.

'예수님의 복음을 전하는 자는 빨리 가야 하는데……. 모든 목사님들이 주일 낮, 주일 밤, 수요일 밤에 설교할 때 빨리 가서 전할 수 있는 의욕이 있어야 하는데……. 우리 한국의 천만 성도들이 빨리 뛰어가서 복음을 전할 열정이 있어야 하는데…….' 그래서 "오, 주여! 열정을 주십시오. 불을 붙여 주십시오"라고 기도했습니다.

"빨리 가서 제자들에게 전하라. 예수님께서는 말씀하신 대로 부활하셨고, 너희보다 먼저 갈릴리로 가시나니 거기서 주를 뵈리라 하라. 제자들에게 갈릴리로 가라 하라."

그때 두 여인은 무서웠지만 예수님께서 부활하신 것을 확인하고 큰 기쁨으로 달려갔습니다.

그런데 달려가는 이 여인들 앞에 예수님께서 나타나셨습니다. 할렐루야! 예수님께서 그들에게 말씀하셨습니다.

"평안하냐?"

'평안하냐?'라는 말은 헬라어로 '카이레테'인데 '기뻐하라'(rejoice)는 뜻입니다. 그러니 '평안하냐?'라는 말씀은 곧 '얘들아, 기뻐하라. 내가 부활했다'라는 뜻입니다.

오늘 주님께서 우리에게도 말씀하십니다.

"기뻐하라. 내가 다시 살아났다. 기뻐하라. 너희들도 다시 산다. 기뻐하라."

두 여인이 예수님을 보고 너무 기뻐서 발에 엎드려 경배합니다. 이에 예수님께서 말씀하셨습니다.

"일어나 내 형제들에게 가서 갈릴리로 가라 하라. 거기서 나를 보리라."

'내 형제들'은 제자들을 가리킵니다. 예수님을 부인하고 도망간 비겁한 제자들, 볼품없는 제자들을 가리켜 우리 주님께서는 '내 형제들'(my brothers)이라고 하십니다. 우리가 때로는 부끄럽게 살아 하나님 앞에 초라한데, 하나님께서 기대하시는 것만큼 거룩하지도 의롭지도 깨끗하지도 못하고 충성하지도 못하는데, 그래도 주님께서는 우리를 버리지 않으시고 "내 형제들아" 하십니다.

우리 주님께서는 제자들을 버리지 않으십니다. 우리를 버리지 않으십니다.

"내 형제들에게 가서 갈릴리로 가라 하라. 거기서 나를 보리라."

여인들이 달려가 그 소식을 전하고 제자들은 갈릴리에서 예수님을 만났습니다.

예수님께서는 40일간 그들과 함께 계시다가 지정하신 갈릴리의 한 동산에서 500명의 성도와 제자들에게 하실 말씀을 다 하시고 승천하셨습니다.

승천하신 우리 주님께서는 하나님의 시간표대로 반드시 다시 오십니다.

본문에 빛나는 교훈이 많지만 먼저 생각하게 되는 것은, 두 여인이 예수님의 무덤으로 가면서 "그 큰 바윗돌을 누가 굴려 주나?" 하고 걱정했지만 주님께서 천사를 보내시어 그 바윗돌을 다 굴려내 주셨다는 것입니다.

우리가 살아가다 보면 걱정할 일이 많습니다. 가정에, 사업에, 자녀 교육에 걱정할 일이 생깁니다. 그러나 우리는 염려할 필요가 없습니다. 우리 주님께서 우리 앞에서 우리를 인도해 주시기 때문입니다.

여호와는 우리의 목자이십니다. 우리 앞에서 우리를 인도하시고 우리의 장애물을 제거해 주십니다. 장애물을 넘게 해주십니다. 우리의 앞길을 형통하게 해주십니다. 우리를 이기게 해주십니다. 그러므로 우리는 염려할 것이 하나도 없습니다.

저도 목회하면서 때로는 캄캄한 일을 당합니다. 거친 광야에서 '어찌할꼬?' 할 때가 있습니다. 그러나 하나님을 바라보면 모든 염려가 없어집니다.

하나님은 우리의 인도자이십니다.

얼마 전, 제가 미국에서 두 돌이 지난 어린 손녀를 데리고 산책을 하는데 햇볕이 너무 뜨거웠습니다. 그래서 저도 큰 모자를 쓰고 손녀에게도 모자를 씌웠습니다. 그런데 손녀가 모자를 확 벗어 던지는 것입니다. 다시 씌워 주었더니 또 확 벗어 던졌습니다. 할 수 없이 모자를 손에 들고 가는데, 뜨거운 햇살에 어린 손녀의 피부가 상할 것 같아 "주여, 어떡하지요?" 하는데, 제 그림자가 손녀의 그림자보다 큰 것이 보였습니다. 그래서 제가 아이의 우편에 서서 제 그림자, 그 그늘로 아이를 보호했습니다. 아이가 빨리 가면 저도 빨리 가고, 아이가 천천히 가면 저도 천천히 가고…….

그러다가 시편 121편 5-6절 말씀을 실감하고 얼마나 기뻤는지 모릅니다.

“여호와는 너를 지키시는 자라 여호와께서 네 우편에서 네 그늘이 되시나니 낮의 해가 너를 상치 아니하며 밤의 달도 너를 해치 아니하리로다.”

세상에! 하나님께서 이 말씀을 절실하게 느끼도록 손녀를 붙여 주셨나 봅니다. 손녀가 넘어지면 일으켜 주고, 제가 그늘이 되어 손녀를 옆에서 지켜 준 것입니다.

우리의 인도자가 되시고 보호자가 되시는 하나님께서는 언제나 우리 옆에 계십니다.

요즘 한국 교회를 허는 자들이 많습니다. 기독교를 개독교라 하고, 기독교는 망한다 하고, 기독교를 범죄 집단이라 하는 국회의원 출마자도 있습니다. 그런 악한 영의 사람들이 정치한다면 나라가 어떻게 되겠습니까? 우리가 정신 차려 투표해야 합니다.

하나님께서는 살아 계십니다.

우리 주님께서는 부활하셨습니다. 만왕의 왕이십니다. 만주의 주이십니다.

아무리 개가 짖어도 기차는 가듯이 그런 악한 인간들이 무슨 말을 해도 교회는 승리합니다. 우리는 승리하는 것입니다.

고린도전서 15장 57절에 “우리 주 예수 그리스도로 말미암아 우리에게 이김을 주시는 하나님께 감사하노니”라고 말씀합니다.

우리는 예수님으로 말미암아 이기는 것입니다.

그다음 교훈은 우리가 예수님을 섬기고 충성하며 나아가면 우리가 기대하는 것보다 백 배로, 천 배로, 억만 배로 귀한 것들을 경험하고 보게 된다는 것입니다.

막달라 마리아, 다른 마리아 이 두 여인이 기대한 것은 예수님의 시신이었습니다. 무덤에 가서 무덤 문을 굴려내고 예수님의 시신을 보는 것이 그들의 기대였습니다. 그런데 그들이 갔을 때 하나님의 임재를 알리는 지진이 일어나고, 하늘 문이 열리고, 천사가 내려오고, 예수님을 만났습니다. 할렐루야!

우리가 예수님을 모시고 나아가면 점점 더 좋은 것을 보게 되고, 더 큰 것을 보게 되고, 큰 간증거리를 경험하게 됩니다.

예수님께서 나다나엘에게 말씀하셨습니다.

"이는 참 이스라엘 사람이로다. 그 속에 간사함이 없도다."

"아니, 주여! 주님께서는 저를 처음 보시는데 어떻게 저를 아십니까?"

"빌립이 너를 찾기 전에 네가 무화과나무 아래 있는 것을 내가 보았다."

"주여! 주는 하나님의 아들이시요 이스라엘의 임금이로소이다."

"내가 무화과나무 아래 있는 너를 보았다고 해서 나를 믿느냐? 이보다 더 큰일을 보리라. 하늘 문이 열리고 하나님의 사자들이 오르락내리락하는 것을 보리라."

예수님은 하나님이십니다. 하나님께서는 우리에게 더 큰일을 보여주십니다.

모세는 이스라엘 백성을 구하러 애굽에 갔지만 두려움으로 떨었습니다. 그런데 하나님께서 내리시는 재앙, 이적과 기적, 무서운 일들을 보았습니다. 홍해가 갈라지는 것을 보았습니다. 하늘의 양식이 내리는 것을 보았습니다. 마라의 쓴 물이 달게 되는 것을 보았습니다.

야곱이 하나님의 축복을 받고 꿈속에서 하늘 문이 열리고 하늘에 닿는 사닥다리를 보고, 천사들이 오르락내리락하는 것을 보았습니다. 하나님께서 위에 계신 것을 보았습니다. 그리고 머슴살이를 했지만 하나님과 통하였고, 꿈에 아롱진 염소와 양을 보고 20년 만에 거부가 되었습니다. 또한 그는 자기가 애지중지하는 귀한 아들 요셉이 짐승에게 먹혔다는 비보를 받고 비통하게 울기도 했지만 세월이 지나 애굽의 총리가 된 요셉을 보았습니다. 야곱이 일생 하나님의 큰일을 보았고 하나님의 축복을 받았지만 제일 큰일, 가장 큰 축복은 천국에서 그 영광 중에 거하는 것입니다.

마태복음 8장 11절에 "동서로부터 많은 사람이 이르러 아브라함과 이삭과 야곱과 함께 천국에 앉으려니와"라고 말씀합니다. 할렐루야!

제가 한자리에서 3개월 동안 전할 간증거리가 있지만 그래도 가장 귀한 간증은 천국입니다. 우리는 곧 천국을 볼 것입니다.

미국의 부포 목사님이 가족과 여행하던 중 네 살 먹은 아들 콜튼이 급성맹장염으로 위급해 전신 마취를 하고 수술을 하게 되었습니다. 그 아이가 수술 시간에 천국에 갔다 왔다고 했습니다. 수

술을 마친 다음 아이가 천국에 갔다 온 이야기를 했는데, 목사님이 들어 보니 그냥 지나칠 일이 아니었습니다. 그래서 문필가 린 빈센트를 만나 그것을 정리하여 책으로 내서 세계적인 베스트셀러가 되었습니다.

네 살 먹은 아이는 많은 것을 보았다고 했습니다. 하나님의 보좌를 보고, 예수님을 만나고, 예수님께서 타신 나귀를 보고, 강아지와 사자들이 평화롭게 사는 것을 보았습니다. 또 자기가 태어나기 25년쯤 전에 돌아가신 증조할아버지 팝을 만나고, 어머니 뱃속에서 유산된 누나를 만났습니다. 거기에는 안경 쓴 사람이 없고, 늙은 사람이 없다고 했습니다. 보석 찬란한 집들이 무지갯빛을 발하고, 목사님들이 설교할 때 하나님께서 도와주시는 것을 보고, 기도할 때 응답하시는 것을 보았습니다. 천사들이 검을 갖고 성도를 지켜 주는 것을 보았습니다. 그리고 앞으로 큰 전쟁이 일어날 것을 보았습니다. 그러나 그 아이가 본 천국 이야기는 우리가 참고만 해야 할 것입니다.

성경에, 특별히 요한계시록에 천국의 화려한 광경이 가득합니다. 그 천국에 우리가 들어가 사는 것입니다.

한 집사님의 무남독녀, 여덟 살 먹은 딸이 바닷가에서 놀다가 바닷물에 빠져 죽었습니다. 집사님은 두 달간 교회에 나오지 않았습니다.

"살아 계신 하나님이, 머리카락까지 세신다는 하나님이 내 생명 같은 딸을 지켜 주지 않으시다니, 나는 하나님을 믿을 수 없어."

그러다 어느 주일, 울다가 쓰러졌는데 하나님께서 집사님의 눈을 열어 주시어 천국의 광경을 보게 되었습니다. 그곳에서 자기 딸이 아름답고 찬란한 옷을 입고 아기 천사들과 함께 까르르 웃으며 놀고 있었습니다. 딸의 이름을 애타게 불러도, 딸은 얼마나 재미있고 행복하게 놀던지 돌아보지도 않았습니다.

'내 딸이 바다에 빠져 불행하게 된 줄 알았더니 내 집보다 더 좋은 천국, 내 집과는 비교할 수도 없이 좋은 천국에서 이렇게 행복하게 사는구나.'

그날 밤 그 집사님이 교회에 다시 나왔습니다. 할렐루야!

나사로가 세상을 떠난 그날 천국에 가고, 십자가 한 편의 강도가 그날 천국에 간 것처럼 우리가 죽으면 바로 그날 천국에 가는 것입니다.

"Today you will be with me in paradise. 오늘 나와 함께 낙원에 있으리라."

우리가 죽는 그날 바로 천국에 갑니다. 거기에서 함께 사는 것입니다. 얼마나 감사합니까? 그러니 우리는 셋방에 살아도, 자동차가 없이 걸어 다녀도 기쁨이 넘쳐야 합니다.

저 건너편 강 언덕에 아름다운 낙원 있네
믿는 이만 그곳으로 가겠네.

우리는 모두 천국에 가는 것입니다. 우리는 한 가족인 것입니다.

그리고 예수님께서 부활하신 것은 기적이 아니라는 것입니다.

나사로가 다시 산 것은 기적이 아닙니다. 나인 성 과부의 아들이 다시 산 것은 기적이 아닙니다. 우리가 보기에는 기적이지만 우주를 창조하신 하나님께는 지극히 자연스러운 일입니다. 하나님께서는 에스겔 골짜기의 뼈다귀들도 군대가 되게 하십니다.

예수님의 부활은 기적이 아니라 하나님께 예정된 일입니다. 시편 16절 10절의 "이는 내 영혼을 음부에 버리지 아니하시며 주의 거룩한 자로 썩지 않게 하실 것임이니이다"라는 예언대로 예수님을 부활시켜 주신 것입니다.

우리도 부활합니다. 이사야 26장 19절에 "주의 죽은 자들은 살아나고 우리의 시체들은 일어나리이다 티끌에 거하는 자들아 너희는 깨어 노래하라 주의 이슬은 빛난 이슬이니 땅이 죽은 자를 내어놓으리로다"라고 말씀합니다.

우리가 부활할 것도 예언되어 있습니다. 예수님께서는 처음부터, 태초부터 하나님의 아들로 계셨습니다.

> "태초에 말씀이 계시니라 이 말씀이 하나님과 함께 계셨으니 이 말씀은 곧 하나님이시니라"(요 1:1).

예수님의 별명이 말씀이고, 예수님은 처음부터 하나님이십니다.

> "말씀이 육신이 되어 우리 가운데 거하시매 우리가 그 영광을 보니 아버지의 독생자의 영광이요 은혜와 진리가 충만하더라"(요 1:14).

말씀이 육신이 되어 이 땅에 오신 것입니다.

"이는 한 아기가 우리에게 났고 한 아들을 우리에게 주신 바 되었는데 그 어깨에는 정사를 메었고 그 이름은 기묘자라, 모사라, 전능하신 하나님이라, 영존하시는 아버지라, 평강의 왕이라 할 것임이라"(사 9:6).

이것은 세상의 논리로는 이해가 안 됩니다. '아기가 났는데 하나님이라, 영존하신 하나님이라, 아버지라.' 이게 무슨 말입니까? 예수님만이 그러하십니다.

요한복음 8장 58절에서는 "아브라함이 나기 전부터 내가 있느니라"(Before Abraham was born, I am!)라고 말씀하십니다.

세상의 많은 사람들이 섬기는 우상의 종교는 그 창시자들도 다 죽었고 흙이 되었습니다. 우리 주님만 영원한 하나님이십니다. 아무리 지극 정성으로 자기들의 종교를 섬겨도 사는 길이 없습니다. 부활의 주님을 섬기는 우리에게만 구원의 길이 있는 것입니다.

예수님 외에는 구원이 없습니다. 예수님만이 하나님이십니다.

"내가 곧 길이요 진리요 생명이니 나로 말미암지 않고는 아버지께로 올 자가 없느니라"(요 14:6).

우리는 구원의 주님을 붙잡았습니다. 얼마나 감사합니까?

이제 가장 중요한 말씀을 드립니다.

천사가 말했습니다.

"갈릴리로 가라 하라."

예수님께서 말씀하셨습니다.

"갈릴리로 가라 하라."

갈릴리!

이사야 9장 1절에 예수님께서 갈릴리에 걸어 다니며 복음을 전하심으로 갈릴리가 영화롭게 될 것이 벌써 예언되어 있습니다. 예수님께서는 공생애 3년 동안 갈릴리에서 복음을 전하셨습니다.

오늘 우리 주님께서는 저를 통해 여러분에게 말씀하십니다.

"갈릴리로 가라. 거기서 나를 만나리라."

오늘의 갈릴리는 전도의 현장입니다. 우리의 일터가 갈릴리입니다. 우리 병원, 우리 식당, 우리 직장이 우리의 갈릴리입니다.

"갈릴리로 가라."

갈릴리가 없는 북한은 죽음의 땅이 되었습니다. 제가 고속도로 휴게소를 잠시 들렀는데, 거기서 잘생긴 사람들이 여유 있게 다니는 것을 보고 '아! 우리 한국이 세계 최고다'라는 것을 다시 한 번 느꼈습니다. 이런 나라가 어디에 있습니까?

제가 얼마 전 50일간 미국에 있다 왔는데 미국 사람들은 긴장해서 삽니다. 일본 사람들은 마음대로 물도 못 마시며 초라하게 삽니다. 세계가 부러워하는 나라가 우리 대한민국입니다. 이번에 우리나라 사람이 세계은행 총재가 되었습니다. 얼마나 감사합니까?

이 땅에 죄가 많고 악이 많아도 하나님께서 이 땅을 긍휼히 여겨 주시는 줄로 믿습니다.

예수님이 없는 사람은 겁나는 것이 없으니 마음대로 살아갑니다. 그러나 예수님을 믿는 우리에게는 성령께서 계시므로 삶이 거룩해집니다. 성령님께서는 항상 우리에게 '좋은 남편이 되라. 좋은 아내가 되라. 좋은 부모가 되라. 좋은 국민이 되라. 좋은 직장인이 되라. 좋은 국회의원이 되라. 좋은 시장이 되라' 하십니다.

우리나라에 훌륭한 목사님, 훌륭한 장로님, 권사님, 안수집사님, 청년들이 가득합니다. 소돔과 고모라에 의인 열 사람이 있었으면 보호를 받을 수 있었듯이 그분들이 있어서 이 땅이 보호를 받는 것입니다. 지금 북한에서는 서울을 향해서만 미사일 500개를 장전하고 있답니다. 그 미사일이 떨어지면 서울은 쑥대밭이 될 것입니다. 그러나 저는 믿습니다. 우리가 거룩하고 의롭게 살며, 기도하고 복음 전하고 교회를 높이고 살면, 우리가 어떤 일을 하고 살든지 주님께서 재림하실 때까지 전쟁이 없도록 이 땅을 지켜 주실 줄 믿습니다. 우리가 하나님을 의지하면 하나님께서 이 나라를 지켜 주실 것입니다.

민족 복음화는 쉽습니다. 우리 기독교인이 천만 명이 넘으니 한 사람이 세 사람만 전도하면 4천만 명이 예수님을 믿게 되고, 네 사람을 전도하면 5천만 명이 다 예수님을 믿게 되는 것입니다. 내가 갈릴리로 살고 네 사람만 전도하면 되는 것입니다.

러시아에 아주 못생긴 아이가 태어났습니다. 가문에서 수치로 여기는 그 아이는 학교에서도 늘 못난 아이로 조롱을 받았습니다. 그러나 예수님을 믿는 그 아이는 좌절하지 않고 하나님께 기도했습니다.

"하나님! 저를 지으신 날 기분 나쁜 일이 있으셨나요? 왜 저를 이렇게 만드셨어요?"

그때 성령님께서 '글을 써라. 너는 글에 은사가 있으니 글을 써라' 하는 감동을 주셨습니다. 그래서 글을 썼습니다. 은근히 교회를 높이고, 은근히 하나님을 높이고, 은근히 목사님들을 높이는 글을 쓰며 그 글을 읽는 사람들이 예수님을 믿도록 했습니다. 그래서 그는 세계적인 대문호가 되었습니다. 그가 바로 러시아를 다 팔아도 바꿀 수 없다는 톨스토이입니다.

우리 삶의 목적이, 사업하는 목적이, 직장생활하는 목적이 '갈릴리'이면 하나님께서 우리를 귀히 여겨 주십니다.

애플의 스티브 잡스가 살아 있을 때 엘리베이터나 휴게실에서 그를 만나면 모든 사원들이 피했다고 합니다. 그는 어디에서나 사원들을 만나면 "자네, 3초 안에 자네가 우리 회사에 있어야 할 이유를 말해 봐. 자네, 3초 안에 자네가 하는 일이 가치 있다는 것을 증거해 봐"라고 했는데, 그때 더듬거리면 "당장 꺼져! 우리 회사에서 꺼져!"라고 했답니다. 그래서 모든 사원들이 정신을 바짝 차리고 일을 해 애플이 그렇게 잘된 것입니다.

오늘 주님께서 우리에게 "네가 사는 목적이 무엇인지 3초 안에 말해 봐. 네가 이 세상에서 살 이유가 무언지 3초 안에 말해 봐"라고 하시면 무어라 대답하겠습니까? 우리 주님께서는 "당장 꺼져!"라고 하지 않으시지만 우리는 그런 정신을 갖고 살아야 합니다.

마지막으로 제가 미국에서 귀한 목사님께 들은 이야기입니다.

식인종 아버지와 아들이 길을 가다가 아주 뚱뚱한 한 사람이 걸어오는 것을 보았습니다.

"아빠! 저기 양식이 온다."

"아들아, 저것은 너무 뚱뚱해서 먹으면 콜레스테롤 수치가 올라가서 안 된다".

조금 더 가니 빼빼한 사람이 걸어왔습니다.

"아빠! 저기 양식이 온다."

"얘야, 저건 뼈다귀뿐이라 이가 상하겠다. 그냥 가자."

조금 더 가니 아주 멋지고 아름다운, 빼어난 미모의 여인이 살랑살랑 걸어오고 있었습니다.

"아빠! 저기 양식이 온다."

아빠가 보더니 눈이 휘둥그레졌습니다.

"아들아, 저 여자를 우리 집에 데리고 가고 네 엄마는 쫓아내자."

아름다우면 식인종도 정신을 못 차리는 것입니다.

우리는 아름다운 사람이 되어야 합니다. 남편의 마음에 드는 아내가 되고, 아내의 마음에 드는 남편이 되고, 회사 상사의 마음에 드는 사람이 되어야 합니다. 그러나 그 누구보다 하나님의 마음에 들어야 합니다. 우리의 인품이 아름답고, 우리 인격이 아름답고, 우리 삶이 아름다울 때 하나님께서 우리를 귀히 여기시고 높여 주십니다.

그런데 하나님께 가장 아름다운 모습은 갈릴리로 사는 것입니다.

오늘 주님께서 우리에게 말씀하십니다.

"갈릴리로 가라!"

5

# 그리스도인의 부활

(요한복음 5:21-29)

기독교를 종교 안에 두는 것은 굉장한 실례입니다. 황금 덩어리를 냇가의 자갈 사이에 두는 것은 맞지 않는 일입니다. 그런데 기독교를, 예수님을 종교에 두는 것은 황금 덩어리를 냇가나 길에 두는 것보다 더 무리한 일입니다.

왜 그렇습니까? 예수님은 창조주이시기 때문입니다. 하나님이시기 때문입니다. 하나님을 어떻게 사람과 같은 자리에 둡니까? 예수님은 만왕의 왕, 만주의 주, 위대하고 영원하신 하나님이십니다. 할렐루야!

그래서 탄생부터 다릅니다. 모든 사람은 남자와 여자, 아빠와 엄마 사이에서 태어나지만, 예수님은 처녀 몸에 성령으로 잉태되어 나셨습니다. 그것도 일회적으로 우연히 나신 것이 아니라 미리 예언되었습니다.

창세기 3장을 보면, 하나님께서 “여자의 후손은 네 머리를 상하게 할 것이요”라고 말씀하셨는데, 이는 남자 없이 여자의 후손으로 오신 예수님께서 뱀의 머리, 사탄의 머리를 부순다는 것입니다.

그리고 이사야, 스가랴, 또 많은 선지자들이 예언했습니다.

“처녀가 잉태하여 아들을 낳으리니 임마누엘이라 하리라. 한 아기가 나는데 전능하신 하나님이라, 영존하시는 아버지라. 그 권세는 영원하다. 유대 땅 베들레헴에 나신다. 애굽으로 피난 갔다 오신다. 나사렛에서 자라신다. 갈릴리에서 복음을 전하신다. 예루살렘으로 십자가 지러 올라가실 때에는 어린 나귀를 타고 가신다. 은 30에 팔리신다. 그 은 30이 성전에서 토기장이 밭으로 던져지리라.”

모두 성경에 기록되어 있습니다.

예수님께서 십자가를 지실 때 그 옷이 제비 뽑히는 것도 예언되어 있습니다. 예수님께서 악한 사람들 사이에서 돌아가실 것도 예언된 것입니다. 예수님의 허리가 찔리고 손에 자국이 날 것도 예언되어 있습니다. 부자의 무덤에 장사될 것도, 3일 만에 부활하실 것도 예언되어 있습니다. 예수님께서 우리의 허물 때문에 찔리시고, 우리의 죄 때문에 상하시고, 우리의 평화 때문에 징계를 받으시고, 우리의 나음 때문에 채찍에 맞으시는 것도 예언되어 있는 것입니다.

예수님께서는 예언된 대로 오셔서 다 이루셨습니다. 그래서 예수님의 탄생도 특별하고, 십자가를 지신 것도 특별합니다.

그리고 3일 만에 부활하신 것도 특별한 것입니다. 공자가 부활했습니까? 마호메트가, 소크라테스가, 석가모니가 부활했습니까? 부활할 수가 없습니다. 오직 예수 그리스도, 하나님만 부활하셨습니다.

그리고 부활하셔서 금방 번개처럼 사라지신 것이 아닙니다. 40일간 땅에 계시면서 제자들과 함께 생선도 드시고, 빵도 드시며, 제자들을 돌보시고, 500명이 보는 앞에서 승천하셨습니다. 한두 사람이 아니라 500명이 보았습니다.

그리고 승천하시기 전에 수차례 말씀하셨습니다.

"내가 올라가는 것이 너희에게 유익하다. 내가 올라가지 아니하면 보혜사 성령이 오지 않을 것이요, 내가 올라가면 보혜사가 너희에게 임한다."

예수님께서 말씀하신 대로 오순절에 성령께서 임하십니다. 보혜사 성령께서 120명에게만 임하셨습니까? 그들뿐 아니라 오늘날 세계에서 예수님을 믿는 모든 사람에게 임하셨습니다. 예수님을 믿는 사람에게는 다 성령께서 임하셨습니다. 오늘 우리에게도 성령께서 계시고 지금도 임하고 계십니다.

그리고 때가 되면 주님께서 재림하십니다.

70억 인구가 모두 "태양은 이제부터 못 떠! 태양은 못 떠!"라고 해도 내일 아침에 태양이 뜨듯이 "예수님, 재림 같은 말 하지 마요. 예수님 재림은 없어요"라고 해도 예수님은 하나님의 시간이 되면 오시는 것입니다. 그러기에 기독교는 생명이요, 위대함입니다. 세상의 다른 종교와 같이 둘 수가 없습니다.

특별히 그 중심에는 부활이 있습니다. 그래서 초대 교회는 부활절을 그 어느 절기보다도, 성탄절보다도 더 거대하게 지켰습니다. 오늘날에도 부활절 전, 46일을 사순절 절기로 정하여 십자가의 은혜를 되새기면서 부활의 주님께 나아가는 것입니다. 부활절이 지난 다음에는 오순절로 성령께서 임하실 때까지 50일 동안 부활의 주님을 생각하며 감격하고 그 말씀을 전하며 부활의 기쁨으로 사는 것입니다.

이렇게 전 세계가 부활절에 하나님을 높이고 '예수 부활하셨네! 할렐루야!' 하며 열광해도 부족합니다. 왜 그렇습니까? 예수님의 부활은 유일한 부활이요, 하나님의 부활이요, 예수님만이 영원한 구세주이심을 온 세상에 증거하고 있기 때문입니다.

6 · 25 전쟁 직후 가정마다 '아들이 죽었다. 남편이 죽었다'라는 전사 통보를 받고 울고불고했는데, 며칠 뒤에 죽은 아들, 죽은 남편이 돌아온 일이 많았습니다. 죽은 줄 알았던 사람이 돌아온 것을 보고 처음에는 '귀신인가?' 하고 놀라다가 "아들아! 여보!" 할 때 그 기쁨이 얼마나 컸겠습니까?

죽은 줄 알았던 사람이 살아서 돌아온 것처럼, 예수님께서 돌아가신 줄 알았는데 돌아가시지 않고 살아서 오신 것이 아닙니다. 완전히 죽으시고 3일간 무덤에 계시다가 사망의 권세, 무덤의 권세를 다 깨치시고 부활하신 것입니다. 할렐루야!

이것은 우연이 아닙니다. 예수님께서 십자가에서 쓴잔을 마시지만, 그 안에 풍성한 하나님의 생명이 계시기 때문에 일어나게 되어 있는 것입니다.

그리고 영원히 죽지 않으시고 부활하시어 승천하셨지만 또 재림하시는 주님이십니다. 할렐루야! 그래서 우리는 열광하며 우리 주님을 찬양하는 것입니다.

만일에 주님께서 부활하지 못하셨으면 십자가도 의미가 없습니다. 피 흘림도 의미 없고, 매 맞음도 의미가 없습니다. 구약성경이 다 쓸모없게 됩니다. 구약성경은 오실 예수님에 대해 예언한 것입니다. 예수님이 부활하심으로 구약성경은 더 든든히 서게 되었습니다. 신약성경도 든든히 서게 되었습니다. 얼마나 감사합니까?

이것을 믿지 않으려 해도 믿지 않을 수가 없습니다. 지금 제가 여기에 있습니다. 그런데 제가 없다고 생각하는 사람은 정신이상자이거나 눈이 먼 사람일 것입니다. 예수님의 부활도 이와 마찬가지입니다. 예수님의 부활을 의심할 수가 없습니다. 의심하는 것은 자기 잘못입니다.

그런데 도마가 의심했습니다. 왜 그렇습니까? 예수님께서 나타나셨을 때에 도마가 그 자리에 없었기 때문입니다.

예수님께서 "너희에게 평강이 있을지어다!"라고 말씀하신 후 손의 못 자국, 옆구리의 창 자국을 보여주시니 제자들이 기뻐서 어쩔 줄 몰랐습니다.

"평강이 너희에게 있을지어다!"

우리 주님께서는 평안을 주십니다.

주님께서 또 "너희에게 평강이 있을지어다! 아버지께서 나를 보내신 것처럼 나도 너희를 보낸다"라고 말씀하셨습니다. 그리고 제자들을 향하여 '후' 하고 바람을, 숨을 뿜으시며 "성령을 받으라"라고 말씀하셨습니다. 그때 도마는 그 자리에 없었습니다. 예수님께서 가시고 난 후 도마가 오자 다른 제자들이 말했습니다.

"도마! 우리 예수님께서 나타나셨어. 예수님께서 부활하셨어!"

"나는 믿을 수 없어."

"정말이야. 조금 전에 오셨다 가셨다니까."

"나는 못 믿어. 내 손가락을 예수님 손바닥의 못 자국에 넣어 보지 않고는, 내 손을 예수님 옆구리에 넣어 보지 않고는 믿을 수 없어."

제자들이 집에 있을 때에 예수님께서 다시 오셨습니다. "너희에게 평강이 있을지어다!"라고 말씀하신 예수님께서 도마를 보시며 "도마야, 네 손가락을 내 손에 넣어 보고 네 손을 내 옆구리에 넣어 보아라. 그리고 믿음 없는 자가 되지 말고 믿는 자가 되라" 하셨습니다. 도마는 기쁘기도 하고 죄송하기도 해서 어쩔 줄을 모릅니다. 그러면서 "나의 주여, 나의 하나님이십니다"라고 했습니다.

우리도 "나의 주여! 나의 하나님이십니다"라고 고백할 줄 알아야 합니다.

도마의 고백을 들은 주님께서 말씀하십니다.

"도마야, 너는 나를 본 고로 믿느냐? 나를 보지 않고 믿는 자는 더 복되니라."

예배 시간에 빠지면 이렇게 어려움을 당합니다. 예배에 자꾸 빠지면 마귀에게 찍히고, 의심에 찍히고, 시험에 찍힙니다. 그래서 예배의 승리가 인생의 승리이고, 신앙의 승리인 것입니다.

예수님께서 보지 않고 믿는 자가 더 복이 있다고 말씀하셨는데, 보지 않고 믿는 자, 더 복 있는 자가 바로 우리입니다.

우리는 예수님을 보지 못합니다. 예수님께서는 2천 년 전에 부활하셨는데, 그때 우리는 거기에 없었습니다. 예수님께서 지금은 하나님 보좌 우편에 계셔서 우리 눈으로 볼 수 없습니다. 그러나 성령으로 믿게 되는 것입니다. 믿지 않을 수가 없습니다. 고린도전서 12장 3절에 "성령으로 아니하고는 누구든지 예수를 주시라 할 수 없느니라"라고 하였습니다. 성령을 받으면 다 예수님을 주로 믿는 것입니다.

예수님께서 부활하신 것을 믿으면 '아멘' 하십시오. 우리는 모두 성령을 받았습니다. 성령이 아니고서야 어찌 보지도 못한 예수님을 믿을 수 있습니까? 성령이 아니면 어떻게 성경의 기적을 믿을 수 있습니까? 성령 때문에 믿지 않을 수가 없는 것입니다.

> 성령이 계시네 할렐루야 함께하시네
> 좁은 길을 걸으며 밤낮 기뻐하는 것 주의 영이 함께함이라.

성령께서 계시면 담배를 피우지 않아도 시원합니다. 술을 마시지 않아도 즐겁습니다. 도박하지 않아도 재미있습니다. 연애를 하지 않아도 좋습니다. 성령께서 계시면 모든 것이 충만해집니다. 그래서 예수님을 믿게 되는 것입니다.

지금도 성령께서는 우리를 어루만져 주시고 우리에게 임하여 주십니다.

그리고 우리가 부활절을 기뻐하는 것은 올림픽에서 금메달을 따 온 대표 선수들을 좋아하는 것과는 다릅니다. 남이 따는 것도 좋지만 내가 금메달을 딸 때 더 좋지 않겠습니까? 김연아 선수가 피겨에서 금메달을 따 왔을 때 무척 기뻤지만 우리의 딸이 금메달을 따면 더 기쁘지 않겠습니까?

예수님의 부활을 기뻐하는 부활절이지만 동시에 우리도 부활하게 되니 더 기쁜 것입니다. 우리도 부활하게 됩니다. 부활하지 않을 수가 없습니다. 예수님께서 다시 살려 주시기 때문입니다.

본문 21절에 "아버지께서 죽은 자들을 일으켜 살리심같이 아들도 자기의 원하는 자들을 살리느니라"고 말씀하십니다. 예수님과 하나님은 아들과 아버지 사이이지만 동시에 함께 계시기 때문에 하나님과 예수님은 하나이십니다. 그래서 하나님의 영광과 아들의 영광이 따로 구분되어 있지 않습니다.

예컨대, 우리가 "예수님, 영광 받으소서"라고 할 때 아버지 하나님께서 "섭섭하다. 왜 아들에게만 영광 돌리나?"라고 하지 않으십니다. 또 "하나님, 영광 받으소서. 하나님! 하나님!" 하면 예수님께서 "나는 아무것도 아니네"라고 하지 않으십니다. 예수님께서 영광 받으시면 하나님께서도 기뻐하시고, 하나님께서 영광 받으시면 예수님께서도 똑같이 기뻐하십니다. 따라서 하나님께서 죽은 자를 일으키시는 것처럼 예수님께서도 죽은 자를 일으키시는 것입니다.

열왕기상 17장에 보면, 하나님께서 엘리야를 통하여 사르밧 과부의 아들을 살리셨습니다. 사르밧 과부가 마지막 떡을 해 먹고 죽으려 하는데, 엘리야가 "부인, 그 떡을 내게 먼저 주시오. 그러면 하나님께서 당신 가정을 살리실 것이오"라고 했습니다. 믿음이 좋은 부인이 생명 같은 마지막 떡을 엘리야에게 주어 엘리야가 먹었습니다. 그 시간부터 부인의 집에 있는 가루 통에 가루가, 기름병에 기름이 계속 흘러나옵니다.

하나님께서는 지금도 그렇게 하실 수 있습니다. 하나님께서는 있는 그것으로 위대한 일을 하실 수 있습니다.

그런데 그 믿음 좋은 부인의 아들이 죽고 말았습니다. 하나님의 종을 극진히 대접하는, 하나님 딸의 아들이 죽었습니다. 엘리야가 그 아들을 안고 자기 다락방에 올라가 침상에 누이고 하나님께 부르짖어 기도할 때 하나님께서 영혼을 돌려 주셔서 그 아들이 살아났습니다. 하나님께서 살리신 것입니다.

열왕기하 4장에 보면, 엘리사를 귀하게 섬기던 수넴 여인의 아들이 죽게 됩니다. 엘리사가 그 아들의 몸에 엎드려 부르짖어 기도하니 하나님께서 그 아들을 살려 주셨습니다. 이렇듯 하나님께서는 죽은 자를 살리시는 분입니다.

제 손자가 어릴 때, 길을 가다가 장난감 가게를 지날 때면 걸음을 딱 멈추고 가지 않습니다. 그리고 사 달라는 말도 하지 않고 장난감만 보고 있습니다. 그러면 제가 사 줄 것이라는 믿음이 그 아이에게 있는 것입니다. 저는 아이의 믿음대로 전화기도 사 주고, 비행기도 사 주었습니다. 하나님께서 죽은 자를 살리시는 것은 할아버지가 손자에게 장난감을 사 주는 것보다 더 쉬운 일입니다.

우리는 부활하게 되는 것입니다. 그것을 예수님께서 맛보기로 보여주셨습니다.

마가복음 5장 41절에, 회당장 야이로의 열두 살 먹은 딸에게 "달리다굼! 소녀야, 일어나라!" 하시니 죽은 아이가 일어났습니다.

누가복음 7장 11절 이하에 보면, 나인 성 과부의 아들이 죽어서 장례하러 가다가 예수님을 만났습니다. 예수님께서 과부에게 "울지 말라" 하신 후 관에 손을 대시고 "청년아, 내가 네게 말하노니 일어나라!" 하시니 죽었던 청년이 일어났습니다.

요한복음 11장 17절에 "나사로가 무덤에 있은 지 이미 나흘이라"라고 하였습니다. 무덤에 있은 지 나흘이면 시체가 썩어 갈 때입니다. 그런데 43절에서 예수님께서 "나사로야, 나오라!" 말씀하시니 죽었던 나사로가 살아서 나왔습니다.

오늘 주님께서 우리에게 새 생명을 주시면 새 생명이 임하게 됩니다.

그런데 야이로의 딸, 나인 성 과부의 아들, 나사로의 부활은 참 부활은 아닙니다. 맛보기일 뿐입니다. 그들은 다시 살아났지만 다시 죽었습니다.

그러나 우리의 부활은 영원히 사는 것입니다.

> "예수께서 가라사대 나는 부활이요 생명이니 나를 믿는 자는 죽어도 살겠고 무릇 살아서 나를 믿는 자는 영원히 죽지 아니하리니 이것을 네가 믿느냐"(요 11:25-26).

요한복음 5장 24절에도 "내 말을 듣고 또 나 보내신 이를 믿는 자는 영생을 얻었고"라고 말씀합니다. '영생을 얻었고'가 영어 성경에는 'He has eternal life'라고 되어 있습니다.

영생은 완료된 것이고 완성된 것입니다. 수표를 가지고 은행에 가면 현금으로 지급해 주는 그런 것이 아닙니다. 내가 믿음 표를 갖고 있다가 죽을 때 영생이 오는 것이 아니라, 지금 이미 영생이 있는 것입니다. 그래서 죽어도 몸이 죽지, 영은 천국으로 바로 가는 것입니다.

누가복음 23장 42-43절에 보면, 죽어가는 강도가 예수님을 구세주로 알고 "예수여, 당신의 나라에 임하실 때에 나를 기억해 주세요"라고 말하자, 예수님께서 "그래, 내가 네게 진실로 말한다. 오늘 네가 나와 함께 낙원에 있으리라"라고 말씀하신 것이 기록되어 있습니다.

바로 오늘, 바로 지금, 예수님을 믿는 그날, 그 순간에 천국의 영생을 얻게 되는 것입니다. 이것은 놀라운 일입니다.

> "내가 저희에게 영생을 주노니 영원히 멸망치 아니할 터이요 또 저희를 내 손에서 빼앗을 자가 없느니라"(요 10:28).

우리는 영생할 수밖에 없습니다. 영생은 우리가 예수님을 믿는 날 시작되었습니다. 그리고 우리가 죽기 전에 예수님께서 다시 오시면 우리는 죽음을 보지 않고 온몸이 영광의 몸으로 변해서 바로 하늘나라로 올라가게 됩니다.

주님께서 조금 늦게 오시면 우리는 무덤에 들어가지만 우리 영은 바로 하늘에 올라갑니다. 그리고 나중에 주님께서 재림하시면 무덤이, 바다가, 강이, 산이 죽은 자들을 다 내놓게 됩니다.

그래서 본문 29절에 "선한 일을 행한 자는 생명의 부활로, 악한 일을 행한 자는 심판의 부활로 나오리라"고 말씀하는 것입니다. 모두가 예수님 앞에서 심판을 받습니다. 청문회에는 내가 장관을 하지 않으려고 하면 서지 않습니다. 그러나 예수님의 심판

앞에는 서지 않을 수가 없습니다. 대법원장, 검찰총장, 법무부 장관, 판사, 검사, 대통령, 국회의원, 사장, 의사, 간호사 모두가 다 예수님 앞에서 심판을 받습니다.

심판을 받으면 마가복음 9장 48-49절 말씀대로 구더기도 죽지 않고 불도 꺼지지 않는 지옥에서 살게 됩니다. 이것이 인생의 운명입니다. 그러나 예수님을 믿으면 심판이 없습니다.

본문에 예수님을 믿는 자는 심판이 없다고 말씀하셨습니다. 왜 그렇습니까? 예수님을 믿음으로 죄가 가려지기 때문입니다. 첫 유월절에 문설주에 양의 피가 있는 집은 죽음의 사자가 넘어갔듯이 예수님을 믿으면 예수님의 피 때문에 우리가 의롭게 됩니다.

> "사람이 의롭게 되는 것은 율법의 행위에서 난 것이 아니요 오직 예수 그리스도를 믿음으로 말미암는 줄 아는 고로 우리도 그리스도 예수를 믿나니"(갈 2:16).
> "또 하나님 앞에서 아무나 율법으로 말미암아 의롭게 되지 못할 것이 분명하니 이는 의인이 믿음으로 살리라 하였음이니라"(갈 3:11).
> "허물의 사함을 얻고 그 죄의 가리움을 받은 자는 복이 있도다"(시 32:1).

죄가 있는데, 그 죄를 덮고 죄가 없다고 하시는 것입니다.

> "그 불법을 사하심을 받고 그 죄를 가리우심을 받는 자는 복이 있고 주께서 그 죄를 인정치 아니하실 사람은 복이 있도다 함과 같으니라"(롬 4:7-8).
> "그러므로 이제 그리스도 예수 안에 있는 자에게는 결코 정죄함이

없나니 이는 그리스도 예수 안에 있는 생명의 성령의 법이 죄와 사망의 법에서 너를 해방하였음이라"(롬 8:1-2).

예수님을 구세주로 믿으면 '아멘' 하십시오. 우리는 죄가 없습니다. 죄가 사라졌습니다. 허물이 사라졌습니다. 음란한 죄, 도둑질한 죄, 더러운 죄가 많아도 예수님을 믿음으로 죄가 없어졌습니다. 정죄함이 없습니다.

"누가 능히 하나님의 택하신 자들을 송사하리요 의롭다 하신 이는 하나님이시니"(롬 8:33).

대법원장이신 하나님께서 '무죄'라고 하시는데 누가 우리를 정죄하겠습니까?

"사람이 마음으로 믿어 의에 이르고"(롬 10:10).

믿음이 의입니다. 창세기 15장 6절에 "아브람이 여호와를 믿으니 여호와께서 이를 그의 의로 여기시고"라고 말씀합니다. 우리는 죄인이지만 하나님께서 우리를 의롭다 하셨습니다. 할렐루야! 그래서 우리는 영생합니다. 영원한 부활인 것입니다.

다니엘 12장 2절에 "땅의 티끌 가운데서 자는 자 중에 많이 깨어 영생을 얻는 자도 있겠고 수욕을 받아서 무궁히 부끄러움을 입을 자도 있을 것이며"라고 말씀합니다. 모두가 살아나는데, 예수님을 믿는 사람은 영생에 들어가고 믿지 않는 사람은 영벌에 들어가는 것입니다.

우리는 예수님을 믿어서 부활하고 영생을 얻게 된 것입니다. 얼마나 감사합니까?

제가 어린 시절에는 어느 집에 초상이 나면 온 동네 초상이었습니다. 자기 할아버지가 아닌데도 모두 장례식에 참석했습니다. 그리고 상여를 메고 갈 때도 따라가고 산에까지 다 갔습니다. 그런데 하관식 할 때, 사람들이 흙을 덮고 얼마나 꼭꼭 밟는지, 저는 겁이 났습니다.

'내가 어쩌다 잠시 까무러쳤는데, 사람들이 죽었다고 묻어 놓으면 다시 깨어나도 살아나올 수 없겠다. 저건 보통 일이 아니다.'

그러나 지금은 조금도 겁나지 않습니다. 제가 지금 설교하다 쓰러져 죽어도 어머니에게, 아내에게, 교인들에게 미안해서 그렇지, 저는 바로 천국에 가는 것이니 말입니다. 그러니 사자처럼 담대하게 살게 되는 것입니다.

우리는 죽음을, 문제를 다 해결 받았습니다.

사람이 노력하면 어느 정도의 문제는 해결할 수 있습니다. 일본의 하라 잇페이는 키가 145센티미터이고 얼굴도 못생겼습니다. 그가 보험을 시작했는데 7개월간 한 건도 하지 못해 해고를 당하게 되었습니다. 그때 그는 비장한 각오를 하고 새벽 5시에 일어나 악을 쓰며 자신에게 이렇게 말했습니다.

"하라 잇페이! 하라 잇페이! 하라 잇페이! 너는 이 우주에 하나뿐이야. 너는 대단한 놈이야. 너는 할 수 있어. 너는 성공해. 지금은 이래도 반드시 성공할 거야!"

그리고 그 기운으로 나가서 사람들을 볼 때마다 "안녕하세요? 안녕하세요?" 하고 활기차게 인사했습니다. 그러다가 어느 호텔 사장의 눈에 띄어 계약을 한 건 체결했습니다. 그때부터 일이 풀려 일본의 보험 왕이 되고 보험 대부가 된 것입니다.

'리양'은 영어를 못했지만 하고 싶었습니다. 그래서 어떤 사람의 설명을 듣고 하루에 네 시간씩 큰 소리로 영어책을 읽었습니다. 그러다 영어를 잘하게 되고 결국은 가르치게 되었습니다. 그가 만든 교재와 학습법이 히트를 쳤는데, 바로 중국을 휩쓴 '미친 영어'(Crazy English)입니다.

사람이 한 가지 일에 미치면 안 될 것이 별로 없습니다. 하면 됩니다. 그러나 사람이 아무리 애써도 안 되는 일이 있습니다. 죽음은 어떻게 할 수가 없습니다. 영원히 살고 싶어도 사람의 힘으로 실 수 없습니다.

하나님께서는 우리를 살려 주십니다. 지금 자신의 심장에 손을 얹어 보십시오.

"두근두근, 쿵쿵."

심장이 뛰는 것은 죽음으로 내모는 북소리, 죽음의 행진곡이랍니다. 심장 박동수가 점점 줄어듭니다. 그러다 죽으면 심장도 멈춥니다. 사는 길은 오직 예수님을 믿는 것뿐입니다. 예수님을 믿으면 영원히 삽니다. 할렐루야!

더 감사한 것은, 그리스도를 믿는 자는 영생을 얻었을 뿐 아니라 이 세상에서 사는 동안에도 가정에서, 일터에서 생활하는 가운데, 건강을 잃어 죽게 된 자리에서 부활의 경험을 한다는 것입니다.

사드락, 메삭, 아벳느고가 평소보다 7배나 뜨거운 풀무에 들어갔는데 어떻게 살 수 있습니까? 그런데 하나님께서 건져내 주셨습니다. 다니엘이 사자 굴에 들어갔으니 거기에서 어떻게 살아나겠습니까? 그러나 하나님께서 구원해 주셨습니다.

어느 선교사가 아프리카 밀림에 전도하러 갔다가 사자를 만났습니다. 다급한 마음에 "하나님! 저 사자가 회개하고 예수 믿게 해주세요. 예수 믿게 해주세요"라고 기도한 후 정신을 차리고 사자를 보니 사자가 이렇게 기도하고 있더랍니다.

"하나님, 일용할 양식을 주셔서 감사합니다."

우스갯소리입니다만, 사자 굴에 들어간 사람이 어떻게 사자 밥이 되지 않을 수 있습니까? 그러나 하나님께서 사자 입을 막으시니 살아나오는 것입니다.

베드로가 감옥에서 쇠사슬에 매여 있습니다. 다음 날 아침이면 끌려가 죽게 되는데, 하나님께서 천사를 보내어 구원하시니 베드로가 살아났습니다.

몇 주 전, 우리 교회의 성도님 한 분이 자다가 심장에 이상이 왔습니다. '쿵쿵쿵쿵 쿠쿠 쿵쿵' 심장이 뛰다가 말다가 했습니다. 부정맥이 온 것입니다. 다음 날 체크하니 혈압도 175, 165, 180이고, 혈당도 215, 208, 190이었습니다. 그런데 성찬식 때 우리가 병자를 위해 기도할 때, 특별히 제가 혈관에 주의 능력이 흘러 혈압도, 혈당도 정상이 되게 해달라고 기도했습니다. 그때 그분이 간절한 마음으로 '아멘' 했는데, 다음 날 혈압과 혈당이 정상으로 돌아오고 부정맥도 사라진 것입니다. 할렐루야!

하나님은 살아 계십니다. 그리고 우리가 믿는 대로 되게 해주십니다.

경북대학교 건축학과의 한 교수님은 간암으로 복수가 차고 이제 살날이 얼마 남지 않았다는 진단을 받았습니다. 그런데 하루는, 그 교수님이 다니는 교회 목사님도 아닌데 지나가던 목사님이 병실에 들어와 "제가 기도해 드리지요" 하고 기도하는데 배가 훈훈해지더랍니다. 그때 암이 깨끗이 나은 것입니다. 30년이 지난 지금도 그 교수님은 학생들을 가르치고 있습니다.

이혼하려던 부부도 하나님께서 은혜 주시면 서로 사랑하고 다시 살게 됩니다. 망해 가는 사업도 하나님께서는 부활시켜 주십니다. 록펠러가 파산하게 되었을 때 울며 하나님께 기도했더니 하나님께서 '조금 더 깊이 파라'는 감동을 주셨습니다. 그 말씀대로 조금 더 팠더니 석유가 터져 나와 그는 갑부가 되었습니다.

오늘 우리 가운데 어려움 속에 계신 분은 하나님께서 부활의 은혜를 주시기 바랍니다. 이기게 해주시기 바랍니다. 적이 에워싸도, 담장이 높아도 우리는 "내가 주를 의뢰하고 적군에 달리며 내 하나님을 의지하고 담을 뛰어넘나이다"(시 18:29)라는 말씀대로 승리할 수 있습니다.

아인슈타인의 탁월한 두 제자 중 한 제자가 늘 책을 보며 공부했습니다. 아인슈타인이 그 제자에게 물었습니다.

"이 사람, 지금 뭐 하나?"

"책 읽었습니다."

"낮에는 뭐 했나?"

"책 읽었습니다."

"밤에는 뭐 했나?"

"책 읽었습니다."

"그러면 생각은 언제 하나? 책만 읽으면 되나? 생각을 해야지!"

아무리 열심히 살아도 생각 없이 사는 사람은 발전이 없습니다.

제가 얼마 전에 찬송가공회에 갔다가 시간이 조금 있어 서울역을 돌아보다 노숙자들을 보고 충격을 받았습니다. 모두가 술을 마시고 담배를 피우며 아무것도 안 하고 있었습니다. 그렇게 살면 어떻게 합니까? 종이도 줍고, 캔도 줍고, 막노동판에서라도 일을 해야지 어찌 그렇게 삽니까? 생각을 해야 합니다.

파스칼이 말했습니다.

"사람은 우주보다 위대하다. 왜 그런가? 생각하기 때문이다."

우리는 문제가 생기면 언제나 깊게 생각하고 "하나님의 능력, 하나님이 함께하시는데……. 하나님, 도와주십시오" 하고 기도하면서 이겨야 합니다. 어떤 문제, 어떤 장애물, 어떤 병이 와도 이기고, 가난도 이기고, 부부간에 문제가 와도 이기며 살아야 합니다.

문제가 있을 때는 부르짖는 기도를 해야 합니다.

> "환난 날에 나를 부르라 내가 너를 건지리니 네가 나를 영화롭게 하리로다"(시 50:15).

포기하지 말아야 합니다.

중국의 시인 이백은 산속에서 공부하다가 너무 힘들어 선생님께 인사도 하지 않고 도망치다가 시골 오두막집 냇물 앞에서 한 할머니가 도끼를 바위에 갈고 있는 것을 보았습니다. 할머니가 하는 일이 너무 이상해서 물었습니다.

"할머니, 지금 무얼 하세요?"

"바늘을 만드는 거야."

"도끼를 간다고 바늘이 될까요?"

"그럼! 중도에 포기하지만 않으면."

그는 충격을 받았습니다.

'저 도끼도 갈면 바늘이 되는데……. 내가 공부하기가 좀 어렵다고 포기해?'

그래서 다시 올라가 공부하여 역사적인 인물이 되었다고 합니다.

믿음생활을 하다가 조금 안 된다고 포기한다면 그는 바보입니다. 도끼를 갈아 바늘을 만들듯이 '지금은 안 되어도 언젠가는 될 것이다'라며 믿고 나아가면 되는 것입니다.

하나님은 살아 계십니다. 우리 옆에 계십니다. 부활의 주님을 의지하고 승리해야 합니다.

내가 부활의 신앙을 갖고 살면, 나의 삶이 달라져 나를 만나는 사람이 나 때문에 부활의 구원을 받습니다. 나 때문에 예수님을 믿게 되고, 천국의 은혜를 맛보는 것입니다.

얼마 전 션 집사님의 간증을 들었는데 가슴에 지진이 일어나는 것 같았습니다. 그리고 아내를 가장 사랑하는 사람이 저라고 생각하고 있었는데, '나보다 아내를 더 사랑하는 사람이 있구나' 하고 생각될 정도로 그는 아내를 사랑하는 분이었습니다. 또 자기 집 살 돈으로 어려운 사람을 돕는데, 현재 800명의 고아를 돕고 있다고 합니다. 모태 신앙인인 그가 믿음으로 사니 그렇게 많은 아이들을 돕는 것입니다.

미국의 한 교회에서 있었던 일입니다. 한 아이가 헌금시간에 울고 있는 것을 보고 어떤 사람이 물었습니다.

"왜 우니?"

"헌금할 돈이 없어서요."

"너, 헌금을 얼마씩 하니?"

"1센트 해요."

부자인 그 사람이 아이에게 32주 동안 헌금할 수 있도록 32센트를 주었습니다. 그런데 몇 주 후 그 아이가 또 울고 있는 것을 보았습니다.

"너, 오늘은 왜 울어?"

"빵도 사먹고 싶고, 과자도 사먹고 싶고, 학용품도 사야 하고……. 그런데 32센트가 있으니 시험 들 것 같아 지난주에 다 헌금했어요."

지난주에 헌금을 다 하고 나니 헌금할 돈이 없어 또 운다는 것입니다. 그 아이가 바로 1885년 4월 부활절에 한국에 와서 한국을 복음화하고 연세대학교를 세운 언더우드 선교사입니다. 한 사람이 부활의 신앙을 가지니 한국이 은혜를 받는 것입니다.

죄인인 제가 예수님을 믿으니 부산에 가나, 서울에 가나, 미국에 가나, 호주에 가나, 프랑스에 가나 은혜가 임하는 것입니다. 할렐루야!

얼마 전 하나님께서 제게 주신 말씀입니다.

> "내가 너로 큰 민족을 이루고 네게 복을 주어 네 이름을 창대케 하리니 너는 복의 근원이 될지라"(창 12:2).

"너로 큰 민족을 이루고"라는 말씀이 무엇입니까? 제가 대통령이라도 된다는 말씀일까요? 아닙니다. 저는 이 말씀을 '하나님께서 저를 통해 우리 교회를 크게 부흥시켜 주시리라'는 말씀으로 믿습니다.

그다음에는 "네 이름을 창대케 하리니"라고 했습니다. 담임 목사의 이름이 창대해지면 교회가 부흥됩니다. 교회가 부흥되길 원하시거든 담임 목사님의 이름을 알리시기 바랍니다. 회사도 선전해야 합니다. 잘 알려져 있는 코카콜라도 계속 선전하듯이 우리 교회를, 담임 목사의 이름을 언제 어디에서나 알리시기 바랍니다.

그다음 말씀은 "너는 복의 근원이 될지라"입니다. 이는 '너 때문에 사람들이 복을 받을 것이다'라는 말씀입니다. 저뿐만이 아니라 우리 모두에게 이런 복이 임하시기를 축복합니다.

6

# 그리스도인의 인간관계

(로마서 12:14-21)

14세기 백년전쟁 때의 일입니다.

영국군이 프랑스의 칼레 성을 에워싸고 공격해 왔습니다. 칼레 성민들은 완강하게 저항했지만 역부족이어서 전멸을 당할 상황에 처했습니다. 할 수 없이 항복을 한 그들에게 영국 왕 에드워드 3세가 이런 조건을 제시했습니다.

"이 성을 대표할 여섯 명이 나와서 처형을 받으면 이 성민들을 살려 주겠다."

그때 한 사람이 일어나 "내가 그 여섯 중의 하나가 되겠소"라고 했습니다. 그는 그 성의 최고 재벌이자 유지였습니다. 그 뒤를 이어 시장, 귀족들이 나섰습니다. 그 성을 대표하는 인물 여섯 명이 자원하여 거침없이 나섰습니다. 하나뿐인 목숨을 내놓는 것이 쉽지 않습니다. 그런데 시장, 재벌, 귀족들이 성민들을 살리기 위해 목숨을 내놓은 것입니다.

그들이 처형되려는 순간, 에드워드 3세가 감동을 받고 "이 귀족들은 귀한 사람들이다"라며 그들을 살려 주었습니다. 거기에서 '노블레스 오블리주'라는 말이 나왔습니다. '고귀하게 태어난 사람은 고귀하게 살아야 한다. 귀족은 귀족답게 살아야 한다. 명예나 권세나 재물이나 힘이 남보다 더 있는 사람은 사회적인 책임을 지고 그렇게 대표성 있게 살아야 한다.' 이것이 '노블레스 오블리주'입니다.

우리는 귀족으로 태어난 것 이상입니다. 우리가 처음 태어날 때는 비천했을지 모르지만 하나님의 성령으로 두 번째 태어났습니다. 처음에는 우리 가문에서 태어났지만, 두 번째는 성령으로 태어나서 하나님의 자녀가 되었습니다. 우리는 귀족 이상, 왕족 이상인 하나님의 자녀입니다. 그래서 우리는 정말 노블레스 오블리주 이상으로 어디에서나 고귀하게 살아야 합니다.

로마서 14장 6-8절에서는 이렇게 말씀합니다.

"날을 중히 여기는 자도 주를 위하여 중히 여기고 먹는 자도 주를 위하여 먹으니 이는 하나님께 감사함이요 먹지 않는 자도 주를 위하여 먹지 아니하며 하나님께 감사하느니라 우리 중에 누구든지 자기를 위하여 사는 자가 없고 자기를 위하여 죽는 자도 없도다 우리가 살아도 주를 위하여 살고 죽어도 주를 위하여 죽나니 그러므로 사나 죽으나 우리가 주의 것이로라."

우리는 하나님을 위해 살고 있습니다. 성령을 받고 하나님의 자녀가 된 우리는 돈을 벌어도 써도, 음식을 먹어도, 운동을 해도, 잠을 자도 주님을 위해 하는 것입니다.

이렇게 주님을 섬기는 사람은 이 세상 사람들도 잘 섬겨서 좋은 인간관계를 맺어야 합니다. 십자가의 수직은 하나님과 우리 사이를 뜻하고, 수평은 이웃과 우리 사이를 뜻합니다. 가정에서, 일터에서, 직장에서, 교회에서, 시장에서 오고 가며 만나는 모든 사람들을 우리가 잘 섬겨야 하나님께서 영광을 받으시는 것입니다.

로마서 14장 18절에 "이로써 그리스도를 섬기는 자는 하나님께 기뻐하심을 받으며 사람에게도 칭찬을 받느니라"고 말씀합니다. 우리가 귀하게 살면 사람들이 '아! 참 예수 믿는 사람은 다르다. 예수 믿는 사람은 다르다' 하고 감동을 받습니다.

안디옥 교인들이 비로소 그리스도인이라 칭함을 받은 것처럼 '아! 그리스도인은 다르다'라는 것을 우리가 보여주어야 하는 것입니다. 김구 선생은 주변에 기독교인들이 귀하니 "경찰서 열 개를 세우는 것보다 교회 하나를 세우는 것이 더 좋다"고 했습니다. 우리 모두 그렇게 고귀하게 살아야 할 줄로 믿습니다.

하나님을 섬기는 것은 쉽습니다. 하나님은 변함이 없으시고, 거룩하시고, 온전하시고, 영원히 불변하시니 그대로 섬기면 됩니다. 그러나 사람은 변화무쌍합니다. 선한 사람이 있는가 하면 악한 사람도 있고, 신실한 사람이 있는가 하면 사기 치는 사람도 있고, 친구같이 좋은 분이 있는가 하면 원수 같은 사람도 있습니다. 이 각양각색의 사람을 우리가 어떻게 모두 잘 섬기겠습니까?

그러나 걱정할 것 하나도 없습니다. 하나님께서는 이 모든 사람을 대할 지침을 우리에게 주셨습니다. 우리가 본문 말씀만 배워도 인간관계에 승리할 줄 믿습니다.

특별히 명절에는 사람들을 많이 만납니다. 명절이 가까워 오면 며느리들은 '시누이와 또 며칠을 어떻게 지낼까? 시누이가 무슨 소리를 할까?' 하고 걱정할 것입니다. 시누이를 생각하면 가슴이 떨리고 겁이 날 것입니다. 그러나 그러면 그리스도인이 아닙니다. 누구든 상관없이 하나님과 함께 성령으로, 말씀으로 잘 섬기고 아름다운 관계를 맺는 것이 그리스도인의 자세입니다.

골프 선수 박세리의 아버지는, 박세리 선수가 어릴 때부터 경기에 참여하면 먼저 본부석에 가서 우승컵을 손으로 만지게 했습니다. 박세리 선수가 "아빠! 아빠!" 하고 주저하면 "만져 봐라. 어차피 네 것인데……. 이것은 어차피 네 것이다" 하며 그것을 만지게 했습니다. 그래서 박세리 선수가 상을 휩쓸 수 있었습니다. 박세리 선수는 해외에 나가기 전에 한국에서도 상을 휩쓸었습니다. 언제나 본부석에서 우승컵을 만지며 '이것은 내 것이다' 하며 꿈을 꾸었기 때문입니다.

우리가 인간관계를 맺어 가는 데도 꿈을 꾸어야 합니다. 가족끼리 만나도, 친척을 만나도, 올케를 만나도, 시누이를 만나도 아름답게 인간관계를 맺어 갈 꿈을 꾸어야 되는 것입니다. '나는 행복하다. 시누이 때문에 행복하고, 올케 때문에 행복하고, 시동생 때문에 행복하고, 시어머니 때문에 행복하다. 나는 사람을 만나면서 하나님께 영광을 돌릴 것이다.' 이런 그림을 그려야 합니다.

두려워하는 사람이 있으면 안 됩니다. 누구에게든 하나님 말씀대로 대하면 됩니다. 오르막은 2단이나 1단으로 올라가면 되고, 뒤로 갈 때는 후진 기어를 넣으면 됩니다. 이처럼 하나님 말씀대로 대하면 모든 것이 자동으로 됩니다.

그러므로 이 말씀을 잘 배워 인간관계에서 스트레스 받지 말고 행복해하고 감사할 수 있기를 바랍니다. 우리가 만나는 사람들이 우리 때문에 감동을 받고 하나님께 영광 돌리는 그런 은혜가 있기를 축원합니다.

본문 14절에 "너희를 핍박하는 자를 축복하라 축복하고 저주하지 말라"고 말씀합니다. 상대하기가 가장 어려운 사람은 나를 핍박하는 사람, 동네방네 다니며 나를 헐뜯고 좋지 않게 말하는 사람입니다.

그런 사람을 어떻게 대해야 합니까? '왜 저 사람이 나를 핍박할까?' 그런 사람을 생각하면 스트레스가 되고 마음이 아픕니다. 그런 사람들을 보면 눈빛도 다릅니다. 사람의 마음이 평안하면 눈이 편안하고, 마음에 화가 나면 눈이 불타는 것 같습니다. 나를 핍박하고 미워하는 사람의 눈을 보면 그 눈에 미움이 보이는 것입니다. 그런 사람을 우리는 어떻게 대할까 걱정하지만 하나님께서는 우리에게 말씀하십니다.

"너를 핍박하는 자를 축복하라. 축복하라. 축복하라."

하나님께서는 오늘 우리 마음에 제일 크게 걸리는 사람을 축복하라고 말씀하십니다. 축복하고 저주하지 말라고 하십니다. 왜 그렇습니까? 그가 우리를 핍박하는 것은 우리를 몰라서이기 때문입니다.

사람들이 스데반을 돌로 쳐 죽일 때 사울이 박수 치며 함께한 것은, 그가 스데반이 하나님의 귀하고 착한 사람임을 몰라서였습니다. 깡패 이기풍이 마펫 선교사를 돌로 쳐서 상처를 입힌 것은 마펫 선교사가 한국을 구원하기 위해 헌신하는 참모습을 몰랐기 때문입니다. 나중에 알고 나서는 자기도 선교사가 되었습니다.

이스라엘 백성이 예수님을 십자가에 못 박은 것은 예수님이 참 구세주이심을 몰라서였습니다. 그래서 예수님께서는 "저들의 죄를 사하여 주소서. 저들이 모르고 한 일입니다"라고 하셨습니다.

우리는 주님을 닮아 가야 합니다. 우리를 핍박하는 자를 절대로 저주하거나 미워하면 안 됩니다. 그리스도인인 우리는 우리를 핍박하는 자를 축복해야 하는 것입니다.

누가 나를 핍박한다고 나도 그를 핍박하면 나는 세상 사람입니다.

우리 주님께서 말씀하십니다.

"너를 핍박하는 자를 축복하라. 축복하고 저주하지 말라."

그러므로 앞으로는 좋은 사람에게도 잘 대해야 하지만 나에게 늘 가시 노릇 하는 사람도 축복하고 웃으며 대하고 선물도 하시기 바랍니다. 그것이 하나님께서 우리에게 가르쳐 주시는 그리스도인의 인간관계의 길인 것입니다.

15절에는 "즐거워하는 자들로 함께 즐거워하고 우는 자들로 함께 울라"고 말씀합니다.

기쁨은 함께하면 두 배, 세 배로 커지고, 슬픔은 함께하면 줄어들고 위로가 됩니다. 장례식에 가보면 이웃의 슬픔을 함께 나누었던 집에는 조문객이 많습니다. 그러나 이웃이 슬픔을 당했을 때 돌아보지 않고 자기 앞길만 간 사람은 그 사람이나 가족이 세상을 떠나도 돌아보는 사람이 없습니다. 결혼식도 마찬가지입니다. 이웃의 즐거움에 함께했던 집의 결혼식에는 손님이 가득하지만 이웃의 즐거움에 동참하지 않은 집의 결혼식에는 하객이 없습니다. 심은 대로 거두는 것입니다.

기뻐하는 자와 함께 기뻐하고 즐거워하는 자와 함께 즐거워하고 슬퍼하는 자와 함께 슬퍼하는 것, 그것이 인간관계의 길입니다.

16절에 "서로 마음을 같이하며 높은 데 마음을 두지 말고 도리어 낮은 데 처하며 스스로 지혜 있는 체 말라"고 말씀합니다.

사람은 '나는 남하고 달라' 하는 마음이 있습니다. 그래서 옷을 입어도 남하고 다르게 입고, 나와 똑같은 옷을 입은 사람을 보면 기분 나빠합니다. 내가 별다른 사람도 아닌데 다른 사람이 같은 옷을 입었다고 기분 나빠하는 것은 교만입니다.

마음을 같이하라고 우리 주님께서 말씀하셨습니다.

"서로 마음을 같이하며 높은 데 마음을 두지 말라."

'저 자리에 내가 앉아야지. 높은 데 내가 앉아야지' 하는 마음을 갖지 말라는 것입니다. 오히려 낮은 데 처하라는 것입니다. 왜 그렇습니까? 높아지려 하면 결국은 낮아지게 되기 때문입니다. '나는 낮은 자리에 앉아야지' 하는 사람이 높임 받게 됩니다.

마태복음 23장 12절에 "누구든지 자기를 높이는 자는 낮아지고 누구든지 자기를 낮추는 자는 높아지리라"고 말씀합니다.

어느 해 신년 하례회 때의 일이 생각납니다. 도지사님, 교육감님, 경찰청장님, 또 통합시장님과 언론계 인물들, 교계 지도자들이 모여 감사예배를 드리고 하례회를 했습니다. 그때 제가 설교를 했습니다. 예배 후에 사진을 찍는데, 도지사님을 비롯하여 중요 직책을 맡은 분들이 앞자리에 앉고 다른 분들은 그 뒤에 나란히 섰습니다. 그런데 통합시장님이 앞에 보이지 않아서 찾아보니 뒤에 서 계셨습니다. 그래서 제가 “시장님, 앞으로 오세요” 했더니 “아닙니다. 아닙니다. 저는 여기가 좋습니다”라고 하셨습니다. ‘참 겸손한 분이구나. 참 귀한 분이구나’ 하는 생각이 들었습니다.

겸손은 존귀함의 앞잡이가 되고 교만은 넘어짐의 앞잡이가 되는 것입니다.

우리는 어디에서나 주님을 닮아야 합니다. 그 존귀하신 주님께서 사람의 몸을 입고 이 땅에 오셨습니다. 주님은 어린 나귀를 타셨고, 제자들의 발을 씻기셨습니다. 세리의 친구, 어린아이의 친구, 외로운 자의 친구가 되셨고, 낮은 자리를 찾아 다니셨습니다.

어느 초겨울, 한 육군 대령이 길을 가다 개울을 만났습니다. 개울에는 살얼음이 얼어 있었습니다. 군화를 벗고 개울을 건너려니 춥고 귀찮아서 ‘누구 없나?’ 하고 사람을 찾는데 저 멀리서 한 노인이 산책을 하고 있습니다.

“영감! 영감! 이리 좀 오시오.”

그 노인이 왔습니다.

대령은 지금도 대단하지만 예전에는 더 대단했습니다. 대령이 노인에게 말했습니다.

“영감! 내가 이 개울을 건너고 싶으니 나를 업고 좀 건너 주시오.”

“예, 대령님.”

노인의 등에 업혀 가는 대령이 심심해서 말을 하기 시작했습니다.

"영감도 군대생활 했소?"

"예."

"사병으로 제대했소?"

"아니올시다."

"하사관이었소?"

"아니올시다."

"그럼 위관급 소위로 했소?"

"아니올시다."

"중위란 말이오?"

"아니올시다. 조금 더 위입니다."

"대위요?"

"아닙니다. 조금 더 위입니다."

"그럼 소령이었소?"

"조금 더 위입니다."

"중령이었소?"

"더 위입니다."

"그럼 나 같은 대령이었단 말이오?"

"조금 더 위입니다."

"그러면 준장이었습니까?"

"아니오."

"그러면 소장이었습니까?"

"아니오."

"대장님이었습니까?"

"아니오. 더 위입니다."

그 노인은 국가 원수인 워싱턴 대통령이었습니다. 워싱턴 대통령이 산책을 나왔는데 대령이 "영감! 영감!" 하며 자기를 업고 개울을 건너게 한 것입니다.

사람이 교만하면 난처한 일을 만나게 됩니다. 자꾸 낮은 자리를 찾으면 세상도 알고 하나님께서도 아십니다. 그래서 하나님께서 높여 주시는 것입니다.

나아만 장군이 일부러 찾아왔는데 엘리사 선지자가 얼굴도 내밀지 않자 열을 받아 화를 내며 "돌아가자!"라고 말했습니다. '촌구석에 사는 주제에 장관이 왔는데 장관 대접도 안 해줘?' 하는 마음 때문이었습니다. 그가 겸손했다면, '나는 죄인이고 환자인데, 나는 고침 받으러 왔는데, 은혜 받으러 왔는데, 나는 하나님의 사람에게 고침 받으러 왔는데……'라고 했다면 열 받을 일도 없고 스트레스 받을 일도 없는 것입니다.

교회에서도 '나는 죄인인데, 나는 부족한데, 나는 흙덩어리인데……'라고 생각할 때 열 받을 일이 하나도 없습니다. '나를 몰라주고!' 할 때 열 받는 것입니다.

> "서로 마음을 같이하며 높은 데 마음을 두지 말고 도리어 낮은 데 처하며 스스로 지혜 있는 체 말라"(롬 12:16).

'나는 남하고 좀 달라. 나는 좀 달라' 하는 마음이 있습니까? 뭐가 남들과 다릅니까? 다 흙으로 지어진 우리입니다.

개미 수백 마리가 행진할 때 저희들끼리는 잘난 개미, 못난 개미, 큰 개미, 작은 개미가 있어도 우리 보기에는 다 개미일 뿐입니다. 잘나 봤자 개미입니다. 이처럼 잘나 봤자 우리는 흙덩어리입니다. 다 죄인이고, 주님의 은혜로 살았습니다.

내가 겸손할 때는 열 받을 일이 하나도 없습니다. 우리 모두 겸허한 마음으로 사람들을 대할 수 있기 바랍니다. 기독교의 미덕은 첫째도 겸손이고, 둘째도 겸손이고, 셋째도 겸손입니다.

제가 강단에서 난 체하면 얼마나 역겹겠습니까? 아마 교인들이 교회에 오기가 싫을 것입니다. 제가 아무리 귀하게 되고 커지고 높아져도 더 낮아질 때 자꾸 보고 싶고 좋은 것입니다. 교만한 사람은 보기도 싫지 않습니까? 우리 모두 겸손의 챔피언이 되기를 축원합니다.

17절에 "아무에게도 악으로 악을 갚지 말고 모든 사람 앞에서 선한 일을 도모하라"고 말씀합니다.

상대가 나에게 악하게 한다고 나도 같이 악하게 하고, 상대가 나에게 욕한다고 해서 똑같이 욕한다면 나는 그리스도인이 아닙니다. 그리스도인이라면 나에게 악하게 대하는 자에게도 선을 도모합니다. 상대방이 악하게 대할 때도 우리는 선을 나타내는 것이 하나님께서 우리에게 제시하시는 인간관계의 비법입니다.

내가 사과나무에 돌을 던져도 사과는 내게 돌을 던지지 않고 사과를 떨어뜨려 줍니다. 우리가 이리 찔리고 저리 찔려도 선을 나타낼 때 세상에 그리스도의 향기가 나고, 그 모습을 통해 그들이 변화되는 것입니다. 이것은 굉장히 중요합니다.

세상에는 분명히 악한 사람이 있습니다. 그러나 우리가 악을 악으로 갚지 말고 선을 행할 때 선으로 악을 이기게 될 줄 믿습니다.

18절에 "할 수 있거든 너희로서는 모든 사람으로 더불어 평화하라"고 말씀합니다. 이것이 인간관계의 기본입니다. 평화롭게 사는 것이 얼마나 좋습니까?

아내와 하루 종일 싸우고 나면 잠잘 때 편합니까? 한 이불 속에서 자도 발이 닿으면 싫습니다. 부부간이라도 다투면 괴로운 것입니다. 형제간에 싸우고 나면 밥을 먹어도 편하지 않습니다. 밥을 먹어도 소화가 안 되고 내게 병이 되는 것입니다.

'나는 ○○○하고는 함께 있기도 싫어. 만나기도 싫어. 그런데 밉다 밉다 하니 밥을 같이 비벼 먹자 하네.'

이렇게 생각한다면 그 마음이 그 사람에게 병이 되게 마련입니다.

록펠러의 어머니가 록펠러에게 준 교훈 중 하나가 무엇입니까? "그 어떤 이유에서라도 원수 맺지 마라. 그 누구하고라도 원수 맺지 마라"입니다. 이단자, 사이비, 마귀하고는 할 수 없이 싸워야 합니다. 하지만 이단자, 마귀가 아니면 그 누구와도 원수 맺을 필요가 없습니다.

왜 그렇습니까? 사람은 다 다르기 때문입니다. 그릇이 종류대로 있습니다. 조그마한 종지도 있고, 컵도 있고, 사발도 있고, 큰 그릇도 있습니다. 그처럼 사람도 생긴 그릇대로 삽니다.

저는 교인 모두를 사랑합니다. 다 예뻐서가 아닙니다. 이 그릇, 저 그릇, 그릇이 다 다르듯이 교인도 다 다릅니다. 모두가 어울려서 하나가 되는 것입니다.

마태복음 5장 9절에 "화평케 하는 자는 복이 있나니 저희가 하나님의 아들이라 일컬음을 받을 것임이요"(Blessed are the peacemakers, for they will be called sons of God)라고 말씀합니다. 화평케 하는 자가 하나님의 자녀입니다.

그래서 우리는 누구를 만나도 '허허허' 웃어야 합니다. 그것이 하나님 아들딸의 인간관계입니다. 그 사람은 그대로 살고, 이 사람은 이대로 살고, 나는 나대로 살고, 그래서 서로 화목하게 지내야 하는 것입니다.

그다음에 로마서 12장 19-21절 말씀을 보겠습니다.

"내 사랑하는 자들아 너희가 친히 원수를 갚지 말고 진노하심에 맡기라 기록되었으되 원수 갚는 것이 내게 있으니 내가 갚으리라고 주께서 말씀하시니라 네 원수가 주리거든 먹이고 목마르거든 마시우라 그리함으로 네가 숯불을 그 머리에 쌓아 놓으리라 악에게 지지 말고 선으로 악을 이기라."

우리는 원수를 친히 갚지 말아야 합니다. 원수를 보응하시는 분은 하나님이십니다. 하나님께서, 주님께서 "원수 갚는 것은 내게 있으니 내게 맡기라"고 말씀하셨습니다.

히브리서 10장 30절에도 "원수 갚는 것이 내게 있으니 내가 갚으리라"고 말씀합니다. 신명기 32장 35절에도 "보수는 내 것이라 그들의 실족할 그때에 갚으리로다 그들의 환난의 날이 가까우니 당할 그 일이 속히 임하리로다"라고 말씀합니다. 보수는 복수하는 것, 원수 갚는 것입니다.

나를 헐고 다니는 사람을 내가 갚지 않아도 하나님께서 멸하십니다. 시편 101편 5절에 "그 이웃을 그윽히 허는 자를 내가 멸할 것이요"라고 말씀합니다. 자꾸 남을 헐고 좋지 않게 말하는 사람은 나중에 사라집니다. 하나님께서 멸하시기 때문입니다.

그러나 원수를 내가 갚으면 또 복수의 칼이 옵니다. 다윗에게 가장 큰 원수는 사울 왕이었는데, 그 사울 왕이 다윗이 숨어 있는 굴에 들어왔습니다. 다윗이 사울 왕을 죽일 절호의 기회였습니다. 그러나 그는 사울 왕의 옷자락만 베어냈습니다. 그러자 사울 왕이 "나는 너를 죽이려 하는데 너는 내게 선을 행하는구나. 나는 네가 왕이 될 줄 아노라"라고 합니다. 사울 왕의 그 마음은 곧 변하지만 그 순간에는 감탄하여 그렇게 말했습니다.

예수님께서도 마태복음 5장 44절에 "너희 원수를 사랑하며 너희를 핍박하는 자를 위하여 기도하라"고 말씀하셨습니다.

사실은 우리가 핍박을 받을 때, 원수에게 어떤 일을 당할 때 우리에게 복이 많습니다. 마태복음 5장 10-12절에 "의를 위하여 핍박을 받은 자는 복이 있나니 천국이 저희 것임이라 나를 인하여 너희를 욕하고 핍박하고 거짓으로 너희를 거슬러 모든 악한 말을 할 때에는 너희에게 복이 있나니 기뻐하고 즐거워하라 하늘에서 너희의 상이 큼이라 너희 전에 있던 선지자들을 이같이 핍박하였느니라"라고 말씀합니다.

그래서 우리는 원수가 나를 핍박하고 나에 대해 악담해도 '아!

내게 상이 많아지겠구나. 내가 복을 받는구나. 그리고 하나님께서 갚아 주시겠지' 하며 기뻐해야 합니다.

그리고 우리가 원수에게 해야 할 일을 우리 주님께서 말씀해 주셨습니다.

> "네 원수가 주리거든 먹이고 목마르거든 마시우라 그리함으로 네가 숯불을 그 머리에 쌓아 놓으리라"(롬 12:20).

열왕기하 6장에 보면, 아람 왕이 이스라엘 왕을 죽이려고 몇 번이나 계획해도 그때마다 이스라엘 왕은 이미 피하고 이스라엘 군대가 미리 진을 치고 있습니다. 그러자 아람 왕이 신복들에게 "우리 안에 첩자가 있구나"라며 화를 냈습니다. 그때 하나님의 사람 엘리사에 대해 잘 알고 있는 한 신복이 말합니다.

"왕이여, 우리 안에 첩자가 있는 것이 아니라 이스라엘에는 하나님의 사람 엘리사가 있는데, 그는 왕께서 침실에서 생각하시는 것까지도 다 압니다. 그가 이스라엘 왕에게 정보를 제공하는 것입니다."

이에 아람 왕이 엘리사를 잡기 위해 도단에 특수 부대를 보냈습니다. 그러나 엘리사가 "하나님이여, 저들의 눈을 멀게 하소서"라고 하니 특수 부대 군인들의 눈이 어두워졌습니다. 엘리사가 그들을 다 사마리아로 끌고 가서 "여호와여, 저들의 눈을 뜨게 하소서"라고 기도하니 그들이 눈을 떴습니다. 아람군은 이미 다 포위되어 죽게 되었습니다.

그들이 끌려오는 것을 보고 이스라엘 왕이 "하나님의 사람이

여, 저들을 죽이리이까? 칼로 치리이까?"라고 묻습니다. 그러자 열왕기하 6장 22절에서 엘리사가 대답합니다.

"칼과 활로 잡은 사람인들 어찌 치겠습니까? 떡을 먹이고 물을 마시게 해서 보내십시오."

그래서 그들에게 좋은 음식을 많이 대접하고 보내니 아람 군대가 다시는 이스라엘을 엿보지 못했습니다. 선으로 악을 이긴 것입니다. 할렐루야!

원수 같은 사람이 있을 수 있습니다. 집안에도, 형제간에도, 친구 중에도, 또 회사에서도 원수같이 나를 괴롭히는 사람이 있습니다. 그러나 그를 위해 기도하고, 사랑해 주고, 도와주는 것이 바로 그를 이기는 길입니다.

'숯불을 그 머리에 쌓아 놓으리라'에는 세 가지 뜻이 있습니다. 그중 하나는, 우리가 선을 행할 때 우리에게 악을 행한 자가 괴로워한다는 것입니다. 아랍 문화권에서 제일 고통스러울 때를 '머리에 숯불을 얹는 것'으로 표현합니다. 머리에 숯불을 얹어 놓으면 얼마나 고통스럽겠습니까?

그다음은 우리가 선을 행하면 우리의 원수가 속히 변한다는 뜻입니다. 머리에 숯불이 있는데, 그대로 가만히 있을 사람은 없습니다. 머리에서 그 숯불을 빨리 내립니다. 우리가 원수를 사랑하고 축복해 주고 기도해 주면, 또 그들을 먹여 주고 입혀 주면 그들이 감동을 받고 머리의 숯불을 빨리 내리듯이 빨리 회개한다, 속히 변화한다는 것입니다.

그리고 아랍 문화권에서는 불씨가 축복으로 알려져 있어서 집마다 불씨를 고이 간직합니다. 그것을 이웃집에 주면 복을 빼앗긴다고 생각합니다. 그런데 이웃집에 불이 없을 때 불씨를 나누어 주면 이웃집 사람이 고마워서 그것을 머리에 이고 다니면서 "○○○ 집에서 이 불씨를 주었어요"라고 자랑합니다. 이처럼 우리가 나를 핍박하는 원수에게, 내게 악하게 대하는 사람에게 먹여 주고 입혀 주며 사랑을 베풀면 그 사람이 다니면서 "○○○는 좋은 사람입니다" 하고 칭찬을 하게 된다는 것입니다. 이것이 바로 원수의 머리에 숯불을 쌓아 놓는 것입니다.

인생살이는 쉽습니다. 그러나 내 감정, 내 생각으로 부딪치려니 열을 받고, 스트레스를 받고, 잠을 자지 못하는 것입니다. 말씀대로, 성령으로 하면 다 풀리게 됩니다.

명문 대학 출신 박사 부부의 이야기입니다. 부부가 싸움을 하면 그 싸움이 오래가고, 반드시 남편이 이겼습니다. 싸울 때마다 남편이 서론, 본론, 결론으로 아내의 잘못을 딱 꼬집어 말하여 아내의 항복을 받아냈습니다. 대개 말로 싸우면 여자가 이기는데, 이 집은 언제나 남편이 이기는 것입니다. 그러다가 남편이 교회를 다니게 되었습니다. 교회에 다닌 지 3년이 된 어느 날 또 부부싸움을 했는데 남편이 "여보, 그만합시다. 내가 잘못했소. 미안하오"라고 했습니다. 20년 만에 처음으로 남편에게 그런 말을 들은 부인이 3일간 울었답니다.

자존심이 강한 그 남편이 어떻게 아내에게 잘못했다는 말을 할 수 있었겠습니까? 예수님을 믿고 깨달았기 때문입니다. 성령께서 그렇게 인도하신 것입니다.

이 말씀이 이론으로 듣기에는 좋은데 실제로 행하기는 어렵습니다. 그러나 성령의 도움으로는 가능합니다.

오드리 헵번은 외모도 황홀할 정도로 아름답지만 내면의 모습도 아름다워 그가 세상을 떠난 지 20년이 지난 지금도 그의 이름이 많은 사람들의 입에 오르내리고 있습니다. 그리고 아직 그의 이름으로 마케팅하는 곳도 있다고 합니다. 미의 여신으로 불렸던 그에게 딸이 "엄마, 엄마는 어찌 그리 아름다워? 엄마처럼 아름다우려면 어떻게 해야 해?"라고 물었습니다. 그때 그가 이렇게 말했다고 합니다.

"사랑하는 딸아, 네가 매력적인 입술을 지니고 싶으면 좋은 말만 해라. 사람들에게 친절한 말만 해라. 네가 아름답고 매력적인 눈을 갖고 싶으면 사람들의 장점만 봐라. 단점은 보지 마라. 그리고 네가 날씬하고 아름다운 몸을 갖고 싶으면 배고픈 사람들에게 너의 음식을 나누어 주어라."

하나님과의 관계가 아무리 좋아도 사람과 막힌 것이 있으면 괴롭고 아픕니다. 행복할 수 없습니다. 하나님과 막힘이 없어야 하고, 사람과도 막힘이 없어야 합니다. 또 나 자신과도 막힘이 없어야 합니다. 자신이 생각해도 내가 한심스럽고 미우면 안 됩니다. 내가 귀하고 내가 복을 받았다고 생각해야 합니다. '내가 뭔데 이렇게 사랑을 받는가?' 하며 자신이 좋아야 하는 법입니다. 자연과도 마찬가지입니다. 하늘을 봐도 기쁘고, 별을 봐도 기쁘고, 꽃을 봐도 기뻐야 되는 것입니다.

그것은 쉽습니다. 성령으로, 말씀대로 하면 됩니다. 이대로 나가면 언제나 행복합니다. 아주 밉고 모난 사람과도 얼마든지 관계를 잘 맺을 수 있고, 나를 핍박하고 아프게 하는 사람에게도 향기를 발하고, 그 사람 때문에 나는 기뻐할 수 있습니다.

이 축복이 여러분에게 가득하기를 축원합니다.

7

# 그리스도인의 행복

(시편 118:15-29)

일본 오키나와에서 개최된 학회에 다녀온 적이 있습니다. 일본으로 가는 비행기를 타니 제 옆 좌석에 외국인 청년이 앉아 있어서 간단하게 인사하고 성경을 읽었습니다. 점심 식사가 나오자 그 외국인 청년이 두 손을 모으고 2, 3분간 진지하게 기도를 했습니다. 비행기에서 그렇게 간절히 식사 기도하는 사람은 거의 없습니다. 믿음이 좋지 않은 사람들은 여러 사람 앞에서 기도하는 것을 부끄러워해서 하지 않기도 하고, 대충 하고 맙니다. 그런데 아주 당당하고 진지하게 기도하는 청년의 모습을 보니 얼마나 기쁘고 감사했는지 모릅니다.

그 청년이 너무 사랑스러워 저희 집에 초청하고 싶었고, 비싼 선물을 사 주고 싶기도 했습니다. 오키나와 미군 부대에 근무하는 미군인 그 청년은 처음 만난 사람인데도 기도하는 것 때문에 내 가족처럼 느껴졌습니다. 그 청년과 함께 일본까지 가는 동안 참 행복하고 감사했습니다. 그래서 헤어질 때 서로를 축복해 주었습니다.

또 숙소에서도 매우 잘생긴 한 외국인을 만나서 대화를 나누었습니다. 그 백인은 몇 달씩 바다를 항해하는 뱃사람이라고 했습니다. 제가 "당신의 부인과 가족들이 당신을 매우 그리워하겠습니다"라고 하자 전화할 때마다 자기 부인이 "여보, 언제 와요?"라고 녹음기처럼 묻는다고 했습니다. 1년에 집에 몇 번이나 가느냐고 물으니 정해져 있지 않다고 했습니다. 때로는 두 달에 한 번, 때로는 서너 달에 한 번, 그렇게 띄엄띄엄 간다고 했습니다. 왠지 그분이 외로워 보였습니다. 1년에 8, 9개월은 바다에 떠 있다가 잠시 가족을 보러 집에 간다니 얼마나 힘들겠습니까? 그분을 보면서 '매일 가족과 함께 식사를 하고 함께 산다는 것'에 감사해야 한다고 생각했습니다.

그리고 이번에 국제적인 상황, 흐름에 대해서도 공부를 했습니다. 이제 중국이 떠오르니 모두가 중국을 의식합니다. 중국도 자기 나라가 세계 2대 강국, 세계의 중심이라며 우리나라를 우습게 봅니다. 그러나 학자들의 견해는 다릅니다. 중국은 빈부 격차가 세계에서 최고로 크기 때문에 그렇게 큰소리칠 수 없다고 합니다. 중국 사람들의 소원이 한국에 오는 것이라고 합니다. 중국에서 1년 동안 벌어도 한국에서 한 달 버는 것보다 못하기 때문에 중국 서민들, 근로자들은 한국을 천국으로 안답니다. 또 중국은 전기나 수도 시설이 안 되어 있는 곳이 아직도 많습니다.

일본은 20년 전이나 지금이나 거의 발전이 없습니다. 지나치게 복지에 투자해서 월급의 거의 절반을 세금으로 내야 하니 인재들이 일류 회사에 가지 않는다고 합니다. 20년 전, 15년 전만 해도 일본에 가면 일본 사람들이 잘나 보였습니다. 일본 사람들의 얼굴에 생기가 있고 웃음이 있었는데 요즘에는 그렇지 않습니다. 오히려 주눅 들어 보입니다.

그런데 우리나라 인천 국제공항에는 해외여행 가는 사람들로 붐비고 사람들의 얼굴에는 생기가 넘칩니다. 20년 전만 해도 우리가 다른 나라들을 보며 배워야 했는데, 지금은 우리가 보고 배울 나라가 별로 없습니다. 인구의 97퍼센트가 예수 믿는 노르웨이만 앞서 가고 평화로운 나라이지, 다른 나라들은 어렵습니다. 우리 한국에도 문제가 있긴 하지만 전체적으로 보면 얼마나 잘되는지, 아침에 떠오르는 태양 같습니다.

보디발이 하나님을 믿지 않아도 요셉이 하나님을 믿으니 보디발 집이 복을 반고, 애굽 왕이 하나님을 믿지 않아도 요셉이 총리기 되니 애굽이 잘되었습니다. 이처럼 우리나라 기업주가 예수님을 믿지 않아도 요셉 같은 사원들이, 우리 크리스천들이 가득하기 때문에 우리나라 산업이 잘되는 줄로 믿습니다. 앞으로 이렇게 뻗어나가면 정말 세계가 우러러보는 대한민국이 될 것입니다.

언젠가 오바마 대통령이 국정 연설을 하면서 “교육은 한국을 본받아야 한다. 대한민국을 본받아야 한다. 한국의 교육을 보라”고 했습니다. 그 거대한 미국이 우리 한국의 교육을 배우려고 하는 것입니다. 이렇게 우리 한국은 올라가고 있습니다. 얼마나 감사합니까?

그리고 한국 교회는 대단합니다. 목사님들의 삶이 거룩합니다.

제가 만나는 목사님마다 얼마나 경건하고 성스러운지 모릅니다. 가끔 가룟 유다처럼 이상한 사람이 있기는 하지만 그런 경우는 어쩌다 한 번입니다. 목사님들은 대부분 거룩하고 경건하고 귀하게 살고 있습니다.

그리고 한국 교회 성도들은 가정을 잘 지키고, 회사에서 밀알이 되어 헌신하고, 나라를 세우기 위해 노력합니다. 전기도, 종이 한 장도 아끼고, 나라를 위해 새벽에도, 낮에도, 밤에도 기도합니다. 이렇게 나라를 살리려고 기도하는 한국 교회를 하나님께서 축복해 주시는 것입니다.

우리 교회는 더합니다. 우리 교회 부목사님들은 성자 같습니다. 직원들도 요셉 같습니다. 장로님들은 교회를 위해 재산을, 몸을 다 바치다시피 하면서도 겸손합니다. 만약 대한민국의 모든 교회 장로님들이 우리 교회 장로님들 같으면 우리나라가 일어날 줄 믿습니다. 집사님들과 권사님들도 얼마나 충성스러운지 모릅니다. 또 우리 청년들도 새벽이슬같이 아름답습니다. 이렇게 아름다운 교회에서 우리가 예배하는 것이 참으로 큰 축복입니다.

세상 모든 풍파 너를 흔들어
약한 마음 낙심하게 될 때에
내려 주신 주의 복을 세어라
주의 크신 복을 네가 알리라
받은 복을 세어 보아라 크신 복을 네가 알리라
받은 복을 세어 보아라 주의 크신 복을 네가 알리라.

하나하나 헤아리면 우리는 감사할 일이 너무 많습니다. 대한민국에 사는 것이 감사하고, 교회를 섬기는 것이 감사하고……. 하나님께서 계속 부어 주시는 은혜와 사랑과 축복이 얼마나 큰지 모릅니다.

저는 연구실에서 이 본문을 읽다가 막 소리치고 싶었습니다. 비행기에서 성경을 읽을 그때도 소리치고 싶었습니다. 호텔에서도, 공항 터미널에서도 읽다가 막 소리를 치고 싶었습니다.

"어찌 이런 행복이 우리에게 있는가!"

하나님의 성령께서 제가 읽을 때 주신 그 큰 행복, 큰 감동을 여러분에게도 그대로 주시기를 축원합니다.

본문 시편 118편 15-16절을 보십시오.

"의인의 장막에 기쁜 소리, 구원의 소리가 있음이여 여호와의 오른손이 권능을 베푸시며 여호와의 오른손이 높이 들렸으며 여호와의 오른손이 권능을 베푸시는도다."

영어성경(NIV)에서는 15절 말씀을 "Shouts of joy and victory resound in the tents of the righteous"라고 했습니다. 의인의 집에는 기쁨의 소리, 승리의 함성이 울려 집안 구석구석까지 퍼진다는 것입니다. 기쁨의 소리, 승리의 소리가 집안에 가득하다는 것입니다. 이 얼마나 놀라운, 행복한 장면입니까?

저는 지금도 세계 월드컵 4강 진출 때의 일을 기억합니다. 그때 제가 LA 양곡교회에서 새벽 설교를 하고 있었습니다. 그런데 갑자기 전쟁 때 총알 터지는 소리처럼 '빠바바빵빵' 하는 자동차 클랙슨 소리가 요란하게 들렸습니다. LA 온 시내가 진동하도록 계속 들려서 설교를 일찍 끝내고 나갔다가 얼마나 놀랐는지 모릅니다. 우리 교민들이 태극기를 들고, 우리 청년들, 유학생들은 어디서 구했는지 큰 태극기로 자동차를 덮고는 "빠바바빵빵! 대한민국! 빠바바빵빵! 대한민국!" 하며 월드컵 4강에 진출한 것을 기뻐하고 있었습니다. 경찰들도 싱글벙글하며 박수를 쳐 주었습니다. LA가 완전히 태극기 판이고 한국판이었습니다. 하루 종일, 아니 며칠간 그런 기쁨이 계속되었습니다. 우리 교민들이 하는 음식점에서는 "오늘은 공짜다. 마음대로 먹어라"라고 했습니다.

저도 그날은 새벽기도회가 끝난 뒤 마음이 들떠 기도도 하지 못하고 밖으로 나왔습니다. 저는 그때 4강이 무언지도 몰랐지만 아내가 좋다 하니까 아내를 자동차에 태워서 "빠바바빵빵! 대한민국!" 하며 몇 시간을 달렸습니다.

그때 참 신바람이 났습니다. 그때 그것이 승리의 함성입니다. 본문의 '구원의 소리'가 바로 'victory resound'(승리의 소리)입니다.

저는 초등학교 시절 운동회 때 "victory! victory! v. i. c. t. o. r. y!"라고 외치면서 그것이 영어인지도 몰랐습니다. 승리의 기쁨이 얼마나 큰지 모릅니다. 그 기쁨을 주님께서 우리에게 주시는 것입니다.

제가 본문을 읽다가 깨달았습니다.

'의인이 되었다는 것이 얼마나 행복한가!'

수백억, 수천억을 들여 집을 지어도 도둑이 살면 도둑의 집이 되고, 도박하는 사람이 살면 도박꾼의 집이 됩니다. 죄인이 살면 죄인의 집이 됩니다. 그러나 초가집이든 기와집이든 빌딩이든 의인이 살면 의인의 집이 되는 것입니다.

내가 의인이 되었다는 것이 얼마나 큰 복입니까? 그것도 우리가 의롭게 살아서 의인이 아닙니다. 예수님을 믿음으로 의인이 된 것입니다.

아브라함은 의인이 아닙니다. 그는 때로 거짓말을 합니다. 자기 아내가 아기를 낳지 못하니 첩을 얻습니다. 문제가 있는 사람입니다. 그래도 창세기 15장 6절에 "아브람이 여호와를 믿으니 여호와께서 이를 그의 의로 여기시고"라고 말씀합니다.

우리가 거룩하게 살아서 의인이 되는 것이 아닙니다. 거룩하게 살아서 의인 될 사람은 아무도 없습니다. 모든 사람이 죄를 범하여서 의인이 되지 못합니다. 전도서 7장 20절에 "선을 행하고 죄를 범치 아니하는 의인은 세상에 아주 없느니라"라고 말씀합니다.

그렇다면 누가 어떻게 의인이 됩니까? 은혜로 의인이 될 수 있습니다. 십자가 피로 의인이 되는 것입니다. '의롭다, 부정하다'고 정하시는 분은 하나님이십니다. 하나님께서는 믿음이 있는 자를 의롭다 하십니다. 이것은 차별이 없습니다.

로마서 3장 22절에 "곧 예수 그리스도를 믿음으로 말미암아 모든 믿는 자에게 미치는 하나님의 의니 차별이 없느니라"라고 말씀합니다. 새까맣고 흉악하고 부끄러운 죄를 지은 사람이나 조그마한 죄를 지은 사람이나 예수님을 믿으면 똑같이 의롭다 하십니다. 할렐루야!

세탁소에 아주 더러운 옷도 들어가고 덜 더러운 옷도 들어갑니다. 서울에서 와이셔츠를 일주일 동안 입고 있으면 새까맣게 됩니다. 그러나 제주도에서 입고 있으면 그렇게 새까맣지 않습니다. 세탁소에 들어갈 때는 더 새까만 것과 덜 새까만 것이 차이가 나도 나올 때는 다 똑같이 깨끗해져서 나옵니다.

우리가 과거에 더러운 죄인이었든 덜 더러운 죄인이었든 상관없이 예수님을 믿으면 차별 없이 의인이 되는 것입니다. 시편 32편 1절에 "허물의 사함을 얻고 그 죄의 가리움을 받은 자는 복이 있도다"라고 말씀합니다.

이것은 공평하고 합리적인 것입니다. 예수님께서 피를 쏟으셨기 때문에 "내가 예수님을 믿습니다"라고 할 때 그 피가 우리를 깨끗하게 해서 우리가 의롭게 되는 것입니다. 그러므로 그 누구도 "너는 의인이 아니다"라고 말할 수 없는 것입니다.

로마서 8장 33-34절에 "누가 능히 하나님의 택하신 자들을 송사하리요 의롭다 하신 이는 하나님이시니 누가 정죄하리요"라고 말씀합니다. 하나님께서 우리를 의롭다 하시는데 누가 정죄합니까? 로마서 8장 1-2절에도 "그러므로 이제 그리스도 예수 안에 있는 자에게는 결코 정죄함이 없나니 이는 그리스도 예수 안에 있는 생명의 성령의 법이 죄와 사망의 법에서 너를 해방하였음이라"라고 말씀합니다. 할렐루야!

"너희의 허물과 죄로 죽었던 너희를 살리셨도다"(엡 2:1).
"너희가 그 은혜를 인하여 믿음으로 말미암아 구원을 얻었나니 이것이 너희에게서 난 것이 아니요 하나님의 선물이라"(엡 2:8).

우리가 의인이 된 것은 우리의 행함 때문이 아니라 하나님의 선물로 된 것입니다. 얼마나 감사합니까? 우리는 죄인인데도 의인이 된 것입니다. 예수님을 믿음으로 된 것입니다. 이것이 참 기쁨입니다.

이제 우리의 집은 의인의 집입니다. 이것이 참 행복입니다. 하나님께서 "의인의 집이다"라고 말씀하십니다. 천사가 "의인의 집이다"라고 합니다. 우리는 의인이 되었습니다.

그다음으로는 생활과 인격과 마음이 의로워져서 의인이 되는 것입니다.

의인이 된 사람은 이를 위해 노력해야 합니다. 우리가 노력하지 않아도 우리 안에 계신 성령께서 '너는 예수의 신부가 아니냐? 너는 하나님의 아들이 아니냐? 너는 거룩해야 되지 않느냐?'라고 목마르게 우리를 감동시키십니다. 그래서 우리를 거룩하게, 의롭게 만들어 가십니다.

요한일서 3장 3절에 "주를 향하여 이 소망을 가진 자마다 그의 깨끗하심과 같이 자기를 깨끗하게 하느니라"고 말씀합니다. 믿음이 있고 의인이 된 사람은 자기를 점점 깨끗하게 다듬어 가는 것입니다.

우리가 열심히 공부하고, 열심히 사업하고, 열심히 직장생활하고, 열심히 자녀를 기르지만 그보다 더 중한 것이 있습니다. 그것은 날마다 '좀 더 거룩해야지. 좀 더 거룩해야지' 하고 소원하는 것입니다.

"거룩하기 원합니다 진심으로 진심으로"라는 찬송가의 영어

가사는 "Lord, I want to be more holy in my heart, in my heart"입니다. 'more holy!'는 '조금 더 거룩하기 원합니다. 내가 지금 거룩하지만, 조금 더 거룩하기 원합니다'의 뜻입니다.

우리가 아무리 거룩해도 주님처럼 거룩하지는 못합니다. 그래도 해마다 더 거룩해져서 작년보다 올해 더 경건하고 의롭고, 내년에는 올해보다 더 거룩하게 되는 것입니다. 왜 그렇습니까? 의에 목말라하기 때문입니다. 마태복음 5장 6절에 "의에 주리고 목마른 자는 복이 있나니"라고 말씀합니다.

목마른 사람이 물을 찾고 배고픈 사람이 음식을 찾듯이, '내가 거룩해야 하는데, 내가 좀 더 의로워져야 하는데' 하는 마음이 우리에게 있는 것입니다. 그래서 성령께서 우리를 거룩하게 하시고, 또 말씀으로 우리를 거룩하게 하시는 것입니다. 에베소서 5장 26절에 "이는 곧 물로 씻어 말씀으로 깨끗하게 하사 거룩하게 하시고"라고 말씀합니다.

구겨진 봉투를 성경 안에 펴서 넣어 두었다가 몇 달 후에 꺼내면 새 봉투가 되듯이, 우리가 구겨지고 인격적으로 모든 면에서 부족해도 성경을 읽다 보면 거룩해지기 마련입니다. 교회에 오면 거룩해집니다. 성령께서 우리를 거룩하게 하십니다.

대개 교회마다 목사님들은 의롭고 맑고 착합니다. 만 명 중 한두 명만 빼고 목사님들은 다 맑고 깨끗합니다. 저도 교인들을 보면 '어찌 저렇게 귀하실까? 참 천사 같다'는 생각을 합니다. 아내와 가끔 우리 교우들의 이야기를 하면 "참, 귀하다. 사람이 어찌 그렇게 살까? 집사님이 목사인 나보다 낫다"라고 합니다. 우리는 이렇게 서로를 빛이 나게 하는 것입니다.

저는 우리나라 구약 학자이신 박윤선 박사님을 존경합니다. 그분은 아기 같으셨습니다. 성경을 읽다가 은혜가 되면 "이렇게 좋은 말씀을 주시니 감사하다. 기쁨의 샘을 주신 하나님이 너무 감사하다"라며 성경을 머리에 이고 춤을 추셨습니다. 길을 가면서도 성경을 머리에 이고, 그렇게 가다가 전봇대에 부딪히기도 하셨습니다. 그래도 마냥 기뻐하셨습니다. 학자들의 말도 거의 인용하지 않고 칼빈의 주석처럼 성경으로만 되어 있는 그분의 주석을 읽으면 은혜가 됩니다. 그분의 사진을 보아도 '나도 이분처럼 맑아야 하는데' 하게 됩니다. 한경직 목사님을 생각해도 '나도 목사님처럼 경건해야 하는데' 소망하게 됩니다.

그래서 우리는 자꾸 거룩해지는 것입니다. 의인이 되는 것입니다. 교회에 오는 사람과 술집이나 노래방에서 만나는 사람은 하늘과 땅 차이입니다.

잠언 27장 17절에 "철이 철을 날카롭게 하는 것같이 사람이 그 친구의 얼굴을 빛나게 하느니라"라고 말씀합니다. 교인들은 저를 빛나게, 저는 교인들을 빛나게 해야 합니다. 할렐루야!

그리고 우리가 조금 잘못하면 주님께서 우리를 치셔서 더 거룩하게 만드십니다. 죽음에까지는 보내지 않으시고 다시 일으켜 거룩하게 만드시는 것입니다. 그래서 믿음으로 의인이 된 우리를 생활로도 의인이 되게 만들어 주십니다.

저는 늘 이렇게 기도합니다.

"천사가 질투할 만큼 거룩하게 해주세요. 천사가 질투할 만큼 의롭게 해주세요."

우리는 이렇게 의에 주리고 목마르게 사는 사람들이라는 것을 기억하시기 바랍니다.

의인이 된 우리에게 하나님께서 어떠한 복을 주십니까?
먼저 기쁨을 주십니다. 왜 그렇습니까? 사랑하시기 때문입니다.

"여호와여 주는 의인에게 복을 주시고 방패로 함같이 은혜로 저를 호위하시리이다"(시 5:12).
"……의인의 요동함을 영영히 허락지 아니하시리로다"(시 55:22).
"대저 의인은 일곱 번 넘어질지라도 다시 일어나려니와……"(잠 24:16).

의인은 넘어져도 다시 일으켜 주십니다.

"여호와 하나님은 해요 방패시라 여호와께서 은혜와 영화를 주시며 정직히 행하는 자에게 좋은 것을 아끼지 아니하실 것임이니이다"(시 84:11).

하나님께서는 좋은 것을 아까워하지 않으시고 아낌없이 의인에게 주시는 분입니다. 시편 92편 12-13절에 "의인은 종려나무 같이 번성하며 레바논의 백향목같이 발육하리로다 여호와의 집에 심겼음이여 우리 하나님의 궁정에서 흥왕하리로다"라고 말씀합니다.

우리 교회가 흥왕할 것입니다. 우리 모두의 집이 흥왕할 것입니다. 대한민국이 흥왕할 것입니다. 미국이 흥왕할 것입니다. 하나님을 섬기는 나라가 흥왕할 것입니다.

또 92편 14절에 "늙어도 결실하며 진액이 풍족하고 빛이 청청하여"라고 말씀합니다. 저는 101세가 되어도 청청하기를 원합니다. 여러분도 그렇게 되시기를 바랍니다. 그것이 의인에게 주시는 축복입니다. 의인은 장수하게 되어 있습니다.

잠언 16장 31절에 "백발은 영화의 면류관이라 의로운 길에서 얻으리라"라고 말씀합니다.

암, 전염병, 갖가지 병이 얼마나 많은지 모릅니다. 병원에서 고칠 수 없는 병이 너무 많습니다. 그러나 하나님께서 약속하셨습니다. "백발의 영화로운 면류관은 의로운 길에서 얻으리라!"

우리가 의롭게 살면 병이 오지 않고, 병이 와도 치료되어 장수합니다. 우리는 암에 걸리지 않기를 원하며, 암에 걸려도 치료받기를 원합니다. 그것이 바로 의로운 삶에서 얻는 것입니다.

의로운 사람은 본문 21절 말씀대로, 구하는 대로 응답을 받습니다. 요한일서 3장 21-22절에서도 말씀합니다.

"사랑하는 자들아 만일 우리 마음이 우리를 책망할 것이 없으면 하나님 앞에서 담대함을 얻고 무엇이든지 구하는 바를 그에게 받나니……."

우리가 의롭게 살면, 하나님 앞에서야 죄인이지만 양심이 부끄럽지 않을 정도만 살아도 구하는 대로 다 받습니다. 이 얼마나 감사합니까? 요한복음 16장 24절에도 "구하라 그리하면 받으리니 너희 기쁨이 충만하리라"고 말씀합니다. 이 얼마나 감사합니까?

그리고 의인은 그 후손이 잘되는 복을 받습니다. 시편 112편 2-3절에 "그 후손이 땅에서 강성함이여 정직자의 후대가 복이 있으리로다 부요와 재물이 그 집에 있음이여 그 의가 영원히 있으리로다"라고 말씀합니다. 우리가 의롭게 살면 우리 자녀가 우리 때문에 잘됩니다. 놀라운 일입니다.

그뿐 아니라 우리가 의로우면 우리 때문에 우리 도시가 복을 받고, 나라가 복을 받습니다. 소돔과 고모라에 의인 열 명이 없어서 망했습니다. 동성연애가 가득하며 악과 음란이 가득한 소돔과 고모라이지만 의인 열 명만 있어도 그 도시가 보호받을 수 있었는데, 의인 열 명이 없어서 망한 것입니다.

한국에, 서울에 죄가 많아도 의인이 가득하면 하나님께서 재앙을 내리지 않으시는 것입니다. 의인이 그렇게 나라를 살리는 것입니다.

가장 중요한 것은, 아무리 승리하고 복을 받고 잘되어도, 또 자녀가 잘되어도 누구나 통과해야 되는 마지막 관문, 죽음이 있다는 것입니다. 사람은 누구나 한 번은 요단 강을 건너야 합니다. 목사님이 병원에 심방을 가지만, 언젠가는 목사님도 누워서 사람들의 심방을 받게 됩니다. 목사님이 장례를 주관하지만 언젠가는 목사님도 돌아가셔서 장례를 치르게 됩니다. 여기에는 그 누구도 예외가 없습니다. 한 번 죽는 것은 사람에게 정해진 것이라고 하나님께서 말씀하셨습니다.

미국에 사람들이 많이 찾는 묘가 있는데, 그 묘비에 이런 글귀가 있습니다.

I was like you yesterday,
and you will be like me tomorrow.

“어제 나는 너처럼 살았었다. 그러나 내일 너는 나처럼 무덤에 들어간다.”

우리 주님의 재림이 늦어지시면 우리 모두가 무덤에 들어가야 합니다. 그때에 성공한 사람, 높은 사람, 모두가 두려워 떱니다. 흐루시초프도 그때 비명을 질렀고, 프로이트도 비명을 지르고 이를 갈았습니다.

그러나 의인은, 예수님을 믿어 의인이 되고 삶이 의로운 사람은 세상을 떠나는 것이 조금 슬프지만, 할 일을 다 하지 못하고 가는 것은 아쉽지만 천국에 가는 기쁨이 더 큽니다. 바다 표면은 파도가 쳐도 바다 밑 깊은 곳은 조용하듯이, 내가 죽게 될 때, 내가 곧 운명하게 될 때 작은 아픔과 슬픔은 있지만 그 밑에는 든든한 소망이 있습니다.

저희 작은어머니는 천사 같으십니다. 평생에 욕하는 것을 보지 못했습니다. 그렇게 착하고 늘 새벽기도 하시는 분에게도 병이 와서 걸음도 겨우 걷게 되었습니다. 병원에 가서 진단하니 심장에 큰 문제가 발생했다며 다섯 시간이나 걸리는 수술을 받아야 한다고 했습니다. 그때 제가 “작은어머니, 담대하세요. 우리 생명은 하나님께 달렸습니다. 작은어머니의 생명은 하나님 것이니 담대하세요. 모든 것이 합력하여 선이 될 겁니다. 기도하겠습니다"라고 했습니다. 그러자 작은어머니께서 "걱정할 것 뭐 있는고? 죽으면 아버지 나라에 가면 되고, 살면 살지, 무슨 염려할 게 있나? 아무 염려 없네"라고 하셨습니다. 그것은 억지로 하는 말씀이 아니라 마음 그대로 편안하게 하시는 말씀이었습니다. '아! 참, 우리 작은엄마는 진짜구나. 진짜 크리스천이구나'라고 느꼈습니다.

수술할 때 의사 선생님이 깜짝 놀랐답니다. 너덧 시간 걸리는 수술인데, 수술이 너무 쉬워 한 시간 만에 끝났기 때문입니다. 수술을 마친 의사 선생님이 "마치 천사가 도와준 것 같다"고 하셨습니다.

작은어머니께서 수술을 받으신 다음에 제가 찾아가 뵈었더니 "의사가 내 얼굴이 모자리자 닮았다더라"라고 하셨습니다. 의사 선생님이 작은어머니께 "어머님은 수술을 받으실 때 얼굴이 정말 평화롭고 모나리자 같았어요. 나는 그런 얼굴은 처음 보았어요. 놀라워요. 신비로워요"라고 했답니다. 그 말을 제게 "의사가 내 얼굴이 모자리자 닮았다더라"라고 전하신 것입니다. 지금 작은어머니께서는 건강하십니다.

작은어머니께서 "죽으면 아버지 나라에 가고, 살면 살지, 무슨 염려할 게 있나?"라고 하신 그 말씀을 생각하면 지금도 은혜가 됩니다. 염려할 게 무엇이 있겠습니까.

본문 19-20절에 "내게 의의 문을 열지어다 내가 들어가서 여호와께 감사하리로다 이는 여호와의 문이라"라고 말씀합니다. '여호와의 문'은 교회의 문도 되지만 천국의 문입니다. 우리는 의인이 되었습니다. 의인의 복을 받습니다. 죽을 때 의의 문이 열립니다. 천국이 우리의 것입니다. 기가 막히는 것입니다.

주님께서 말씀하셨습니다.

> "너희는 마음에 근심하지 말라 하나님을 믿으니 또 나를 믿으라 내 아버지 집에 거할 곳이 많도다"(요 14:1-2).

얼마나 감사합니까?

세상 사람들이 우리를 보고 무슨 말을 해도 우리는 주눅 들 필요가 없습니다. 예수님을 믿는다고 우리에게 좋지 않은 말을 해도 열 받을 필요가 하나도 없습니다. 그들이 모르니 그런 말을 하는 것입니다.

카이스트에 다니는 한 학생이 버스를 기다리고 있었습니다. 옆에 계시던 할머니가 "학생은 어느 학교를 다니는고?"라고 물으셨습니다. 카이스트에 다닌다고 하면 할머니가 못 알아들을까 봐 "예, 한국과학기술원에 다닙니다"라고 했습니다. 그러자 할머니가 "그래, 잘했네. 공부를 못하면 기술이라도 배워야지"라고 하시더랍니다. 그렇다고 과기원에 다니는 그 학생이 스트레스를 받고 할머니에게 화를 냅니까? 할머니가 무슨 말씀을 하셔도 '할머니가 이해를 못하시는구나' 하고 웃으며 지나가는 것입니다.

우리가 십일조 하고, 주일을 지키고, 교회에 와서 설거지하고, 봉사하는 것을 보고 세상 사람들이 "아이고! 참 바보"라고 할지 모릅니다. 그러나 우리가 그것에 열 받을 것 하나도 없습니다. 그 사람들이 우리를 보고 바보라 해도 우리는 알기 때문입니다.

저도 이번에 많은 것을 깨달았습니다. 제가 매일 한낮에 '좋은 목사, 좋은 아들, 좋은 남편, 좋은 아빠와 할아버지 그리고 대한민국의 좋은 국민'이 되려고 다짐하고 묵상했는데, 건성으로, 습관적으로 한 것 같습니다. '정말 좋은 목사가 되어야지. 정말 좋은 아들이 되고, 좋은 남편이 되어야지. 좋은 아빠가 되고, 좋은 국민이 되어야지. 정말 맑은 목사가 되어야지' 이처럼 새롭게 다짐을 한 것은 최근입니다. 그래서 아내에게도 잘합니다. 정말 저의 백 퍼센트를 다 쏟아서 하고 있습니다.

누가 내일을 압니까? 아무도 모릅니다. 이러다가 제가 내일 들림 받을지 어떻게 압니까? 내일 제가 하나님의 부르심을 받을지 어떻게 압니까? 깨끗하게, 거룩하게 살다가 불시에 불림 받아도 부끄러움 없이 주님께 가야 합니다.

그러기 위해서 우리가 열심히 일하고 공부해야 하지만, 그보다 의에 주리고 목마른 자가 되어서 살아야 합니다.

우리나라의 유명한 야구 선수, 43세까지 현역으로 달린 S선수는 왼손의 검지와 중지로 공을 낚아채는데, 굳은살이 녹으면 안 된다고 목욕탕에 가도 언제나 두 손가락을 들고 목욕을 한다고 합니다. 그렇게 두 손가락을 지키는 것입니다. 담배도 입에 대지 않는다고 합니다. 그러니 43세가 되어도 현역 프로 선수로 이름을 날린 것입니다.

밴쿠버 올림픽에서 스피드 스케이트로 금메달, 은메달을 따낸 모태범 선수는 독실한 크리스천입니다. 그가 밴쿠버로 가기 전의 일이랍니다. 대회에 출전하기 전, 올림픽 선수촌에서 격려차 모든 선수들에게 마지막으로 삼겹살을 먹게 했습니다. 그런데 모태범 선수는 그것을 먹지 않고 집에서 준비해 온 닭가슴살을 먹었답니다. 그 많은 사람들이 함께 삼겹살을 먹을 때 '한 끼만 먹는 건데 뭐……' 할 수 있지만 한 끼도 먹지 않았습니다.

'한 끼도 안 된다. 삼겹살을 먹고 내 몸이 흐려지면 안 된다.'

그러니 그가 금메달을 딴 것입니다.

우리 교인들은 다 거룩하고 의롭게 살려고 노력합니다. 그러나 좀 더 각별히 깨어서 거룩하고 의롭게 살 때 하나님께서 기뻐하시며 만복을 부어 주십니다. 하나님은 거룩하고 의롭게 사는 자를 세워 주시고, 기쁨의 소리와 승리의 소리가 집안에 가득하게 하시며, 세상 떠날 때도 천국 문을 환하게 열어 주시는 것입니다.

우리 모두 하나님께서 정말 행복해하실 의인, 하나님의 의인 자녀가 될 수 있기를 축원합니다.

8

# 기쁜 소리

(시편 118:15-16)

역사에 우뚝 선 세계적인 지휘자를 들라면 아마 토스카니니라고 할 것입니다. 그는 시력이 좋지 않아 악보를 다 암기했습니다. 악보를 보고 지휘하는 것도 어려운데 그 복잡한 악보를 다 암기해서 지휘를 했습니다.

한번은 토스카니니의 지휘에 따라 거창한 오케스트라의 각종 악기들이 자기 음색을 뽐내고 있는데, 그 오케스트라를 지휘하고 있던 토스카니니가 갑자기 지휘봉을 허공에서 멈추었습니다. 연주에 집중하고 있던 연주가들과 음악에 흠뻑 빠져 있던 청중들 모두가 순간 긴장했습니다. 잠시 무거운 침묵이 흘렀습니다. 토스카니니가 말했습니다.

"피콜로! 피콜로, 어디 갔어요?"

피콜로는 작은 플룻이라 불리는 관악기로 소리가 약합니다. 그래서 사람의 주목을 받기가 어렵습니다. 그러니 거창한 연주 속에 피콜로 소리는 표시가 나지 않을 것이라고 생각한 피콜로 연주자가 연주를 하지 않고 딴 생각을 하고 있었던 것입니다. 그러나 토스카니니는 바로 알고 "피콜로, 어디 갔어요?"라고 한 것입니다. 왜 그렇습니까? 피콜로가 꼭 필요했기 때문입니다.

새끼손가락이 약해도 새끼손가락을 잘라내면 힘을 반도 쓰지 못합니다. 새끼손가락이 있어야 힘을 쓸 수 있습니다. 피콜로 소리가 작아도 그것이 오케스트라에 필요한 것입니다.

여러분은 예배드리면서 '이 많은 사람들이 예배드리는데 나 같은 사람이야, 뭐. 이 많은 사람이 찬송하니 나는 안 해도 되겠지? 나는 아멘 하지 않아도 되겠지?'라고 생각하십니까? 하나님께서는 예배드리는 한 사람 한 사람을 다 아십니다. 토스카니니도 그 작은 악기까지 아는데, 하나님께서 여러분을 모르시겠습니까?

얼마 전 귀한 교회에서 성회를 인도했는데 교인들의 말씀 받는 자세가 아주 좋았습니다. 그런데 한 사람이 시계를 슬쩍 보기에 제가 그쪽을 보고 말하면 그 사람이 상처받을까 봐 반대쪽을 보고 말했습니다.

"시계를 봐도 백해무익입니다. 시계는 제가 보아야지, 여러분이 백 번을 봐도 설교는 끝나지 않습니다. 여러분, 회사에서 시계를 자주 보면 해고 1순위가 된다는 것을 모르십니까? 에디슨 박사에게 친구가 자기 아들을 데리고 와서 '친구, 내 아들에게 조언 한 마디 해주게. 일생 붙잡을 명언을 주게'라고 했을 때 에디슨이 서슴지 않고 '아들아, 시계 보지 마라. 시계 보지 말고 공부하고 일해라. 그러면 성공한다'라고 했습니다. 교회에서 시계를 본다고 하나님께서 해고시키지는 않으시지만 풍성한 은혜를 주시겠습니까? 앞으로 시계 보지 마십시오."

그리고 90분, 한 시간 반 동안 설교했습니다. 그러면서 슬쩍 그 사람을 봤는데 그 뒤로는 시계를 보지 않았습니다.

몇천 명이 모여 있어도 한 사람이 시계 보는 모습이 제 눈에 들어오는데, 하나님께서 우리의 모습을 모르시겠습니까? 저도 '아! 저 권사님이 지금 딴생각을 하는구나' 하고 압니다. 하나님께서는 우리의 마음을 다 아십니다.

성경을 700번 읽어도 처음 읽는 자세로 읽어야 하는 것처럼, 설교를 수천 번 들어도 처음 듣는 것같이 마음을 쏟아야 합니다.

마태복음 22장 37절에 "네 마음을 다하고"라고 예수님께서 말씀하셨습니다. 이것은 '심장을 다하라'(with all your heart)는 말입니다.

> "네 마음을 다하고 목숨을 다하고(with all your soul) 뜻을 다하여(with all your mind) 주 너의 하나님을 사랑하라(Love the Lord your God)."

예배시간에도 마음을 다하고 목숨을 다하고 뜻을 다할 때 불이 임하는 것입니다.

세월이 얼마나 빨리 가는지 봄, 여름, 가을, 겨울이 순식간에 지나갑니다. 시편 90편 10절에 일생이 순식간에 지나간다고 말씀합니다. 그러므로 이 순식간에 지나가는 인생을 다투고 불평하고 미워하며 사는 것은 어리석은 행동입니다. 기뻐하고 즐거워하고 사랑하며 살아도 아까운 시간입니다. 웃으며 살아도 한평생이고, 싸우며 불행하게 살아도 한평생입니다.

하나님께서는 하나님의 자녀가 된 우리가 행복하고 기쁘게 살기를 원하십니다. 그것이 하나님의 뜻입니다.

> "항상 기뻐하라……이는 그리스도 예수 안에서 너희를 향하신 하나님의 뜻이니라"(살전 5:16–18).
>
> (Be joyful always;……for this is God's will for you in Christ Jesus.)

"너희를 향하신"이라는 말씀이 영어성경(NIV)에는 '너희를 위한'(for you)으로 되어 있습니다. 하나님께서는 우리를 위하여 기뻐하라고 하시는 것입니다. 우리가 기뻐할 때 하나님께서 행복해 하십니다.

얼마 전 제가 서재에서 성경을 읽고 있는데 어머니와 아내의 웃음소리가 들렸습니다. 부엌에서 어머니와 아내가 이야기하다 무슨 재미있는 일이 있는지 한참 웃었습니다. 시어머니와 며느리가 그렇게 웃으니 제가 얼마나 행복한지 눈물이 핑 돌았습니다. 그래서 감사기도를 드렸습니다.

"하나님, 감사합니다. 어머니 때문에 감사하고, 아내 때문에 감사합니다."

한번은 책상 서랍을 여니 막내 성찬이가 네 살, 딸 경이가 일곱 살 때 찍은 사진이 있었습니다. 둘이 마주보며 이야기하고 있는 모습을 찍은 사진인데, 그 모습이 얼마나 예쁜지 사진을 확대해 놓았습니다. 만일 두 아이가 싸우고 있는 사진이라면 제 가슴이 얼마나 아프겠습니까?

제 동생인 지용덕 목사님이 제게 메일을 보냈는데 거기에 "형님, 고마운 형님"이라고 쓰여 있었습니다. 그러니 얼마나 좋습니까? 만일 "형님, 두고봅시다"라고 했다면 얼마나 속상하겠습니까? 동생이 한 대로 내가 하고, 내가 한 대로 동생이 한다면 우리도 싸울 수 있습니다.

행복하게 사는 것이 큰 복입니다.

"형제가 연합하여 동거함이 어찌 그리 선하고 아름다운고"(시 133:1).

(How good and pleasant it is when brothers live together in unity!)

성도는 다 형제입니다. 우리가 서로 사랑하고 웃으며 살 때 하나님께서 "아! 좋다! 아! ㅇㅇ교회 좋다!"라고 하시는 것입니다.

"여호와를 기뻐하라 저가 네 마음의 소원을 이루어 주시리로다"(시 37:4).

우리가 기뻐하고 즐거워하면 하나님께서 우리에게 다 쏟아 부어 주십니다.

우리가 기뻐하고 즐거워하면 그것이 사는 행복입니다.

전도서 6장 3절에 "사람이 비록 일백 자녀를 낳고 또 장수하여 사는 날이 많을지라도 그 심령에 낙이 족하지 못하고 또 그 몸이 매장되지 못하면 나는 이르기를 낙태된 자가 저보다 낫다 하노니"라고 말씀합니다. 기쁘게 살지 못하면 바보라는 것입니다. 유산된 아기보다 못하다는 것입니다. 이어서 6절에도 "저가 비록 천 년의 갑절을 산다 할지라도 낙을 누리지 못하면 마침내 다 한 곳으로 돌아가는 것뿐이 아니냐"라고 말씀합니다. 2천 년을 살아도 기쁨이 없다면 아무것도 아니라는 것입니다.

예수님께서도 "내가 이것을 너희에게 이름은 내 기쁨이 너희 안에 있어 너희 기쁨을 충만하게 하려 함이니라"(요 15:11)라고 말씀하셨습니다. 할렐루야!

우리는 그냥 기뻐하는 것이 아니라 기쁨이 충만해야 합니다. 충만한 기쁨, 그것이 우리의 행복이 되는 것입니다.

그리고 그것이 우리의 건강이 됩니다. 기뻐하는 사람은 병에 걸리지 않습니다. 항상 얼굴이 환하고 마음에 기쁨이 가득 차면 병이 올 수 없습니다.

일본이나 유럽이나 미국이나 전 세계에서 임상실험을 한 결과는 똑같습니다. 사람들에게 즐거운 이야기를 해서 웃게 한 다음 피를 뽑아 검사하면 암을 죽이는 면역이 강한 내추럴 킬러 셀이 가득 차 있다는 것입니다. 기뻐하면 암에 잘 걸리지 않고 암에 걸려도 암세포가 줄어든다는 것입니다. 신기합니다. 그리고 기뻐할 때 그것이 나를 보호해 줍니다.

미국의 한 부인이 늦은 밤에 엘리베이터를 탔는데 인상이 험악한 남자가 바로 따라 탔습니다. 부인은 평소 하던 대로 "안녕하세요?" 하고 인사를 했습니다. 그러자 그 남자가 당황하면서 "아, 예. 안녕하세요?"라고 했습니다. 다음 날, 엘리베이터에서 발생한 강도 사건의 뉴스가 나오는데, 그 용의자가 바로 엘리베이터에서 보았던 남자였습니다. 그 강도가 강도질을 하러 부인을 따라 엘리베이터를 탔는데, 부인이 상냥하게 인사를 하니 강도질을 못한 것입니다.

표범을 안고 얼굴을 부비고 뒹굴며 잘 지내는 아가씨에게 어떻게 해서 그 사나운 표범과 잘 지낼 수 있는지 물으니, 그 아가씨가 표범을 보고 웃으면 된다고 대답했답니다. 이렇게 웃음이 중요합니다.

그래서 우리 주님께서도 항상 기뻐하라고 하시는 것입니다. 쉬지 말고 기도하며 항상 기뻐하라고 하시는 것입니다.

기뻐하며 즐거워하고 웃으며 사는 것이 좋은 줄 알기에 우리가 기뻐하며 살려고 노력도 해보지만 그것이 잘됩니까? 서로 오해하기도 하고, 소통이 잘 안 되어 다투기도 합니다.

방학이 되어 미국에서 온 손자 준이에게 여기에 있을 동안 제 영어 발음을 교정해 달라고 했더니 잘 해주었습니다. 그런데 며칠 전부터는 해주지 않았습니다. 어제도 좀 교정해 달라고 했더니 이제는 가르쳐 주지 않을 것이라고 해서 이유를 물으니 "지난주 설교시간에 내가 발음 교정해 주는 것 때문에 할아버지가 고생한다고 설교했잖아. 이제 기분 나빠서 안 가르쳐 줄 거야"라고 했습니다. 그래서 저도 "그러면 네 동생에게 배울 거다"라고 했습니다. 제가 준이를 얼마나 사랑합니까? 준이도 저를 얼마나 사랑합니까? 그런데 지금 사이가 그렇게 되었습니다.

한 지혜로운 남편이 아내에게 말했습니다.

"우리는 싸우지 맙시다. 회사에서 좋지 않은 일이 있어 내 마음이 상했을 때는 내가 모자를 삐딱하게 쓰고 올 테니 그때는 당신이 감정을 잘 다스려 내 기분을 맞추어 주시오. 그리고 당신이 기분 나쁜 일이 있을 때는 앞치마를 삐딱하게 매시오. 그러면 내가 알아서 잘하겠소."

그렇게 몇 년간 잘 지냈습니다. 그런데 하루는 남편이 화가 나서 모자를 삐딱하게 쓰고 왔는데 아내도 앞치마를 삐딱하게 매고 있었습니다. 그날 부부가 대판 싸웠다고 합니다.

아무리 노력해도 인간으로서는 벽에 부딪히는 일이 있습니다. 여호와 하나님께서 해주셔야 합니다. 기쁨도, 평화도, 복도 하나님께서 주셔야 가질 수 있는 것입니다.

그런데 본문에서 말씀하시는 이 기쁨은 보통 기쁨이 아니라 너무 기뻐서 함성이 터지는 기쁨입니다. 'shouts of joy', 함성을 지르는 기쁨입니다. 그리고 그 함성은 복수형으로 되어 있습니다. 올림픽에서 금메달을 따면 "야!" 하지만 그것으로 끝납니다. 그러나 하나님께서 주신 기쁨은 계속 이어집니다. 그래서 "여호와의 오른손이 높이 들렸으며 여호와의 오른손이 권능을 베푸시는도다"라고 말씀합니다. 의인을 계속 도와주셔서 의인의 집에 기쁨의 함성이 터지게 하시는 것입니다.

우리 중에 오른손잡이가 많으니 하나님께서 오른손이라고 말씀하셨습니다. 만약에 왼손잡이가 많다면 하나님께서 왼손이 높이 들렸으며 왼손이 권능을 베푸신다고 하셨을 것입니다. 하나님의 손은 오른손이나 왼손이나 다 전능합니다. 혹 왼손잡이인 분이 "하나님, 섭섭합니다. 왜 왼손이라 하지 않으시고 오른손이라

하셨습니까?"라고 하면 안 됩니다. 교회에서 섭섭한 마음을 가지면 안 됩니다. 섭섭한 마음을 가지면 시험 듭니다. 섭섭해하면 마귀가 들어옵니다. 마귀가 들어오면 손해가 많습니다. 혹 교회에서 섭섭한 일이 있으면 "주여! 주여!" 하고 넘어가시기를 바랍니다. 유다가 예수님께 섭섭해하다가 예수님을 팔고 자기도 망했습니다.

의인의 집에는 하나님의 오른손이 권능을 베푸셔서 계속하여 웃고 기뻐하게 됩니다. 씨앗에는 모든 것이 다 들어 있어 씨앗을 심으면 그 씨앗에서 줄기가 나오고 잎이 나오고, 꽃이 피고, 열매를 맺는 것처럼, 의의 길을 걸으면 모든 것이 다 있는 것입니다. 시편 5편 12절에 "여호와여 주는 의인에게 복을 주시고 방패로 함같이 은혜로 저를 호위하시리이다"라고 말씀합니다.

전쟁은 무섭습니다. 그래서 전쟁 때는 기뻐할 수가 없습니다. 그런데 전쟁 때같이 무서운 때에도 하나님께서 은혜의 방패로 우리를 지켜 주시니 사방이 편안하고 좋은 것입니다. 그래서 우리가 기쁘고 담대한 것입니다.

잠언 28장 1절에 "악인은 좇아오는 자가 없어도 도망하나 의인은 사자같이 담대하니라"라고 말씀합니다. 의롭게 살면 담대하고 사방팔방으로 편안하고 아무 걱정이 없는 것입니다.

맥아더 장군이 말했습니다.

"신념이 있으면 젊어지고 의심이 있으면 늙는다. 자신감이 있으면 젊어지고 두려움이 있으면 늙는다. 희망이 있으면 젊어지고 절망이 있으면 늙는다."

그런데 의인에게는 자신감이 있습니다. 희망이 있습니다. 믿음이 있습니다. 신념이 있습니다. '내가 부족해도 주님께서 나를 지키시리라.' 이것이 얼마나 큰 행복인지 모릅니다.

그리고 의인은 하나님께서 번성하게 하셔서 점점 번성합니다.

> "의인의 길은 돋는 햇볕 같아서 점점 빛나서 원만한 광명에 이르거니와"(잠 4:18).
> "의인의 빛은 환하게 빛나고 악인의 등불은 꺼지느니라"(잠 13:9).
> "의인은 종려나무같이 번성하며 레바논의 백향목같이 발육하리로다 여호와의 집에 심겼음이여 우리 하나님의 궁정에서 흥왕하리로다 늙어도 결실하며 진액이 풍족하고 빛이 청청하여 여호와의 정직하심을 나타내리로다"(시 92:12-15).

의인이 잘될 때 하나님께서 영광을 받으십니다. 욥기 8장 5-7절에도 "네가 만일 하나님을 부지런히 구하며 전능하신 이에게 빌고 또 청결하고 정직하면 정녕 너를 돌아보시고 네 의로운 집으로 형통하게 하실 것이라 네 시작은 미약하였으나 네 나중은 심히 창대하리라"라고 말씀합니다.

그러려면 의롭게 살아야 합니다.

최근 미국의 한 여성 잡지에 엄마가 자식에게 해서는 안 될 말들이 소개되었습니다. "너 낳은 것을 후회한다"라는 말을 듣고 자란 아이는 자존감이 없어지고, "왜 너는 다른 애들 같지 않고 그러니?"라는 말을 들으면 자신감을 잃어버립니다. "도대체 네 나이가 몇 살이니?"라고 하면 아이가 용기를 잃습니다. "이 바보야!

이 바보야!"라는 말을 들으면 아이는 가출하고 싶어집니다. "어찌 이렇게 엄마를 괴롭히니? 날마다 왜 이렇게 나를 괴롭히니?"라고 하면 아이가 망합니다.

자녀가 얼마나 소중합니까? 소크라테스가 병들어 일어나지 못하게 되었을 때 소크라테스를 사랑하고 존경하는 시민들이 찾아가서 물었습니다.

"선생님, 만일 내일 세상을 떠나게 되신다면 우리 아테네 시민에게 어떤 중요한 말씀을 해주시겠습니까?"

그때 소크라테스가 말했습니다.

"가능하면 아테네의 제일 높은 언덕에 올라가겠소. 거기서 이렇게 말할 거요. '여러분은 어찌하여 여러분 앞의 돌을 금으로 만들려고 발버둥치고 있습니까? 왜 돈 버는 데 그렇게 발버둥치고 있습니까? 그보다 여러분의 자녀를 잘 기르시오. 여러분의 자녀를 보석처럼 기르는 것이 가장 귀한 일이오.'"

그렇습니다. 당대가 아무리 잘되어도 후대가 끊어지면 끝나는 것입니다. 오나시스가 세계 재벌이 되었지만 외동아들이 비행기 사고로 죽으니 울다가 죽었습니다.

우리가 아무리 애써도 비행기 사고로 죽는 것, 버스 사고로 죽는 것, 깡패의 칼에 맞아 죽는 것, 유혹을 받아서 방탕하게 되어 망하는 것을 막을 수는 없습니다. 그러나 우리가, 부모가 의인이 되면 하나님께서 자녀를 지켜 주시는 것입니다.

시편 112편 2절에 "그 후손이 땅에서 강성함이여 정직자의 후대가 복이 있으리로다"라고 말씀합니다. 부모가 의롭게 살면 자식을 하나님께서 책임져 주시는 것입니다.

세계적인 목회자, 설교자로 존경받는 캠벨 몰간 목사님의 네 아들이 다 목사님이 되었습니다. 네 분의 목사님이 모두 아버지를 닮아 훌륭한 목사님, 설교자가 되었는데, 한번은 캠벨 목사님과 네 아들 모두가 한 자리에 모였습니다. 그때 친척들이 그 집을 자랑스러워하며 물었습니다.

"여기 다섯 목사님이 모이셨는데, 이 다섯 목사님 중 누가 제일 설교를 잘하십니까?"

그때 네 아들이 이구동성으로 말했습니다.

"우리 어머니가 제일 잘하십니다."

그때 남편 몰간 목사님도 맞다고, 아내가 제일 잘한다고 했습니다. 아내는 의인, 의로운 여인이라 그 의가 집을 세운다고 믿기 때문이었습니다.

우리는 자녀 교육을 걱정하지 않아도 됩니다. 의롭게 살면 하나님께서 자녀를 세워 주시는 것입니다. 야고보서 5장 16절에 "의인의 간구는 역사하는 힘이 많으니라"라고 말씀합니다. 할렐루야! 의인은 어디 가도 하나님께서 책임져 주시는 것입니다.

그리고 시편 97편 11절에 "의인을 위하여 빛을 뿌리고 마음이 정직한 자를 위하여 기쁨을 뿌렸도다"라고 말씀합니다. 스프링클러가 물을 뿌리듯이 의롭게 사는 집에 하나님께서 기쁨을 뿌려 주십니다.

우리는 예수님을 믿음으로 의인이 되었습니다. 창세기 15장 6절에 "아브람이 여호와를 믿으니 여호와께서 이를 그의 의로 여기시고"라고 말씀합니다. 로마서 4장에도 믿음이 의라고, 믿음으로 의롭게 된다고 말씀하셨습니다. 할렐루야! 이 의는 천국에 가는 의입니다. 우리가 아무리 부족해도 예수님을 믿었으면 천국에는 갑니다.

천국은 예수님을 믿는 그 믿음으로 갑니다. 그러나 이 땅에서의 축복은 우리 생활이 의롭게 될 때 가능합니다. 요한계시록 19장 8절에 "깨끗한 세마포를 입게 하셨은즉 이 세마포는 성도들의 옳은 행실이로다"라고 말씀합니다.

"목사님, 어떻게 의롭게 삽니까?"라고 묻는 분들이 있는데, 그 대답은 매우 간단합니다.

대학교 교수라도 흑판에 3미터 줄을 그냥 그으면 구불구불해지지만 초등학생이라도 긴 자를 대고 그으면 반듯해집니다. 이처럼 우리가 감정에 흔들리고 하루에도 몇 번씩 감정이 요동치지만 하나님 말씀을 따라가면 의로운 사람이 되는 것입니다.

시편 119편 6절에 "내가 주의 모든 계명에 주의할 때에는 부끄럽지 아니하리이다"라고 말씀합니다. 하나님 말씀을 따라가면 부끄럽지 않습니다. 이어서 9절에는 "청년이 무엇으로 그 행실을 깨끗게 하리이까 주의 말씀을 따라 삼갈 것이니이다"라고 말씀합니다. 청년들은 얼마나 요동칩니까? 그러나 주의 말씀을 따라 삼가면 의롭게 되는 것입니다.

시편 119편 101절에도 "내가 주의 말씀을 지키려고 발을 금하여 모든 악한 길로 가지 아니하였사오며"라고 말씀합니다. 시편 119편 105절에도 "주의 말씀은 내 발에 등이요 내 길에 빛이니이다"라고 말씀합니다.

히브리 사람들은 발목에 작은 등불을 달고 걸었습니다. 발목에

다는 것이 싫은 사람은 등불을 들고 다녔습니다. 길이 아주 험해서 넘어질 수 있지만 등불을 발목에 달든지, 손에 들고 다니면 불빛 때문에 넘어지지 않는 것입니다.

이 세상에는 함정도 많고 우리가 넘어질 곳도 많지만 하나님 말씀을 붙들고 나아가면 말씀이 빛이 되어 우리를 의롭게 해줍니다.

물론 우리가 말씀대로 산다 해도 하나님 앞에서는 부끄럽습니다. 우리가 모든 죄를 깨끗하게 사함 받고 죄지을 생각을 다 버려도 하나님 앞에서는 죄인입니다. 그러나 요한일서 3장 21-22절에서 말씀합니다.

"사랑하는 자들아 만일 우리 마음이 우리를 책망할 것이 없으면 하나님 앞에서 담대함을 얻고 무엇이든지 구하는 바를 그에게 받나니 이는 우리가 그의 계명들을 지키고 그 앞에서 기뻐하시는 것을 행함이라."

## 우리 양심에 떳떳하면 의인이라고 하십니다.

지금 세계에서 제일 비싼 말은 그 값이 500억 원입니다. '스마티 존스'라는 말 한 마리가 500억 원입니다. 우리나라에는 29억 원에 들여온 말이 가장 비싼데 2천 평 초원에서 혼자 살게 하고, 사육자가 밤낮으로 그 말 한 마리만 돌봅니다. 좋은 말은 한 번 교배하는 데 5억 원을 주어야 합니다. 그것도 아무 말이나 다 교배 상대가 되는 것이 아닙니다. 상대가 될 씨암말 선정이 옛날

왕비를 간택하는 절차 못지않게 복잡한데, 거기에 맞아야 교배가 가능합니다.

세계에서 최고로 좋은 말은 다 부계 혈통이 아라비아입니다. 영국의 좋은 말들도 영국 암말이 다 아라비아 수말과 교배해서 낳은 것입니다. 아라비아 말은 왜 이렇게 값집니까?

오래전, 말 훈련에 탁월한 한 사람이 나팔로 말 100마리를 훈련시켰습니다. 이렇게 나팔을 불면 달려가게 하고, 저렇게 나팔을 불면 달려오게 하고, 나팔 소리에 따라 다른 행동을 하도록 훈련을 시켰습니다. 그런 다음 그 말들을 우리에 넣고 꼴만 주고 일주일간 물을 주지 않았습니다. 거기에서 5분만 달리면 물이 흐르는 하천이 있었습니다. 목이 말라 어쩔 줄 모르는 말들이 물 냄새를 맡고 그쪽만 보고 있었습니다. 일주일 후 우리의 문을 열어 주자 말 100마리가 쏜살같이 물을 향해 달려갔습니다. 그때 주인이 돌아오라는 나팔을 불었습니다. 모든 말은 나팔 소리가 나든 말든 하천으로 가서 머리를 처박고 물을 먹는데, 네 마리가 주인에게 돌아와 헐떡이고 있었습니다. 그 네 마리의 말을 따로 구별하여 기른 것이 오늘 명마의 조상이 된 것입니다.

저는 우리 교회 장로님들이 그 네 마리 말처럼 훌륭하다고 생각합니다. 하나님 뜻에 순종하고, 이 부족한 종의 뜻을 따르니 명마 같다는 생각이 들었습니다.

"세상 풍조는 나날이 갈리어도 나는 내 믿음 지키리니"라는 찬송가 가사가 있습니다. 말씀을 따라 주일을 거룩하게 지키고, 십일조를 드리고, 정직하고 의롭게 살고, 음란한 일을 하지 않고, 내 아내, 내 남편을 사랑하고, 부지런히 살면 하나님께서 은혜로 보호해 주십니다. 담대하게 하십니다. 자신감을 주십니다. 흥왕하게 하십니다. 자녀가 잘되게 하십니다. 이기게 하십니다. 적을 꺾어 주십니다. 명문가가 되게 하십니다.

9

# 꿈꾸는 사람들

(유다서 1:7-10)

한 공원에서 앞을 보지 못하는 사람이 "나는 맹인입니다"라는 글이 적혀 있는 띠를 가슴에 두르고 구걸하고 있었습니다. 하지만 사람들은 관심 없이 그냥 지나갔습니다. 그것을 안타깝게 지켜보던 한 신사가 그에게 가서 띠의 글을 다시 써 주었습니다.

"바야흐로 봄이 오고 있지만 나는 그 봄을 볼 수 없습니다"(Spring is coming soon, but I can not see it).

그러자 사람들이 그를 도와주기 시작했습니다. 그 글귀를 읽고 봄이 와도 보지 못하는 걸인을 불쌍히 여겼기 때문입니다. 그를 도와준 신사는 프랑스의 세계적인 시인, 앙드레 브르통이었습니다.

이렇듯 지혜로운 한 사람도 큰 도움을 줄 수 있는데, 하물며 전지전능하신 창조주 하나님께서 도와주시면 그 도움이 얼마나 크겠습니까? 하나님께서는 우리가 찬송할 때 능력을 주시고, 기도할 때 응답을 주십니다. 그러나 말씀으로 가장 크게 도우십니다. 말씀으로 고치시고, 말씀으로 바른길을 잡아 주시고, 말씀으로 축복의 길을 열어 주십니다.

사람마다 꿈을 꾸고 삽니다. 꿈이 있는 사람은 눈에 빛이 나고, 얼굴에 생기가 흐르고, 그 모습에 의욕이 가득 찹니다. 그래서 꿈을 품고 사는 사람을 만나면 힘이 납니다.

얼마 전 새벽에 한 귀한 분을 만났는데, 그분께서 제게 "목사님을 만날 때마다 힘이 납니다"라고 하셨습니다. 그것은 제가 꿈을 품고 살기 때문인 줄로 믿습니다. 꿈이 없는 사람은 맥이 빠지고 풀어져 있고 걸음은 휘청거리게 마련입니다.

하나님께서는 우리가 꿈을 꾸고 사는 것이 좋은 것을 아시니 우리에게 꿈을 꾸게 해주십니다. 사랑하는 자들에게 소원의 꿈을 일으켜 주십니다. 빌립보서 2장 13절에 "너희 안에서 행하시는 이는 하나님이시니 자기의 기쁘신 뜻을 위하여 너희로 소원을 두고 행하게 하시나니"라고 말씀합니다. 할렐루야!

하나님께서 제게 소원을 주셨습니다. 경남과 한국과 세계 만민의 영혼을 구원하는 꿈을 주셨습니다. 한 영혼, 한 영혼을 구원하고 구원해서 우리 교회가 10만 제단이 되고, 20만 제단이 되고, 100만 제단이 되고, 세계의 등불이 되기를 바라는 소원이 하나님께서 제게 주신 꿈입니다. 자나 깨나 그 꿈을 붙잡고 달려가기 때문에 제 가슴에 늘 불이 타고 의욕이 타고 희망이 솟아나는 것입니다.

하나님께서는 요셉에게 꿈을 꾸게 하셨습니다. 요셉의 형제들이 곡식 단을 묶어 놓으니 형들의 곡식 단이 요셉의 곡식 단을 향하여 절했습니다. 또 해와 달과 열한 별이 요셉에게 절했습니다. 요셉은 '아하! 이것은 나를 큰 인물로 만드시려는 하나님의 뜻이구나' 하고 하나님께서 주신 꿈을 소원으로 품고 삽니다.

그런데 그는 형들의 미움을 받아 하루아침에 사망의 구렁텅이에 던져졌습니다. 그래도 그는 꿈 때문에 낙심하지 않았습니다. 목과 발이 쇠사슬과 차꼬에 묶여 노예로 끌려가지만 그 꿈 때문에 절망하지 않았습니다. 보디발 장군 부인의 유혹을 받지만 '큰 사람이 될 내가 그럴 수 없다' 하고 육체를 더럽히지 않습니다. 억울하게 누명을 쓰고 감옥에 들어가도 '하나님께서 내게 꿈을 주셨으니 그 꿈을 이루어 주실 것이다' 하며 낙심하지 않습니다.

그는 그 종살이, 옥살이 13년을 극복하고 이겨냈습니다. 마침내 하나님께서는 그의 나이 서른에 당시 세계에서 가장 대국인 애굽의 총리가 되게 하셨습니다. 그것도 몇 년 하고 마는 것이 아니라 80년간 총리로서 깃발 날리는 인물이 되게 하셨습니다. 그래서 고센 땅을 이스라엘 백성의 자궁으로 만드셨습니다. 70명밖에 되지 않는 야곱의 가족을 요셉을 통해 고센으로 인도하시어 그 땅이 이스라엘 민족으로 출발하게 하는 터전이 되게 하셨습니다. 그의 꿈을 이루어 주신 것입니다.

시편 107편 30절에 "저희가 평온함을 인하여 기뻐하는 중에 여호와께서 저희를 소원의 항구로 인도하시는도다"라고 말씀합니다. 하나님께서는 우리에게 소원을 주시고 소원의 항구로 도착하게 하십니다. 꿈을 주신 다음에 그 꿈을 이루는 소망의 항구로 인도하셔서 꿈을 이루게 하십니다. 알파와 오메가이신 하나님이십니다. 꿈을 주시면 이루어 주시는 것입니다.

우리 모두가 나름대로 귀한 꿈을 품고 사는 줄로 믿습니다. 이 말씀 때문에 그 꿈이 더 선명하게 떠오르기를 바랍니다. 혹시나 꿈 없이 그냥 사시는 분이 계시면 하나님께서 오늘 여러분의 마음에 소원을 일으켜 주셔서 '나는 이렇게 살리라' 하는 꿈을 갖게 되시기를 바랍니다.

스티브 잡스는 세상을 떠났지만 그 회사 직원들이 번쩍번쩍하게 일하여 세계에 영향을 끼치고 있어, 많은 사람들이 스티브 잡스를 따라가려고 흉내를 내고 있습니다. 그런데 생전에 스티브 잡스는 얼마나 무서웠던지, 사원들이 그를 다 피해 다녔다고 합니다. 그는 엘리베이터에서나 휴게실에서 사원들을 만나면 붙잡고 "자네가 우리 회사에 있어야 할 이유를 3초 안에 말해 봐!"라고 무섭게 말했습니다. 만약 더듬거리며 대답을 하면 "썩 꺼져! 우리 회사에서 썩 꺼져!"라고 했습니다. 또 "자네가 하는 일이 가치 있다는 것을 3초 안에 말해 봐!"라고 묻고는, 사원이 머뭇머뭇하면 "썩 꺼져!"라고 했습니다. 그러니 모두가 스티브 잡스를 만났을 때 3초 안에 대답할 말을 준비하고 있었고, 그렇기 때문에 직원들 눈이 반짝반짝하여 발전하는 회사가 되는 것입니다.

오늘 하나님께서 여러분에게 물으십니다.

"네가 이 세상에 살아야 할 이유를 3초 안에 말해 봐."

여러분이 더듬거리면 하나님께서는 "썩 꺼져!"라고 하지 않으십니다. "정신 차려라"라고 하실 것입니다.

"네가 살아가는 삶이 가치 있다는 것을 3초 안에 말해 봐!"

하나님께서 이렇게 말씀하신다면 "하나님, 저는 이러이러해서 살아야 합니다. 이래서 제가 하는 일이 가치 있습니다"라고 말할 수 있어야 합니다. 그래야 하나님의 마음을 기쁘시게 해드리는 것입니다. 꿈이 있는 사람답게 그렇게 해야 합니다.

그런데 꿈이 있어도 마귀가 주고 세상의 본능이 주는 꿈은 사람을 멸망하게 하는 것입니다. 요한복음 13장 2절에 "마귀가 벌써 시몬의 아들 가룟 유다의 마음에 예수를 팔려는 생각을 넣었더니"라고 말씀합니다. 신실하고 착실하여 신뢰를 받아 재정부장이 되었던 가룟 유다의 마음에 마귀가 꿈을 일으키니 예수님을 파는 배신자가 되고 말았습니다.

귀한 사람이라도 마귀가 충동질하면 자신을 죽이고 멸망시키는 꿈을 꾸게 됩니다. 길 가는 여자를 끌어다가 살려 달라고 비는데도 토막을 내어 죽인 그 조선족은 자기 본능과 악한 어두움의 세력의 충동으로 그렇게 한 것입니다. 우리는 꿈에서라도 악한 꿈을 꾸어서는 안 됩니다.

그러면 마귀가, 세상의 악한 어두움의 세력이 나를 충동해서 꾸는 악한 꿈과 하나님의 성령께서 일으켜 주신 꿈의 차이는 무엇입니까? 세상 어두움의 세력, 마귀의 세력은 본능을 일으켜 육체를 더럽히는 꿈을 꾸게 합니다. 그래서 자나 깨나 자신의 육체를 더럽히고 다른 사람의 육체도 더럽히며 육체로 쾌락을 누리는 음란한 꿈을 계속 꾸는 것입니다.

소돔과 고모라 사람들은 살아가는 목적이 음란이었습니다. 고귀하게, 사람답게 사는 것이 아니라 음란하게 사는 것이었습니다.

오래전에〈늑대와 춤을〉이라는 영화를 보았습니다. '늑대와 춤을'이라는 이름은 백인 병사 친구인 인디언 추장이 지어 준 것입니다. 무수한 백인들이 최신 무기로 무장하여 인디언 부족을 치러 옵니다. 인원으로나 무기로나 당할 수 없는 인디언 부족이 깊은 산속으로 피난을 갑니다. 그때 인디언 추장이 친구인 백인 병사와 작별의 인사를 나누며 "사람이 살아가는 길은 여러 가지가 있소. 그러나 가장 귀한 길은 사람이 사람답게 사는 길이오"라고 합니다. 그 말에 제 가슴이 찡했습니다.

마귀는 사람을 사람답게 만들지 않고 짐승으로 만듭니다. 한 여대생이 병원에 와서 통곡을 했습니다. 아버지가 술에 취해 딸을 범한 것입니다. 마귀의 충동을 받으면 자기 딸의 육체도 더럽히는 것입니다.

소돔과 고모라 사람들은 여자, 남자뿐 아닙니다. 남사와 남자가, 여자와 여자가 성관계를 맺었습니다. 그것이 다른 색을 좇는 것입니다. 천사가 롯의 집에 가니 그 동네 사람들이 천사의 육체를 더럽히려고 대들었습니다. 하나님께서 유황과 불을 비처럼 내려 그 소돔과 고모라를 멸하셨습니다.

육체를 더럽히는 죄를 지으면 전쟁의 불이 오는 것입니다. 동성연애가 자꾸 퍼지게 하면 전쟁이 터지게 되는 것입니다.

그러나 성령의 사람은 자기 몸을 거룩하게, 귀하게, 소중하게 가꾸게 됩니다. 고린도전서 6장 18-20절에 음행을 피하라고 말씀합니다.

"음행을 피하라 사람이 범하는 죄마다 몸 밖에 있거니와 음행하는 자는 자기 몸에게 죄를 범하느니라 너희 몸은 너희가 하나님께로부터 받은 바 너희 가운데 계신 성령의 전인 줄을 알지 못하느냐 너희는 너희의 것이 아니라 값으로 산 것이 되었으니 그런즉 너희 몸으로 하나님께 영광을 돌리라."

원어 성경에는 '음행을 보거든, 음행할 상황이면 도망쳐라'라고 되어 있습니다. 요셉이 도망치듯이 도망치라는 것입니다.

우리 몸으로 하나님께 영광을 돌려야 합니다. 부족한 우리이지만 우리 안에 성령께서 거하십니다. 예수님께서도 '내가 너희 안에 있다'(I am in you)라고 말씀하셨습니다.

> "내가 아버지 안에, 너희가 내 안에, 내가 너희 안에 있는 것을 너희가 알리라"(요 14:20).

내가 사는 곳이니 그 집이 내 집인 것처럼, 예수님께서 우리 안에 사시니 우리 몸은 주님의 것입니다. 그러기에 우리 몸을 귀하고 귀하게, 거룩하게 유지해야 합니다.

이것은 부부생활도 하지 말라는 말씀이 아닙니다. 성경을 보면 부부생활은 잘하라고 계속해서 말씀합니다.

> "너는 가서 기쁨으로 네 식물을 먹고 즐거운 마음으로 네 포도주를 마실지어다……네 의복을 항상 희게 하며 네 머리에 향기름을 그치지 않게 할지니라……사랑하는 아내와 함께 즐겁게 살지어다"(전 9:7–9).

"음행의 연고로 남자마다 자기 아내를 두고 여자마다 자기 남편을 두라 남편은 그 아내에게 의무를 다하고 아내도 그 남편에게 그렇게 할지라 아내가 자기 몸을 주장하지 못하고 오직 그 남편이 하며 남편도 이와 같이 자기 몸을 주장하지 못하고 오직 그 아내가 하나니 서로 분방하지 말라 다만 기도할 틈을 얻기 위하여 합의상 얼마 동안은 하되 다시 합하라"(고전 7:2-5).

부부간에 싸우고 나서 아내가 아이들 방으로 가거나 남편이 다른 방으로 가는 것은 불순종의 죄를 짓는 것입니다. 부부싸움을 한 날에는 더욱 붙어서 주무시기 바랍니다. 그래야 칼로 물 베기의 역사가 일어납니다. 부부는 천당 갈 때까지 딴 방을 쓰면 안 됩니다. 부부생활을 잘하면서 우리 몸을 지켜야 합니다.

불은 좋은 것입니다. 불이 아궁이에서 타면 밥도 하고, 국도 끓이고, 떡도 하고, 닭도 삶아 먹습니다. 그러나 불이 아궁이 밖으로 나오면 집이 다고, 식구들이 타 죽습니다. 성생활은 불과 같습니다. 부부간의 성생활은 하나님께서 축복하시고 어여삐 여기시는 것입니다. 그러나 그 성생활이 밖으로 나가면 하나님의 저주가 임합니다. '중학생, 고등학생이 아이를 낳아도 차별 대우하지 마라.' 그것은 악한 마귀의 교육입니다. '동성연애 하는 것도 차별하지 마라.' 그것은 나라에 전쟁을 부르는 악한 마귀의 일입니다.

여러분의 아들이 청년을 데리고 와서 "아빠, 엄마. 얘하고 결혼합니다" 하고 결혼한다면 손자도 손녀도 없습니다. 딸이 아가씨를 데리고 와서 "엄마, 나 얘하고 결혼해"라고 하면 집이 망합니다. 동성연애를 차별하지 말라고 하는 것은 악한 마귀의 일입니다.

우리 모두 우리 몸을 귀히 여겨서 우리 몸으로 하나님께 영광을 돌리는, 성령의 꿈을 꾸는 사람들이 되어야 합니다.

그리고 악한 영의 감동, 충동을 받으면 권위를 업신여긴다고 본문 8절에 말씀했습니다.

사람은 짐승과 다릅니다. 아버지의 권위, 할아버지의 권위, 대통령의 권위가 있습니다. 품위가 있습니다. 돼지가 품위 있게 걸어가는 것을 보았습니까? 소가 품위 있게 살아갑니까? 아닙니다. 사람만 품위 있게 삽니다. 사람만 하나님의 형상으로 지어졌기 때문입니다. 그래서 사람의 권위를 존중하는 것이 하나님의 뜻입니다. '부모를 공경하라. 형제를 사랑하라. 너희를 인도하는 자에게 복종하라. 나라의 지도자를 위해서 기도하라.'

그러나 마귀는 이러한 권위를 다 헐게 합니다. 학교에서 선생님께 막말을 하게 합니다. 공부시간에 핸드폰 사용하지 말라고 하는 선생님의 머리를 잡아서 낚아채며 "내가 내 마음대로 하는데 왜? 네가 핸드폰 사 줬냐?"라고 하는 학생, 담배 피우는 것을 보고 한마디 하는 교장선생님을 벽돌로 찍고 때리는 중학생은 마귀의 충동을 받은 것입니다.

한번은 제가 양곡중학교 앞으로 걸어가는데, 중학생 셋이 담배를 피우고 있었습니다. 제가 가까이 가니 담배 연기를 내뿜으며 "뭘 보세요? 뭘 보세요?"라고 하는 것입니다. 제가 그 세 놈을 때리려다가 참았습니다. 제가 때리면 그놈들도 저를 때릴 것입니다. 저는 권투를 했기 때문에 그놈들과 싸우면 이길 것 같았지만 "목사가 중학생과 1대 3으로 싸웠다"라고 하면 은혜가 안 되지 않습니까?

악한 영은 권위를 깹니다. 그래서 며느리가 시어머니를 우습게 봅니다. 자식이 부모에게 막말을 합니다. 직장의 상사에게 함부로 대합니다. 대통령에게도 막말을 합니다. 아무리 민주 국가이지만 대통령은 나라의 얼굴이고 어른이십니다. 저는 아직까지 어느 대통령이든 대통령을 부를 때 그냥 대통령이라고 하지 않았습니다. '대통령님'이라고 합니다. 그리고 매일 대통령을 위해서 기도합니다. 그분들이 잘못할 때도 아픈 마음으로 기도해 드리지, 막말하지 않고 이름을 함부로 부르지 않습니다. 그러나 악한 영의 사람들은 대통령에게도 별말을 다 하는 것입니다.

우리는 권위를 존중하고 세워 주며 윗사람을 존중해야 합니다. 학교 선생님을 존중하고, 교회 목사님을 존중해야 합니다. 회사에서도 윗사람을 존중하고, 집에서도 어른을 존중해야 합니다.

레위기 19장 32절에 "너는 센 머리 앞에 일어서고 노인의 얼굴을 공경하며 네 하나님을 경외하라 나는 여호와니라"라고 말씀합니다. 센 머리는 흰 머리입니다. 요즘은 어르신들이 염색을 많이 하셔서 분간하기가 어렵지만 그래도 노인들은 다릅니다. 어른들을, 노인들을 공경하고 존중해야 가정이 되고, 나라가 되고, 학교도 됩니다.

한 육군 대장에게 늦게 얻은 아들이 있었습니다. 그 아들이 학교에 갔는데 자기 아버지가 장군이라고 선생님을 업신여겼습니다. 그래서 학교에서 소란을 피우며 공부도 하지 않고 숙제도 하지 않았습니다. 선생님이 아버지에게 “장군님의 아드님이 걱정입니다”라는 편지를 써서 보냈습니다. 아버지가 선생님을 만나 “죄송합니다. 제 아들이 그런 줄 몰랐습니다”라며 사과했습니다. 그리고 아버지와 선생님이 연극을 하기로 했습니다.

하루는 선생님이 가정방문을 했습니다. 선생님이 오셨다고 하니 육군 대장 아버지가 구두도 신지 않은 맨발로 뛰어 나갔습니다. “아, 선생님! 어서 오십시오. 아, 선생님! 어서 오십시오. 어떻게 우리 집에 이렇게 오셨습니까?” 그리고 선생님을 귀한 자리로 안내했습니다. 선생님이 자리에 앉으시더니 아버지에게 호통을 치셨습니다.

“당신, 아들 교육 잘 시켜요! 어떻게 아들을 가르쳐서 숙제도 안 해오고, 공부도 엉망이고, 그렇게 농땡이오?”

“아이구! 제 아들이 그렇습니까? 몰랐습니다. 잘못했습니다. 용서해 주십시오. 앞으로는 잘 가르치겠습니다. 아이구! 죄송합니다.”

“앞으로 잘 좀 해요!”

“예, 예.”

아버지가 선생님에게 싹싹 비는 것을 보고 아이가 충격을 받았습니다. ‘아! 선생님이 대장보다 더 높구나.’ 그때부터 아이가 완전히 바뀌어 숙제도 잘하고 공부도 잘하는 학생이 되었습니다.

교인들이 집에서 “우리 목사님, 대단해! 하나님의 귀한 사람이야”라고 할 때 아이들이 목사님 말을 잘 듣고 은혜를 받지, “우리 목사님 말이야, 하이구! 웃긴다”라고 하면 그 자녀는 망합니다. 하나님의 사람은 권위를 세워 줍니다. 그리고 상대방을 세워 주고 배려합니다. 물건을 살 때도 장사하시는 분의 입장에서 생각하고, 택시를 타도 운전하시는 분에게 어떻게 하면 기쁨을 드릴까를 생각합니다.

부부간에도 서로 상대방을 배려합니다. 저는 어제 비타민을 먹으려고 보니 비타민이 딱 하나뿐이었습니다. 그것을 아내에게 주었는데, 아내는 그 사실을 모를 것입니다.

또 성령의 사람은 상대방을 세워 주고 배려합니다. 고넬료를 보십시오. 하늘을 찌를 정도의 권세를 가진 백부장 고넬료가 시골 목사님 베드로가 오니 하나님 앞에 절하듯이 엎드려서 절을 했습니다. 그러니 베드로가 "일어나시오. 나도 사람이오"라고 합니다. 베드로의 설교를 들을 때도 하나님께 듣는 것처럼 듣습니다.

> "우리는 주께서 당신에게 명하신 모든 것을 듣고자 하여 다 하나님 앞에 있나이다"(행 10:33).

그 시골 어부가 설교하는데도 하나님처럼 바라보니 성령의 불이 임한 것입니다.

오늘날도 목사님의 권위를 업신여기고 목사님 알기를 우습게 아는 교회는 싸움만 합니다. 그러나 아무리 부족해도 목사님의 권위를 세워 드리는 교회는 은혜가 넘치는 것입니다.

한나가 성전에서 기도할 때 엘리 제사장은 세상 사람들에게 빈정거림을 받았습니다. 이제 내일 모레면 하나님께 해고당하여 목이 부러져 죽을 사람입니다. 엘리의 아들들이 잘못하여 하나님께서 그들을 죽이셨으니, 다른 사람들 같으면 엘리 제사장에게 "교인 나무라지 말고, 제 자식이나 잘 가르치지" 하며 빈정댔을 것입니다. 그러나 엘리 제사장이 "네가 주님께 기도한 것을 주님께서 허락하여 주시기를 원하노라"라고 할 때 한나는 "아멘! 주의 여종이 당신께서 명하신 대로 복 받기를 원합니다"라며 엘리 제사장의 권위를 세워 주었습니다. 그래서 바로 잉태할 수 있었던 것입니다.

언제 어디서나 상대방의 권위를 세워 줄 때 여러분의 꿈이 이루어질 줄 믿습니다.

마지막으로 세 번째는 악한 영, 세상의 악한 사상이 들어 있는 사람은 하나님의 영광을 함부로 훼방합니다.

창세기 3장 1-5절에 보면, 마귀가 이브에게 뭐라고 합니까?

"야, 하나님은 거짓말쟁이야. 네가 선악과를 먹으면 네 눈이 밝아져 하나님과 똑같이 될까 봐 먹지 말라고 한 거야. 먹어 봐. 너도 하나님과 똑같이 된다!"

하나님을 거짓말쟁이로 만드는 것입니다. 바리새인과 서기관들이 악한 영에 쓰이니 예수님을 향하여 침을 뱉고 예수님께 얼마나 막말을 했습니까.

잠언 15장 28절에 "의인의 마음은 대답할 말을 깊이 생각하여도 악인의 입은 악을 쏟느니라"라고 말씀합니다. 말이 적은 사람이 의인입니다.

우리는, 하나님의 영광의 꿈을 꾸고 사는 사람은 한마디 말을 해도 하나님을 높이는 말을 해야 합니다. 지금, 감사하게도 미국에 현대판 요셉이 한 사람 나타났습니다. 그는 '제레미 린'인데 대만계 미국인입니다.

지금 미국에 혜성처럼 떠오르는 교회가 감사한인교회입니다. 아름다운 교회입니다. 제가 몇 년 전에 그 교회 소문을 듣고 우리 교회 부흥회에 그 목사님을 모시려고 먼저 전화를 드렸습니다. 처음으로 대화했는데, 그 목사님께서 "하이구, 목사님! 목사님은 저를 몰라도 저는 목사님을 잘 압니다. 매주 목사님의 설교를 듣고 있습니다"라고 하셨습니다. 제가 "감사합니다. 우리 교회에 오셔서 부흥회를 좀 해주십시오"라고 하니 "하이구! 제가 어떻게, 어떻게 목사님 교회에 갑니까? 목사님께서 저희 교회에 오셔야지요"라고 하셨습니다. 굉장히 겸손하셨습니다. 그다음에 그 목사님을 만났는데, 그때 목사님께서 제레미 린에 대해 말씀하셨습니다.

제레미 린은 하버드 대에서 농구를 잘했지만 알아주는 사람이 없었습니다. 그는 겨우 미국의 세계적인 농구팀 NBA의 말번이 되었습니다. 그런데 거기에서도 해고를 당하게 되었습니다. 한 번도 필드에서 뛰지 못한 린이 하나님 앞에서 울부짖으며 처절하게 기도했습니다.

"하나님! 왜 제 앞길은 이렇게 풀리지 않습니까? 제가 농구를 사랑하고 농구를 잘하는데 왜 사람들은 저를 알아주지 않습니까?"

그때 하나님께서 감동을 주셨습니다.

'애야, 너에게는 농구가 우상이다. 너는 나보다 농구를 더 사랑하고 나보다 농구를 더 중히 여긴다. 그런데 내가 어찌 너를 도와

주겠느냐?'

그는 회개하며 "하나님만 섬기겠습니다. 그다음이 농구입니다" 하고 기도했습니다. 그다음 날, 같은 편 선수들이 게임에서 지고 있었는데 그 와중에 그 팀에서 가장 잘 뛰는 선수가 갑자기 몸이 아파 실려 나오게 되었습니다. 그때 감독이 며칠 후면 해고당할 제레미 린에게 "린, 네가 해봐"라고 했습니다. 그가 들어가서 놀랍게도 7점을 넣어 팀을 승리로 이끌었습니다. 열광적인 박수를 받았습니다.

그 이튿날, 또 잘 뛰는 선수 세 명이 아파서 린이 대신 들어갔는데 9점을 득점하여 자기 팀을 승리로 이끌었습니다. 그다음부터 그가 뛰기만 하면 이기고, 뛰기만 하면 이기니 미국의 신문이 제레미 린으로 도배될 정도였습니다.

그런데 그가 세계 기독교인의 가슴에 불을 지피는 것은 무엇 때문입니까? 그는 언제나 팔찌를 끼고 다니는데, 그 팔찌에 "In Jesus Name I play"라는 글이 있습니다. '나는 예수 이름으로 뛴다'는 뜻입니다.

그리고 그가 인터뷰를 할 때 승리의 소감을 말하라고 하면 "여호와는 위대하십니다. 하나님은 위대하십니다. 나는 후에 목사님이 될 겁니다"라고 했습니다. 그런 그에게 세계가 박수를 칩니다.

요셉 한 사람 때문에 세계 만민이 은혜를 받듯이 제레미 린 때문에 세계 그리스도인들이 은혜를 받고, 믿지 않는 사람들이 하나님을 생각하게 되는 것입니다. 제레미 린이 뛰는 이유는 하나님의 영광을 높이기 위해서입니다. 우리 모두 그렇게 되기를 바랍니다.

언제나 하나님의 시선을 느끼고 '내가 하나님을 높여야지'라고 하면 하나님께서 높여 주시고 세워 주십니다.

독일에서 많은 미군들을 포로로 잡아 놓았습니다. 그런데 총알이 떨어져 그 포로들을 죽일 수 없었습니다. 수용소 소장이 악한 꾀를 만들었습니다. 그 포로들을 며칠간 굶기니 그들의 눈이 뒤집혀 돌도 떡같이 보였습니다. 그때 수용소에 큰 떡 하나를 던졌습니다. 며칠 굶은 그 젊은이들이 "와!" 하며 떡으로 달려들었습니다. 그러다 서로 싸워 죽이게 되리라 예상했습니다.

예상했던 대로 모두가 떡으로 달려오는데, 제일 먼저 달려간 청년이 떡을 번쩍 들고 외쳤습니다.

"여러분! 이 떡으로 성찬식을 합시다!"

조용해졌습니다. 모두가 찬송을 부르고 기도한 다음 고루고루 한 점씩 떼어서 나누어 먹었습니다. 그것을 보고 수용소 소장이 감탄했다고 합니다. 아무리 절박한 순간에도 하나님의 영광을 생각하고 하나님의 시선을 느끼면 살길이 열리게 마련입니다.

오늘 '한국이 어렵다, 어렵다'라는 말을 하면 안 됩니다. 제가 미국에 50일 동안 있었는데 미국은 더 어렵습니다. 사람들의 얼굴이 다 긴장되어 있습니다. 일본 사람들도 불안해하고 있습니다. 세계 어디에 가도 사람들이 어렵게 삽니다. 우리처럼 잘 먹으며 잘 입고 사는 나라가 없습니다. 저는 세계에서 최고 나라가 우리 한국이라고 봅니다. 이런 나라에 살면서 불평한다면 세상을 모르는 사람입니다.

감사하시기 바랍니다. 이 땅에는 기회가 많습니다. 학생은 열심히 공부해서, 사업가는 열심히 사업해서, 직장인은 직장에서 열심히 일해서, 예술가는 창작 활동을 열심히 해서 크게 되어 하나님께 영광 돌리기를 바랍니다. 요셉처럼 꿈을 이루어 하나님의 영광을 드높이는, 귀한 꿈을 꾸는 자들이 되시기를 바랍니다.

10

# 놀라운 경기자, 예수님

(히브리서 12:1-2)

2006년 6월, 가자 지구 팔레스타인 국경 지역에서 팔레스타인의 무장 세력인 하마스가 땅굴을 판 다음 이스라엘 땅으로 올라와 경비대의 한 병사를 납치해 갔습니다. 이스라엘 정부에서는 그 병사를 찾아내기 위해 5년간 갖은 수단을 강구했지만 구하지 못했습니다. 할 수 없이 2011년 10월 18일, 팔레스타인 감금자 1,027명과 교환하는 조건으로 장군도 장교도 아닌 그 병사를 구출했습니다.

왜 그렇습니까? 그것이 이스라엘 국가의 원칙이기 때문입니다. 이스라엘 군대는 한 사람이라도 땅 끝까지 찾아가서 반드시 구출하고, 만일 그 사람이 죽으면 시체라도 찾아서 이스라엘 땅에 묻어 줍니다. 국가에서 그만큼 병사 한 사람 한 사람을 중히 여기기 때문에 이스라엘 군대는 목숨을 바쳐 나라를 위해 싸웁니다. 그래서 이스라엘은 군사가 적어도 강한 것입니다.

하나님께서는 이스라엘 국가가 한 병사 한 병사를 아끼는 것 이상으로 우리를 아끼고 사랑하십니다. 끝까지 우리를 버리지 않으십니다. 엄마는 자기가 낳은 자식을 버릴지라도 하나님께서는 우리를 버리지 않으십니다. 그래서 친히 우리를 '하나님의 눈동자'(the apple of the eyes)라고 하시는 것입니다.

시편 48편 14절에 "이 하나님은 영영히 우리 하나님이시니 우리를 죽을 때까지 인도하시리로다"라고 말씀합니다. 하나님께서는 우리를 영원히 붙잡고 계십니다. 그러므로 우리는 두려워할 필요가 하나도 없습니다.

시편 46편 1-3절에 말씀합니다.

"하나님은 우리의 피난처시요 힘이시니 환난 중에 만날 큰 도움이시라 그러므로 땅이 변하든지 산이 흔들려 바다 가운데 빠지든지 바닷물이 흉용하고 뛰놀든지 그것이 넘침으로 산이 요동할지라도 우리는 두려워 아니하리로다."

산과 바다를 만드신 하나님이십니다. 아무리 산과 바다가 요동하고 흉용해도 하나님께서 그 산과 바다를 잡고 계십니다. 이 하나님이 우리의 하나님이십니다.

사랑의 증거는 행동으로 보여주는 것입니다.

한 부잣집의 남편이 출퇴근을 하며 열심히 살았지만 아내에게는 별 말이 없었습니다. 그런 남편을 보며 아내는 '아! 내 남편은 내게 관심과 사랑이 없구나'라는 생각에 삶의 의욕을 잃고 몸이 아주 약해졌습니다. 그러다 맹장에 염증이 생겼는데 시기를 놓쳐 복막염이 되어 아주 위급하게 수술을 했습니다. 수술을 하고 수혈을 해야 하는데 그 병원에 부인의 혈액형과 같은 피가 없었습니다. 그때 소식을 듣고 달려온 남편이 아내와 혈액형이 같다며 빨리 자기 피로 아내를 살려 달라고 했습니다. 남편의 피를 수혈받은 부인은 남편의 피가 자기 몸으로 들어올 때 '아! 내 남편이 나를 중히 여기는구나. 생명 같은 피를 내게 아낌없이 주는 것을 보니 나를 중히 여기는구나'라고 느꼈습니다. 그래서 힘을 얻고 건강해져 행복하게 잘살았다고 합니다.

피가 증거입니다. 하나님께서 우리를 사랑하시는 증거는 십자가입니다. 하나님께서는 하나님 자신의 피와 같은 아들 예수님의 피를 쏟게 하시면서까지 우리를 사랑하십니다. 우리는 십자가를 보면 그 크신 하나님의 사랑에 대해 할 말이 없습니다. 우리 입이 백 개라도, 천 개라도 다 찬양할 수 없고 감사할 수 없습니다. 하나님의 이 사랑이 끝까지 우리와 함께하는 것입니다.

오늘도 우리를 사랑하시는 하나님께서 인생의 승리자가 되라 말씀하십니다.

"인생의 경기에 승리자가 되라. 승리자가 되라!"

우리 모두는 인생의 경기를 포기할 수 없고 피할 수가 없습니다. 사람은 태어나면서부터 죽을 때까지 인생의 경주를 하게 되어 있습니다. 국가대표처럼 몇 사람이 나가서 하는 그런 게임이 아닙니다.

제가 초등학교에 다니던 시절에는 운동회 때 1학년부터 6학년까지 모든 학생이 달리기를 했습니다. 그래서 1, 2, 3등까지는 상으로 공책도 받고 연필도 받았습니다. 이렇게 운동회 때 초등학생은 누구나 달리기를 해야 하는 것처럼 인생의 경주는 누구나 다 해야 하는 것입니다.

히브리서 12장 1절에 "인내로써 우리 앞에 당한 경주를 경주하며"라고 말씀합니다. "우리 앞에 당한 경주"는 결코 피할 수 없습니다. 그리고 이 경주에서는 이겨야 합니다.

왜 그렇습니까? 허다한 증인들이 우리를 보고 있기 때문입니다. 아벨, 노아, 아브라함, 이삭, 야곱, 요셉, 모세, 여호수아, 사무엘, 라합……. 신앙의 경주에 성공한 많은 증인들이 보고 있습니다. 모든 사람이 운동장에서 뛰는 선수를 보듯이, 이런 신앙의 영웅들이 우리를 보고 있습니다. 먼저 간 성도들이 우리를 보고 있고, 천사들이 우리를 보고 있고, 하나님께서 우리를 보고 계십니다. 그리고 현존하는 많은 사람들이 우리를 보고 있습니다.

제가 실패하면 제 손자들이 울 것입니다. 제 손자 중 한 손자는 "내 목숨이 백 개라도 할아버지를 위해 다 줄 수 있다. 나는 죽을 때 할아버지 얼굴만 보면 웃으며 죽을 수 있다"라고 합니다. 제가 쓰러지면 저를 사랑하는 손자들이 울고, 아들딸이 울고, 어머니께서 우시고, 아내가 통곡하고, 우리 교인들의 마음도 아플 것입니다. 그러나 제가 이기고 한경직 목사님처럼 멋지게 승리하면 제 가족은 물론 우리 교인들도 기쁘고, 한국 교회가 기뻐할 것입니다.

나의 문제는 나 한 사람으로 끝나는 것이 아닙니다. "우리 둘이 이혼하면 끝나지" 하지만 결코 그렇지 않습니다. 이혼하면 양가에 상처가 되고 아픔이 되고 불명예가 됩니다.

우리는 신앙생활에서 승리해야 합니다. 우리가 이기면 우리 편의 사람들이 다 좋아합니다. 제가 어릴 때 운동회를 하면 모든 학생들이 청군 백군으로 나뉘어 응원하는데, 운동회의 절정은 계주입니다. 1학년부터 6학년까지 청군 여섯 명, 백군 여섯 명의 대표가 나와 달리면 학부형과 동민들이 다 나와 응원했습니다. 그 응원하는 소리에 천지가 진동했습니다.

"백군, 이겨라!"

"청군, 이겨라!"

"백군, 이겨라!"

"청군, 이겨라!"

그러다 청군이 이기면 청군 지역의 모든 사람이 환호성을 지르며 기뻐했습니다.

저는 우리 한국 역사상 가장 감격스러운 때가 8 · 15해방, 그다음은 월드컵 축구 4강전에 들었을 때가 아닌가 생각합니다. 지금도 그때 일을 생각하면 눈물이 핑 돕니다.

그때 LA가 들썩들썩했습니다. 어떤 사람들은 대형 태극기를 차에 덮어 씌워 가지고 행진을 했습니다. 하루 종일 그렇게 기뻐했습니다. 월드컵 축구 선수 몇 사람이 이기니 대한민국 교민까지 다 그렇게 기뻐한 것입니다. 경주에서는 이겨야 하는 것입니다.

그러나 운동 경기는 져도 괜찮지만, 인생의 경기는 반드시 승리해야 합니다. 운동 경기에서 받은 트로피는 시간이 지나면 녹슬고 20년, 30년이 지나면 아무것도 아닙니다. 5선, 7선 국회의원이 되어도 죽을 때는 아무것도 아닙니다. 그러나 신앙의 경주에서 받은 면류관은 영원히 빛납니다.

디모데후서 4장 7-8절에 "내가 선한 싸움을 싸우고 나의 달려갈 길을 마치고 믿음을 지켰으니 이제 후로는 나를 위하여 의의 면류관이 예비되었으므로 주 곧 의로우신 재판장이 그날에 내게 주실 것이니 내게만 아니라 주의 나타나심을 사모하는 모든 자에게니라"라고 말씀합니다. 할렐루야!

그리고 올림픽에서는 금메달이 하나뿐이지만 신앙의 경주에서는 자기 코스를 잘 달리면 모두가 다 상을 받을 수 있습니다. 우리 모두가 의의 면류관, 금 면류관을 받아 쓰게 되기를 축원합니다.

### 그러면 어떻게 해야 이깁니까?

아주 단순하고 간단합니다. 공부를 잘하는 학생은 공부가 재미있고 쉽습니다. 선생님의 강의를 잘 들으면 '이것, 시험에 나오겠구나'라고 압니다. 그러나 공부를 못하는 학생은 선생님의 강의를 들어도 모르고, 시험문제를 읽으면 헷갈립니다.

하나님은 인생의 전문가이십니다. 신앙 경주의 전문가이십니다. 예수님은 우리 앞에서 모범을 보이신 위대하고 놀라우신 경기자이십니다. 이 하나님, 예수님께서 성령으로 바울을 통해 이기는 비결을 가르쳐 주셨습니다. 그 비결이 무엇입니까?

'무거운 짐과 얽매이기 쉬운 죄를 벗어 버리는 것이다!'

무거운 짐은 근심, 걱정, 염려, 스트레스입니다. 그것은 쌀자루, 보릿자루처럼 무거워서 그것을 메고 가면 잘 달릴 수가 없습니다.

우리 교회 장로님과 제가 강변에서 달리기를 한 적이 있습니다. 장로님은 팽팽팽팽 잘 달리십니다. 제가 아무리 달려도 장로님을 따라갈 수 없었습니다. 그러나 장로님께서 아무리 잘 달려도 쌀자루를 메고 달린다면 잘 달릴 수가 없습니다. 운동선수들이 다리에 모래주머니를 달고 뛰다가 몇 바퀴를 뛰고 나서 그 주머니를 풉니다. 그러면 막 날아가는 것입니다.

근심, 걱정, 염려가 많으면 신앙생활을 잘할 수 없습니다. 누구에게나 근심, 걱정은 다 있는데 그것을 내려놓는 길이 있습니다. 우리 주님께 내어놓는 것입니다.

시편 55편 22절에 말씀합니다.

"네 짐을 여호와께 맡겨 버리라."

원어에는 '집어던지라'고 되어 있습니다. "Cast, your cares on the Lord." "네 짐을 하나님께 던져라." 그러면 하나님께서는 우리의 짐을 착 받아 기쁨으로 감당하십니다. 시편 68편 19절에도 "날마다 우리 짐을 지시는 주 곧 우리의 구원이신 하나님을 찬송할지로다"라고 말씀합니다. 매일 주님께 짐을 던져도 주님께서는 기뻐하십니다.

짐을 안고 살면 힘듭니다. 근심, 걱정을 안고 사는 사람은 짐을 안고 사는 사람입니다.

> 근심 걱정 무거운 짐 아니 진 자 누군가
> 피난처는 우리 예수 주께 기도드리세.

우리의 근심, 걱정, 스트레스를 다 주님께서 맡아 주십니다. 그러므로 모든 짐을 하나님께 맡기시기 바랍니다.

그리고 "얽매이기 쉬운 죄"는 죄가 우리를 묶는다는 것입니다.

근심 걱정의 짐이 쌀자루와 보릿자루의 짐이라면 죄의 짐은 쇳덩어리, 바윗덩어리의 짐입니다. 사람이 죄를 짓는 것은 쾌락을 맛보기 위해서입니다. 쾌락을 맛보려고 죄를 짓는데, 그 쾌락을 얼마나 맛보겠습니까? 선악과를 먹는 데 몇 분이나 걸리겠습니까? 그러나 선악과를 먹은 다음에는 평생 어둡게 살아야 하는 것처럼, 죄를 지을 때는 좋을지 몰라도 죄를 짓고 나면 수치와 고난을 겪습니다. 국회의원에 당선되어도 과거의 죄 때문에 어려움을 당하는 것입니다.

죄는 평생 우리를 따라다니는 것입니다. 그러므로 죄의 짐을 지고 있으면 기쁠 수도 없고, 달려갈 수도 없습니다. 하지만 우리 주님께서는 죄 짐을 맡으신 우리의 구세주이십니다. 우리의 죄 짐도 주님께 맡기면 됩니다. 주님께서는 날마다 우리 죄를 맡아 주십니다.

아무리 점잖아 보이는 사람일지라도 죄가 있습니다. 아무리 멋진 신사 숙녀라도 부끄러운 죄가 있습니다. 그 죄 때문에 인생이 괴롭습니다. 그러나 그 죄를 주님께 다 내려놓으면 얼마나 기쁜지 모릅니다.

시편 97편 11절에 "의인을 위하여 빛을 뿌리고 마음이 정직한 자를 위하여 기쁨을 뿌렸도다"라고 말씀합니다. 하나님께서 지금 여러분에게 빛을 뿌려서 여러분의 집이 환하게 되시기 바랍니다. 기쁨을 뿌려 주셔서 행복하시기 바랍니다.

갈 길을 밝히 보이시니 주 앞에 빨리 나갑시다
우리를 찾는 구주 예수 곧 오라 하시네
죄악 벗은 우리 영혼은 기뻐 뛰며 주를 보겠네
하늘에 계신 주 예수를 영원히 섬기리.

목욕한 사람도 다시 발을 씻어야 하듯이, 우리도 날마다 주님의 피로 씻음 받을 때 잘 달릴 수가 있습니다. 주님께서 성령으로 말씀하십니다.

"무거운 것과 얽매이기 쉬운 죄를 벗어 버리고."

죄를 벗어 버려야 합니다. 보디발의 아내가 요셉을 잡고 "죄 짓자"라고 할 때 요셉이 옷을 벗어 버리고 도망가서 살았습니다. 만일 그때 요셉이 보디발의 아내에게 끌려가 죄를 지었다면 요셉은 보디발의 칼에 죽었습니다. 이렇게 죄는 벗어 버려야 하는 것입니다.

그다음 "인내로써 우리 앞에 당한 경주를 경주하며 믿음의 주요 또 온전케 하시는 이인 예수를 바라보자 저는 그 앞에 있는 즐거움을 위하여 십자가를 참으사 부끄러움을 개의치 아니하시더니 하나님 보좌 우편에 앉으셨느니라"(히 12:1-2)라고 말씀합니다.

미국 선교사님들, 그 귀족들이 한국에 처음 오셨을 때 열악한 환경에 사는 것 자체가 힘들었습니다. 그러나 하나님의 아들, 예수님께서 이 지상에 사람으로 오신 것과는 비할 수 없습니다. 창조주이신 주님, 우주를 창조하신 주님께서 피조물같이 오셔서 목수가 되시어 집집마다 일을 다니며 고난과 모욕을 다 당하실 때, 십자가를 지실 때, 하나님이신 주님께서 무덤 속에 들어가실 때 얼마나 힘드셨겠습니까?

그래도 인내하시고 부활하셔서 40일 동안 계시다가 승천하셨고, 이제 재림하실 것입니다. 우리 주님께서 재림하실 때는 우주 역사에 처음으로 있는 놀라운 광경이 펼쳐질 것입니다. 하나님께서 친히 나팔을 부시고 천군 천사와 함께 우리 주님께서 재림하십니다.

위대하고 놀라운 경기자 예수님께서는 승리하셔서 우리에게 "나를 따르라"고 말씀하십니다. 우리도 예수님을 바라보면서 어려울 때도 인내하며 승리의 경주를 잘 달려가야 할 줄 믿습니다.

한 전도사님은 유도 선수였는데, 첫 목회지에서 한 교인이 자꾸 괴롭히니 새벽기도를 마치고 그 교인을 업어치기를 하고 말았습니다. 참아야 하는데 참지 못하고 그렇게 한 것입니다. 그것이 소문이 나니 어느 교회에서도 모시려 하지 않았습니다. 참아야 합니다.

한 교회에 목사님이 부임했습니다. 그런데 강단 바로 앞에 피아노가 있고, 반주자가 거기에 앉아 있으니 설교할 때 방해가 되었습니다. 그래서 청년들을 시켜 한쪽으로 옮겼는데 그 일로 교회가 발칵 뒤집혔습니다. 그 교회는 무슨 일을 할 때마다 회의를 하고 투표로 일을 결정한답니다. 피아노도 그렇게 결정해서 그 자리에 놓은 것인데 누가 마음대로 옮겼느냐는 것입니다. 목사님이 시켜서 옮겼다고 하니 "목사님이 회의도 하지 않고 그렇게 독재를 하면 됩니까?"라며 어찌나 공격하던지 목사님이 다른 교회로 옮기셨습니다.

새 목사님이 부임했는데 그 목사님도 피아노를 옮기려 하니 청년들이, "지난번에 오신 목사님께서 피아노 때문에 다른 교회로 가셨습니다. 회의해서 여기에 놓은 것이기 때문에 그냥 옮기면 안 됩니다"라고 했습니다. 다시 회의를 해봐야 다수결로 하면 옮기기가 힘들 것 같아 목사님이 기도했습니다.

"주여! 어떻게 하지요?"

그때 성령님께서 "참아라" 하시며 지혜를 주셨습니다. 그래서 하루에 1센티미터씩 옮겼는데 그 사실을 아무도 몰랐습니다. 세월이 지나고 나니 피아노가 저쪽으로 옮겨져 있었습니다. 목사님이 승리하신 것입니다. 교회는 싸우면 안 됩니다.

우리 교회가 이렇게 우뚝 선 교회가 되고, 세계가 주목하는 교회가 된 것은, 30년 동안 저와 장로님이 싸운 적이 한 번도 없기 때문인 줄 믿습니다. 우리 교회는 싸운 적이 한 번도 없습니다. 싸우지 않으니 되는 것입니다.

어느 나라의 귀한 공주가 중병에 걸렸는데 약이 없었습니다. 아주 유명한 의사가 "폐하! 공주마마의 약은 표범의 젖뿐입니다"라고 했습니다. 왕이 "표범의 젖을 구해 오면 큰 상을 내리겠다"고 공포했습니다. 용맹한 무사가 며칠간 표범과 싸워 표범의 젖을 뽑아 가지고 왔습니다. 그런데 왕 앞에서 무사의 지체들이 싸우기 시작했습니다.

먼저 눈이 말했습니다. "폐하, 제가 표범을 봤기 때문에 잡았으니 제게 상을 주세요." 그러자 발이 "눈! 왜 그런 말을 하는가? 표범 있는 곳에 내가 갔으니 표범을 잡았지. 폐하! 이 발에게 상을 주십시오"라고 했습니다. 그때 손이 "어허! 어찌 그런 말을 해? 내가 상처를 입어 가며 싸워서 표범을 잡았으니 내가 상을 받아야지. 폐하! 이 손에게 상을 주십시오"라고 했습니다. 입이 무슨 말을 하려고 "폐하!"라고 하니 손과 발과 눈이 동시에 입을 공격했습니다. "야, 입! 입! 네가 한 일이 뭐라고……."

기분이 상한 입이 말했습니다. "폐하! 이것은 표범 젖이 아니고 개 젖입니다." 그래서 일을 다 망쳤습니다. 죽도록 고생해서 표범 젖을 구해 왔는데 개 젖이라고 하니 말입니다.

누가 만든 이야기인지 몰라도 재미있습니다. 교회가 싸우면 그렇게 됩니다. 가정도 싸우면 그렇게 됩니다. 우리 모두는 아무리 싸우고 싶어도 싸우지 말고 인내해야 합니다. 동생이 아무리 잘못해도 꾹 참고, 형이 아무리 잘못해도 꾹 참고, 아들 며느리가 잘못해도 꾹 참아야 합니다. 싸우면 마귀만 박수하고 우리는 달려갈 길을 가지 못합니다. 인내로써 경주해야 승리하는 것입니다.

엄마 아빠는 운동장에서 뛰는 아이에게 "잘 달려라! 잘해라!"라고 응원은 해도 가서 도와주지는 못합니다. 그런데 우리 하나님께서는 성령으로 우리에게 오셔서 힘을 주십니다. 능력을 주십니다. 용기를 주십니다. 이기게 하십니다. 시편 18편 29절에 "내가 주를 의뢰하고 적군에 달리며 내 하나님을 의지하고 담을 뛰어넘나이다"라고 말씀합니다.

하나님께서는 안에서 우리로 이기게 하십니다. 한 걸음 한 걸음 주님께서 우리와 함께 걸어가십니다. 그러므로 우리는 반드시 신앙의 경주에서 승리하게 되어 있습니다.

# 11

# 능력의 통로

(마가복음 9:17-29)

하나님의 교회에는 항상 하나님께서 계시지만, 특별히 우리 영혼이 쭈뼛쭈뼛할 정도로 뜨겁게 느껴지는 때가 있습니다. 성회를 인도하다 보면 천국이 임하는 것 같은 놀라운 평화와 희락과 권능을 체험하는 때가 종종 있습니다.

예수님께서 제자들에게 말씀하셨습니다.

"너희들 중 죽기 전에 하나님의 나라가 권능으로 임하는 것을 볼 자가 있으리라."

예수님께서 이렇게 말씀하신 6일 뒤, 베드로, 요한, 야고보, 이 세 제자만 데리고 높은 산에 오르셨습니다. 그 산이 변화산이라는 학자들도 있고 헐몬 산이라고 하는 학자들도 있습니다. 그러나 그것은 별로 중요하지 않습니다. 그 산에서 예수님께서 변화되시고, 신비로운 광경이 나타난 것이 중요하고 귀합니다.

베드로, 요한, 야고보는 갑자기 예수님께서 변형되시는 놀라운 광경을 보았습니다. 예수님과 함께 산에 올라갔는데 예수님께서 산에 올라가시자마자 빛이 나고, 옷도 빨래하는 자들이 그렇게 희게 할 수 없을 정도로 하얗게 되고 빛을 발하는 것입니다. 그 신비롭고 놀라운 광경에 어찌할 줄 모르는데, 모세와 엘리야가 나타나 예수님과 인사하며 대화를 했습니다. 베드로, 요한, 야고보가 얼마나 놀랐겠습니까?

그러나 여러분, 산 아래 있는 제자들은 하나님 나라가 임하는 그 신비로운 광경을 볼 수 없었습니다. 산 위에 올라가는 것이 힘들어도 올라가니 산 아래 있는 사람들이 경험하지 못하는 것을 경험했습니다. 등산을 하러 가서도 산에 오르기 싫어 산기슭에만 있다가 돌아오면 그저 개울에 발이나 담그고 올 뿐입니다. 산 중턱까지 올라가면 옹달샘 물을 마실 수 있습니다. 힘들어도 정상까지 올라가면 사방으로 탁 트인 광경을 보며 "야호!" 하고 기쁨을 느낄 수 있습니다.

신앙생활도 주일 예배만 드리고 가면 편안합니다. 그러나 그렇게 하면 변화산의 경험은 할 수 없습니다. 삼일에 나오고 새벽에도 나오는 것이 힘들어도 나오면 다른 사람들이 경험하지 못하는 신비로운 경험을 하게 됩니다. 남이 받지 못하는 신비로운 은혜를 받는 것입니다. "이것이 나의 간증이요 이것이 나의 찬송일세"라는 찬송가처럼 간증이 많아집니다.

베드로, 요한, 야고보는 그 신비로운 광경을 보고 얼마나 좋은지 "주여, 여기에 있는 것이 좋사오니 우리가 초막 셋을 짓겠습니다. 하나는 주를 위해, 하나는 모세를 위해, 하나는 엘리야를 위해 짓겠습니다"라고 합니다. 그 산에 먹을 것도 마실 것도 없는데, 자기들에게 필요한 것이 아무것도 없는데 거기가 좋다는 것입니다. 그리고 자기들은 초막이 없어도 좋다는 것입니다.

이것이 바로 신앙의 신비로운 기쁨입니다. 100평 아파트 세 개를 터서 만든 300평 집에 살아도, 집안에 풀장을 만들어 놓고 별것을 다 갖추고 살아도 부부간에 싸우며 사는 집이 있는가 하면, 조그마한 월세방에 살면서도 잉꼬부부로 사는 집도 있습니다.

> 높은 산이 거친 들이 초막이나 궁궐이나
> 내 주 예수 모신 곳이 그 어디나 하늘나라.

초막 셋을 짓자는 제자들의 말에 주님께서 응답하지 않으시는데 하늘에서 구름이 와 덮습니다. 구름이 덮으면 앞이 보이지 않습니다. 그런데 하늘에서 음성이 들립니다.

"이는 내 사랑하는 아들이요, 내 기뻐하는 자니 너희는 그의 말을 들으라!"

하늘에서 음성이 들리니 두렵습니다. 제자들이 눈을 들어 주위를 둘러보니 구름이 사라져 앞이 보이는데 예수님과 자기들뿐입니다. 모세도 엘리야도 사라지고 없습니다. 주님만 남으셨습니다.

교회도 마찬가지입니다. 주님의 재림이 늦어지면 모두가 다 떠나갑니다. 제가 지금 우리 교회에서 목회를 하지만 언젠가는 떠나가고 다른 분이 오십니다. 그분도 때가 되면 떠나가고 또 다른 분이 오십니다.

그러나 우리 주님께서는 변함이 없으십니다. 모세도 때가 되면 떠나고, 엘리야도 때가 되면 떠나지만 예수님께서는 떠나지 않으십니다. 영원한 주님, 영원한 목자는 주님밖에 없습니다.

예수님과 제자들이 산에서 내려왔습니다. 다른 제자들이 있는 곳에 가니 사람들이 많이 모여 있고 제자들과 서기관들이 변론하고 있었습니다. 영어성경에 보면 그냥 변론이 아니라 싸웠다고 되어 있습니다. 예수님께서 오시는 것을 사람들이 보고 우르르 몰려와 인사를 했습니다. 예수님께서는 모든 것을 다 아십니다. 그래서 그 상황도 다 아십니다. 예수님께서는 다 아시면서도 물으셨습니다.

"무슨 일이냐? 무엇으로 변론하느냐?"

그때 한 사람이 대답합니다.

"선생님이여, 벙어리 귀신 들린 내 아들을 데리고 왔습니다. 귀신이 내 아들을 쓰러뜨리고, 거품을 흘리게 하고, 이를 갈게 합니다. 그래서 데리고 왔는데 선생님의 제자들이 쫓아내지 못하고 있습니다."

예수님께서는 마음이 좋지 않으셨습니다. 마가복음 6장 12-13절에 보면, 예수님의 제자들이 '회개하라'고 복음을 전하며 귀신을 쫓아내고 많은 병을 고쳤습니다. 그런데 그날은 왜 귀신을 쫓아내지 못했을까요? 예수님께서 말씀하십니다.

"믿음이 없는 세대여, 내가 얼마나 오랫동안 너희와 함께 있으며, 얼마나 너희를 참으리요? 그를 내게로 데려오라."

그래서 귀신 들려 말도 못하고 듣지도 못하는 그 아들을 데려왔습니다. 귀신이 예수님을 보자마자 아이로 경련을 일으키게 하여 아이가 땅에 쓰러져 데굴데굴 뒹굴며 거품을 흘렸습니다. 여러분의 자녀들에게 그런 일이 없기를 바랍니다. 건강하고 자랑스럽게 자라기를 축복합니다.

예수님께서는 그 아이가 어렸을 때부터 그렇게 된 것을 다 아시지만 거기에 있는 사람들이 듣도록 물으셨습니다.

"언제부터 이렇게 되었느냐?"

"예, 어릴 때부터입니다. 귀신이 내 아들을 죽이려고 자주 불에도 던지고, 물에도 던지곤 했습니다. 그러나 할 수 있으시거든 도와주십시오."

예수님께서 말씀하셨습니다.

"할 수 있거든이 무슨 말이냐? 믿는 자에게는 능치 못할 일이 없느니라."

예수님께서는 예수님을 의심하는 것을 싫어하십니다. "주님, 하실 수 있으면 도와주세요"라고 하는 것을 싫어하십니다. "믿습니다. 주님, 믿습니다"라고 할 때 제일 기뻐하십니다.

히브리서 11장 6절에 "믿음이 없이는 기쁘시게 못하나니 하나님께 나아가는 자는 반드시 그가 계신 것과 또한 그가 자기를 찾는 자들에게 상 주시는 이심을 믿어야 할지니라"라고 말씀합니다.

우리가 믿음으로 예배드리고, 믿음으로 기도할 때 하나님께서 기뻐하시는 것입니다.

그 아이의 아버지가 "제가 잘못했습니다. 믿습니다. 저의 믿음 없음을 도와주세요. 믿습니다. 믿습니다"라고 소리쳤습니다. 그러니 사람들이 또 몰려오기 시작했습니다. 귀신 들려 뒹굴며 거품을 흘리는 아이를 향해 예수님께서 말씀하셨습니다.

“이 귀 먹게 하고 벙어리 되게 하는 더러운 귀신아! 그 아이에게서 나오고 다시는 들어가지 말라!”

그때 귀신이 그 아이에게 심히 경련을 일으키게 하고 나갔습니다.

귀신이 떠나니 아이가 쓰러졌습니다. 영어성경에는 송장 같았다고 되어 있습니다. 그러자 사람들이 “죽었다! 죽었다!”라고 소리를 쳤습니다. 그런데 예수님께서 그 아이의 손을 잡아 일으키시니 아이가 일어섰습니다. 할렐루야!

그 아버지의 기쁨이 얼마나 컸겠습니까? 어릴 때부터 그렇게 뒹굴고 거품을 흘리며 이를 가는 아들이 깨끗하게 나았으니 얼마나 기뻤겠습니까? 그 아들은 얼마나 기뻐했겠습니까? 집에 가니 가족들이 얼마나 기뻐하고, 마을 사람들이 얼마나 좋아했겠습니까?

예수님께서는 우리를 기쁘게 하십니다. 마귀는 아들을 쓰러뜨리고, 불에 던지고, 물에 던지고, 거품을 흘리게 하고, 추하게 만들었지만 예수님께서는 우리에게 좋은 것을 주십니다. 웃음을 주십니다.

제자들이 방에 들어가서 예수님께 조용히 물었습니다.

“예수님, 왜 우리는 귀신을 쫓아내지 못했습니까? 전에는 쫓아냈는데…….”

예수님께서 말씀하셨습니다.

“기도 외에 다른 것으로는 이런 유가 나가지 못하느니라(This kind can come out only by prayer). 오직 기도로 능력을 받는다.”

이것은 ‘너희들이 기도를 게을리하니, 기도에 깨어 있지 않으니 귀신이 너희들의 말을 듣지 않는 것이다'라는 뜻입니다.

여기서 깨닫게 되는 것은, 우리가 천당에 갈 때까지는 형통함과 어려움, 이 두 가지를 병행하여 하나님께서 우리의 신앙을 훈련하신다는 것입니다.

변화산에서는 천국 같았습니다. 그래서 베드로, 야고보, 요한이 "여기에 있는 것이 좋사오니 초막 셋을 지어 여기에서 살고 싶습니다" 하며 아주 기뻐했습니다. 그런데 산 아래 내려오니 귀신 들린 아이가 뒹굴며 거품을 흘리고, 다른 제자들과 사람들은 서로 다투고 있었습니다. 예수님을 모시고 다니는데도 산 위에서는 천국을 경험하지만 산에서 내려가니 어려움에 직면하게 되는 것입니다.

이것이 우리 삶의 현장입니다. 교회에서 은혜를 받아 가슴이 막 부풀어 오르고, 꿈이 부풀어 올라 "하나님, 감사합니다! 감사합니다!" 하고 집에 갔는데, 아이들은 공부하지 않고 TV를 보고 있고, 개수대에는 설거지할 그릇이 가득하고, 빨래통에는 빨래가 쌓여 있고, 집안은 엉망입니다. 이것이 우리의 인생입니다.

어떤 날에는 너무 기뻐서 "하나님, 감사합니다! 감사합니다!"라고 했는데, 또 어떤 날에는 고난과 고통 때문에 "주여! 주여! 주여!" 하며 부르짖게 됩니다. 기쁨과 슬픔, 축복과 시험은 항상 교차하는 것입니다.

제가 목회를 할 때도 "할렐루야! 할렐루야! 너무 감사합니다. 너무 감사합니다"라고 하는 날이 많지만 때로는 "어이쿠! 주여, 이거 어떡하지요?" 하는 날도 있습니다. 우리가 천당에 갈 때까지는 형통함과 어려움 이 두 가지를 통해 하나님께서 우리의 신앙을 훈련하신다는 것을 기억하시기 바랍니다.

또한 우리가 잊어서 안 될 것은, 주님께서 변화산에서만 함께 계신 것이 아니라 산 아래에서도 함께 계셨다는 것입니다.

우리 일이 잘 풀리고 행복하고 감사한 일이 가득할 때도 주님께서 우리와 함께 계시지만 "하나님, 왜 이런 일이, 왜 이런 일이 있어요?"라고 할 때도 주님께서는 우리와 함께 계십니다.

이어령 전 장관의 딸, 이민아 변호사가 암에 걸려 생명의 빛이 꺼져가는 가운데 거의 실명하게 되었습니다. 그러자 딸을 사랑하는 이어령 장관은 자기 딸이 믿는 하나님 앞에 무릎을 꿇고 기도했습니다. 그분이 고백하기를, 자기는 어릴 때부터 이 우주를 보며 절대자에 대한 갈망이 있었지만 그 절대자를 만나지 못했는데, 딸이 죽게 되니 그 딸이 믿는 하나님께 무릎을 꿇고 기도를 했다는 것입니다.

"하나님! 제 딸에게서 생명의 빛을 거둬 가지 않으시면 제가 하나님의 자녀로 살겠습니다. 제 딸을 살려 주시면 제가 하나님의 자녀로 살겠으니 제 딸에게서 생명의 빛을 거둬 가지 마십시오!"

그 기도가 응답되어 딸이 암에서 낫고, 시력을 회복하게 되었습니다. 할렐루야! 그래서 살아 계신 하나님을 믿고 감사하며 세례를 받았습니다.

그런데 이어령 전 장관이 세례를 받고 3주째 되는 날, 그분의 손자, 곧 이민아 변호사의 아들이 갑자기 죽었습니다. 하나님께서 딸은 구해 주셨으나 명문 버클리 대학교를 나온 25세 된, 사랑하는 손자를 데리고 가신 것입니다. 그 충격을 어떻게 표현할 길이 없었지만 그분은 이사야 55장 8-9절 말씀으로 위로를 받았다고 했습니다.

“여호와의 말씀에 내 생각은 너희 생각과 다르며 내 길은 너희 길과 달라서 하늘이 땅보다 높음같이 내 길은 너희 길보다 높으며 내 생각은 너희 생각보다 높으니라.”

‘내가 하나님이라면 내 손자도 살릴 텐데……. 그래, 하나님께서는 다른 뜻을 갖고 계시는구나. 그 이유를 모르지만 하나님께서 하신 일이니 어떡하겠나?’

그래서 사랑하는 손자가 죽어도 신앙이 흔들리지 않고 믿음으로 잘 달리며 하나님을 증거했습니다.

홍해가 갈라졌을 때, 홍해를 지나가는 이스라엘 백성들은 그 신비로운 바닷길을 지나가면서 하나님을 찬양했습니다. 그들이 홍해를 다 지나오자 물이 다시 흘러 애굽 군대를 다 수장시켰고, 그때 그들이 홍해 변에서 하나님을 찬양하고 하나님을 높였습니다.

그리고 사막 길을 가는데 3일이나 계속 가도 물을 찾지 못했습니다. 목이 타서 죽을 지경인데 물이 없습니다. 그러나 그때도 하나님께서는 그들과 함께 계셨습니다. 홍해가 갈라질 때도 하나님께서는 함께 계셨고, 물이 없어 목이 타는 그때에도 하나님께서는 구름 기둥으로 함께하셨습니다.

목말라 죽을 지경이던 그들이 물을 만났습니다. “물이다!” 하고 급히 마시는데 물에 독이 있어 모두가 토하며 뒹굽니다. 그 아수라장에도 하나님께서는 함께 계셨습니다. 모세가 기도하니 하나님께서 신비로운 나무를 주셔서 그것을 물에 넣는 순간 마라의 물이 신선한 생수가 되었습니다.

하나님께서는 홍해를 가르시고, 목마름을 주시고, 쓴물을 주셨다가 회복시켜 주시고, 그 뒤에 또 수풀이 우거진 오아시스 엘림에서 쉬게 하시고, 또 사막 길을 가게 하셨습니다. 그래서 성경은 말씀합니다.

"범사에 감사하라. 항상 기뻐하라."

하나님께서는 좋은 일만 주시지 않습니다. 우리에게 어려움도 주셔서 우리를 다듬어 가시는 것입니다.

모니카에게 방탕한 아들이 있었기 때문에 모니카가 마루가 썩도록 10여 년간 눈물로 기도한 것입니다. 그렇게 기도하여 그 기도에 대한 응답으로 그의 아들 어거스틴이 기독교의 산맥 같은 사람이 된 것입니다. 그리고 기도의 어머니가 된 그는 세계에 간증거리가 되고, 문제가 있는 자녀를 둔 어머니들에게 힘을 주고 있습니다.

그래서 좋은 일이 있고, 일이 형통하고 잘 풀리는 때에도 감사해야 하지만, 어려운 일이 있어도 곧 감사하고 더 좋게 될 줄 믿고 승리하시기를 축원합니다.

두 번째로 깨닫게 되는 교훈은, 우리가 무덤에 들어갈 때까지, 곧 천당에 갈 때까지 문제는 계속 있고, 모든 문제는 우리 주님 앞에 갖고 와야 한다는 것입니다.

그 아버지가 병원에, 한의원에, 유명한 점쟁이에게, 어디에 간들 귀신 들린 아들을 고치겠습니까? 그 아들을 고쳐 줄 분은 오직 예수님뿐입니다. 그렇기에 예수님께 데리고 왔을 때 아들이 건강을 회복한 것입니다.

우리가 무덤에 들어갈 때까지, 천당에 갈 때까지 문제는 계속 있습니다. 그 모든 문제는 우리 주님 앞에 갖고 와야 해결됩니다. “마음속에 근심 있는 사람 주 예수 앞에 다 아뢰어라”라는 찬송가 가사처럼 하나님 앞에 가지고 와야 합니다.

우리는 살아가면서 작고 큰 문제, 곧 건강 문제, 영의 문제, 아들딸의 문제, 경제 문제, 직장 문제, 인간관계의 문제를 겪게 됩니다. 세상 끝날 때까지 두려운 문제, 근심되는 문제는 계속 옵니다. 그러나 그것을 주님께로 갖고 나와 아뢰면 그것이 간증거리가 되는 것입니다.

저희 어머니께서 힘들 때마다 부르신 찬송이 있습니다.

주 안에 있는 나에게 딴 근심 있으랴
십자가 밑에 나아가 내 짐을 풀었네
주님을 찬송하면서 할렐루야 할렐루야
내 앞길 멀고 험해도 나 주님만 따라가리.

그 두려움이 변하여 내 기도 되었고
전날의 한숨 변하여 내 노래 되었네
주님을 찬송하면서 할렐루야 할렐루야
내 앞길 멀고 험해도 나 주님만 따라가리.

내 주는 자비하셔서 늘 함께 계시고
내 궁핍함을 아시고 늘 채워 주시네

주님을 찬송하면서 할렐루야 할렐루야
내 앞길 멀고 험해도 나 주님만 따라가리.

내 주와 맺은 언약은 영 불변하시니
그 나라 가기까지는 늘 보호하시네
주님을 찬송하면서 할렐루야 할렐루야
내 앞길 멀고 험해도 나 주님만 따라가리.

하나님께서는 우리를 늘 보호해 주십니다. 함께해 주십니다. 우리 하나님께 모든 것을 아뢰면 됩니다.

"아무것도 염려하지 말고 오직 모든 일에 기도와 간구로, 너희 구할 것을 감사함으로 하나님께 아뢰라 그리하면 모든 지각에 뛰어난 하나님의 평강이 그리스도 예수 안에서 너희 마음과 생각을 지키시리라"(빌 4:6-7).

어떤 문제가 와도 주님께 아뢰어 승리하시기를 바랍니다.

세 번째로 깨닫게 되는 것은 기도해야 주님의 능력을 받을 수 있다는 것입니다.

마가복음 6장 12-13절에 보면, 예수님의 제자들이 귀신을 쫓아내고 병을 치료했습니다. 그런데 본문에서는 왜 귀신을 쫓아내지 못했습니까? 기도하지 않았기 때문입니다.

우리가 하나님의 능력을 사용하는 통로는 기도입니다. 수도꼭지를 열어야 물이 나오는 것처럼 기도해야 능력이 임합니다. 하나님께서는 우리를 사랑하십니다. 그러나 기도해야 하나님의 능력을 우리에게 퍼부어 주십니다.

세계는 에너지 전쟁 중입니다. 세계가 석유로 전쟁을 하는데, 미국은 지금 방향을 바꾸었습니다. 지상 10킬로미터로 올라가면 지상의 바람보다 50배나 강한 바람이 붑니다. 그래서 비행기가 1만 미터 상공으로 올라가면 바람을 이용해서 날 수 있어 연료가 절약됩니다. 미 항공우주국에서 엄청난 예산을 들여 그 풍력을 활용하여 전기를 만들어 지상으로 보내는 일을 하고 있습니다. 특수 실을 이용하여 대형 연을 지상에서 10킬로미터 위에 띄우고 그 연에 풍력 발전기를 달면 전기가 지상으로 오는데, 엄청난 전력이 생산되는 것입니다. 그 엄청난 바람의 능력을 선(line)으로 공급받습니다.

그런데 그보다 억만 배 더 큰 능력, 하나님의 능력은 기도로 받습니다. 시편 18편 1절에 "나의 힘이 되신 여호와여 내가 주를 사랑하나이다"라고 말씀합니다.

회사 생활이 힘들고, 사업이 힘들고, 사람 만나는 것이 쉽지 않지만 하나님의 능력으로 이기시기 바랍니다. 유혹도 있고, 마귀의 시험도 있지만 하나님의 능력으로 이기시기 바랍니다. 사람들의 비난, 조롱이 있어도 하나님의 능력으로 이길 수 있는 것입니다.

"내게 능력 주시는 자 안에서 내가 모든 것을 할 수 있느니라"(빌 4:13).

건널 수 없는 홍해가 있어도 주님의 능력으로는 가를 수 있습니다. 아무리 높고 단단한 여리고 성벽이라도 주님의 능력으로는 무너뜨릴 수 있습니다. 내 몸의 암도 주님의 능력으로 이길 수 있습니다.

그 능력은 기도를 통해 옵니다. 하나님께서는 기도하는 자에게 모든 것을 넘치도록 부어 주십니다. 왜 그렇습니까? 우리를 사랑하시기 때문입니다.

한 부자 할머니의 딸이 만주로 이사를 갔습니다. 그런데 얼마 안 되어 6 · 25가 터지고 38선이 생겨 오도 가도 못하게 되었습니다. 부자 할머니는 아들딸들에게 다 이불을 한 채씩 해주었는데, 만주에 있는 딸에게는 줄 수가 없었습니다. 그래서 그 딸의 이불을 시렁에 얹어 놓고 "저것은 양실이 이불이다"라고 했습니다. 설이나 추석 때 아들딸과 친척들이 모여 이불이 부족해서 그 이불을 덮으려 하면 할머니가 "그것은 손대지 마라. 그것은 양실이 것이다. 그것은 양실이 주어야 한다"라고 했습니다.

세월이 지나서 양실이가 길림 성에 산다는 정보를 얻었습니다. 아들을 통해 길림 성장에게 '양실이는 이런 사람이니 찾아 달라'는 편지를 보냈습니다. 그러나 응답이 없었습니다. 그래도 할머니는 그 이불을 보며 "저건 양실이 건데, 양실이……" 하다가 세상을 떠났습니다. 할머니의 마음이 딸에게 있으니 할머니가 늘 만주 하늘을 보며 "양실이가 와야 이 이불을 주는데……. 양실이! 양실이!" 하다가 세상을 떠난 것입니다. 할머니가 세상을 떠나니 양실이 이불도 끝났습니다. 할머니는 양실이를 사랑하지만 전능하지 못하니 이불도 전할 수 없었습니다.

그러나 우리 하나님은 전지전능하십니다. 능치 못하실 일이 없습니다. 그 하나님의 능력과 도움은 기도하는 자에게 옵니다. 그래서 항상 기도해야 합니다. 운전하면서도 "주여! 주여!" 해야 합니다.

그러나 최고의 기도는 시간을 정해서 하는 것입니다. 시간을 정해서 새벽에 기도하고, 밤에 기도하고, 또 기도 자리를 정해 놓고 기도하는 것이 좋습니다. 저는 하루 열네 번 정도 엎드려 기도합니다. 매일, 엎드리고 엎드립니다.

삼손을 보십시오. 사사기 16장에 보면, 삼손이 여자를 잘못 사귀어서 눈이 뽑혔습니다. 음녀는 생명을 사냥하는 함정입니다. 여자 때문에 망하는 사람이 한두 사람이 아닙니다. 그 힘이 센 삼손, 하나님의 사람 삼손이 여자한테 빠져 종이 되었습니다. 머리카락이 잘리고 눈이 뽑혔습니다. 그리고 줄에 묶인 채 옥에서 마치 말처럼 맷돌을 돌렸습니다. 그 모습을 보며 블레셋 사람들이 자기들의 신이 승리했다고 자기들의 신전에서 다곤 신을 찬양했습니다. 그리고 삼손을 옥에서 끌어내어 3천 명이 지켜보는 데서 채찍으로 때리며 놀이를 하게 했습니다. 삼손은 그들이 시키는 대로 곰춤도 추고, 산토끼 춤도 추고, 원숭이 춤도 춥니다.

우리가 세상 유혹에 빠지면 예수님을 믿지 않는 사람들에게 조롱거리가 됩니다. 정신 차려 깨어서 승리하시기 바랍니다. 남자는 여자를 조심하고, 여자는 남자를 조심하고, 우리는 악한 마귀를 조심해서 모두가 눈 뽑히는 일이 없기를 축원합니다. 늘 승리의 깃발을 날리시기 바랍니다.

천하장사 삼손이 토끼뜀을 하고, 곰 노릇을 하고, 돼지처럼 꿀

꿀거리고, 시키는 대로 했습니다. 그리고 그들이 던져 준 빵 하나를 먹으려고 허겁지겁하면 또 그 빵을 빼앗아 갑니다. 눈이 없고 배가 고프니 그 서러움을 당합니다. 얼마나 비참합니까?

그러나 삼손은 그때 자기 손을 잡고 있는 소년에게 말했습니다.

"이 집을 버티는 기둥이 있는 곳에 나를 데려다다오."

소년이 그를 데려다 주자 그는 양 기둥을 잡고 하나님께 기도했습니다.

"하나님! 한 번만 저를 강하게 해주세요. 한 번만 저를 강하게 하셔서 제 눈을 뽑은 블레셋 사람들의 원수를 갚게 해주세요. 한 번만 제게 힘을 주세요!"

울부짖으며 기도합니다.

"하나님! 저는 블레셋 사람들과 함께 죽기를 원합니다. 하나님! 힘을 주세요!"

삼손에게 느낌이 왔습니다. 강한 힘을 느낀 삼손이 양 기둥을 안고 앞으로 쓰러지면서 "여호와여! 여호와여!" 하고 부르짖었습니다. 그때 능력이 임해 두 기둥이 꺾였습니다. 그래서 신전이 무너져 3천 명이 즉사했습니다. 삼손이 머리가 깎여 힘이 없었지만 하나님께 부르짖으니 하나님께서 힘을 주신 것입니다.

하나님께서 우리에게 이 말씀을 주시는 것은 우리에게 힘이 필요하기 때문입니다. 세상을 이길, 두려움을 이길, 병을 이길, 원수를 이길, 마귀를 이길 힘이 필요합니다.

하나님께서는 우리가 기도할 때 우리에게 힘을 주십니다. 그러므로 기도하십시오. 우리가 천당 갈 때까지는 천국 같은 일과 지옥 같은 일, 성공과 실패, 낮과 밤이 계속되지만 우리 주님께서는 어떠한 경우에도 끝까지 우리와 함께 계심을 믿고 기도하십시오. 우리가 승리하게 해달라고 기도하십시오. 우리의 어떤 문제라도 주님께 아뢰어 간증거리를 만들게 해달라고 기도하십시오. 문제의 파도 앞에 파묻히는 바보가 없게 하시고, 파도를 타고 이기게 해달라고 기도하십시오.

우리 주님께서 우리 손을 붙잡아 주시고 성령의 불을 주실 줄 믿습니다.

12

# 밭에 감추인 보화

(마태복음 13:44)

한 양반이 첩을 두고 살았습니다. 첩은 보약을 달이면 언제나 일정한 양을 보기 좋게 갖고 오는데, 본부인은 철철 넘쳤다가 적었다가 그 양이 들쑥날쑥했습니다. 하루는 대감이 본부인에게 말했습니다.

"부인, 부인은 어찌 약도 제대로 못 달이시오? 약이 넘치다가 부족하다가 들쑥날쑥하니 어찌 그러시오?"

"대감, 저는 약을 달여서 나오는 그대로, 많으면 많은 대로 적으면 적은 대로 대감께 갖고 가지만 작은부인은 약이 적으면 물을 부어서 보기 좋게 담아 오니 늘 같은 것입니다."

본부인은 칭찬받기 위해서가 아니라 남편의 건강을 위해 약을 달이는데, 첩은 칭찬받기 위해 물을 타서 항상 일정한 양을 갖고 온 것입니다.

저는 본부인처럼 설교를 합니다. 설교가 길면 긴 대로, 짧으면 짧은 대로 빨리 하기도 하고 느리게 하기도 합니다. 설교 잘한다는 칭찬을 들으려는 생각은 꿈에서도 하지 않습니다. 그저 교인들이 말씀을 먹고서 복 받고 강건하도록, 입체적으로 잘되도록 하려고 말씀을 준비하는 것입니다.

예수님께서 해변으로 나가서 거기에 앉으시니 수많은 사람이 또 몰려왔습니다. 예수님께서는 정박되어 있는 배에 오르시어 해변에 서 있는 사람들에게 천국 복음을 비유로 전하셨습니다.

'비유'는 헬라어 '파라볼레'에서 유래된 말로 '곁에 둔다, 옆에 놓는다'는 뜻입니다. 아이에게 '기역'을 가르칠 때 낫을 보여주면 쉽게 알 수 있듯이 천국을 쉽게 알아듣도록 비유로 가르치신 것입니다.

예수님을 믿는 목적은 행복한 부부생활을 하고, 자녀가 잘되고 훌륭하게 되는 것이 아닙니다. 예수님을 믿으면 그런 것이 따라오지만, 예수님을 믿는 주된 목적은 천국에 가는 것입니다. 그래서 예수님께서는 천국 복음을 계속 전하시며 "회개하라! 천국이 가까웠느니라"라고 말씀하셨고, 언제나 천국을 비유로 계속 말씀하신 것입니다.

누구든지 예수님을 믿으면 천국에 갑니다. 그렇게 가는 길에 하나님께서 복을 주시는 것이지, 우리가 세상에서 잘되고 건강하려고 예수님을 믿는 것은 아닙니다.

예수님께서는 천국 복음을 비유로 전하신 후에 집으로 돌아오셨습니다. 그때 제자들이 "그 비유는 무슨 뜻입니까?"라고 물었습니다. 예수님께서 쉽게 설명하셔도 제자들이 알아듣지 못한 것입니다. 그래서 예수님께서 설명을 하시다가 천국 비유를 본문으로 말씀하셨습니다.

> "천국은 마치 밭에 감추인 보화와 같으니 사람이 이를 발견한 후 숨겨두고 기뻐하여 돌아가서 자기의 소유를 다 팔아 그 밭을 샀느니라"(마 13:44).

무슨 뜻입니까? 예수님께서 재림하시기까지 전쟁은 계속됩니다. 우리는 전쟁하기 싫어도 북한에서 공격해 오면 전면전이 일어납니다.

제가 보스턴에 있을 때 쿠웨이트 방송사에 근무하던 분을 만났습니다. 그분을 전도하기 위해 저희 집에 초대했다가 그분에게 들은 이야기입니다.

이라크가 쿠웨이트를 정복했을 때 가장 먼저 탈취한 곳이 은행이랍니다. 여러분은 지금 은행에 얼마나 예금해 놓았는지 몰라도 전쟁이 나면 그것은 아무 소용이 없습니다. 그다음에 보석상과 부잣집을 탈취했답니다. 큰 부잣집에는 금덩어리, 은덩어리, 보석, 다이아몬드와 돈이 가득하지만 전쟁이 일어나면 피난 갈 때 그것을 두고 갈 수도, 지고 갈 수도 없어 고민하게 됩니다.

어느 거지 아버지와 아들이 길 가다가 큰 부잣집에 불이 나서 야단하는 것을 보고 아들이 "아빠, 저 집은 걱정이 많겠다"라고 하니 아버지가 "그래, 네놈은 그런 걱정 없이 사는 것이 다 애비 덕인 줄 알아라"라고 했답니다. 전쟁이 일어나면 거지는 몸만 빠져나가면 되지만 부자는 머리가 아픈 것입니다.

이스라엘 주변 나라는 다 호전국입니다. 블레셋, 앗수르, 암몬, 모압, 페르시아, 다 전쟁을 좋아하니 이스라엘은 상처투성이였습니다. 그래서 이스라엘 부자들은 전쟁이 날 때마다 신속히 큰 항아리에 금은보화, 돈을 다 담아 사람의 눈을 피해 산골짝이나 산기슭, 산자락, 자갈밭에 묻어 두고 피난을 갔습니다. 그리고 전쟁이 끝나면 다시 와서 그것을 캐내어 갔습니다. 그러나 피난 간 사람들이 다 살아옵니까? 죽는 사람들도 많습니다. 그러면 그 많은 재물을 묻어 둔 것을 아무도 모릅니다. 나중에 가세가 기울어 자녀들이 그 땅을 팔면 주인이 바뀌고 재물은 영원히 묻힙니다.

그런데 한 가난한 사람, 남의 집의 거름을 치워 주고 밭을 갈아 주고 품팔이해서 먹고 사는 품꾼이 어떤 집의 밭을 갈러 갔습니다. 삯을 받고 그 집의 돌밭을 가는데 '서그럭서그럭' 소리가 납니다.

'이게 무슨 소리지?'

파 보니 항아리 뚜껑이 나옵니다. 뚜껑을 열자 금은보화, 진주, 홍보석, 남보석이 가득 차 있습니다. 그는 깜짝 놀랍니다. 영어성경에 보면 'exiting'이라고 되어 있습니다. 그는 항아리 뚜껑을 덮고 기쁨으로 달려가 자기 집의 소유를 다 팔았습니다. 집 앞의 작은 땅, 반지, 숟가락을 다 팝니다. 부인이 왜 그러느냐고 해도 이유를 말하지 않았습니다. 그렇게 그는 자기 집의 모든 소유를 다 판 후에 밭주인을 찾아갔습니다.

"어르신, 어르신은 땅이 많지 않습니까? 그런데 산기슭의 땅은 돌도 많고 수확도 잘 안 되니 제게 파시지요. 저는 땅이 없으니 그 땅의 돌을 다 주워내고 열심히 일구어 한번 잘살아 보겠습니다. 어르신, 죽을 사람 살리는 셈치고 그 밭을 제게 파십시오."

밭주인은 평소에 귀찮게 생각하고 있던 땅을 젊은 사람이 그렇게 원하니 별 고민 없이 팔았습니다. 그 땅을 사서 집에 돌아온 그는 새벽이 되자 잠자고 있는 아내를 깨웁니다. 그리고 헛간에서 괭이와 삽을 갖고 나와 아내에게 따라오라며 산으로 갑니다. 부인은 겁이 났습니다. 남편이 새벽부터 괭이와 삽을 들고 산으로 가니 무슨 일인지 가슴이 두근거렸습니다.

"여보, 어디 가요? 무슨 일이에요?"

"아무 말 말고 따라오기나 해요."

남편이 산기슭에 가서 땅을 파니 항아리가 나오고, 그 안에는 금은보화가 가득 차 있었습니다. 부부가 "이제 우리는 부자가 되었다" 하며 부둥켜안고 기뻐했습니다. 그것을 가지고 와서 바다 같은 농장을 사고, 고래등 같은 집을 짓고, 수많은 머슴과 하인들을 두고 떵떵거리며 살게 되었습니다.

여기에서 우리가 깨닫게 되는 것은, 누구에게든지 기회는 온다는 것입니다.

그는 성실한 사람이라 남의 땅이지만 자기 땅처럼 깊이 갈았고, 또 정직해서 그 보화가 밭주인의 것이 아니지만 그냥 파내지 않고 자기 소유를 다 팔아 그 밭을 사서 보화를 캐냈습니다. 품꾼으로 사는 것이 서럽고 힘들지만 계속 성실하고 정직하게 살다 보니 보화를 만난 것입니다.

이런 시가 있습니다.

"삶이 그대를 속이더라도 슬퍼하거나 노하지 말라. 설움의 날을 참고 견디면 정녕 기쁨의 날도 오리니."

저도 서러운 일이 많았습니다. 그래서 새벽 3시에 교회에 가서 운 적도 많았습니다. 그러나 살다 보니 금은보화도 얻고, 미인에게 장가도 가고, 자식들도 잘되고, 좋은 장로님들을 만나고, 좋은 교회를 만나서 이렇게 행복하게 삽니다. 할렐루야!

일이 안 되어도 인내해야 합니다. 히브리서 10장 36절에 "너희에게 인내가 필요함은 너희가 하나님의 뜻을 행한 후에 약속을 받기 위함이라"라고 말씀합니다. 야고보서 1장 4절에도 "인내를 온전히 이루라 이는 너희로 온전하고 구비하여 조금도 부족함이 없게 하려 함이라"라고 말씀합니다. 야고보서 5장 11절에는 "인내하는 자를 우리가 복되다 하나니 너희가 욥의 인내를 들었고"라고 말씀합니다.

욥은 의롭고 바르게 하나님을 섬기고 살았습니다. 그런데 하루아침에 아들 일곱과 딸 셋이 다 죽었고, 재산을 다 잃었고, 몸의 건강이 나빠졌고, 친구들에게 조롱받는 사람이 되었습니다. 그래도 인내하니 하나님께서 불원간에 갑절의 복을 주셔서 모든 친구들이 그 앞에 머리를 숙이고, 세상 모든 사람들이 머리를 숙이는 위대한 인물로 만들어 주셨습니다.

모르드개는 한평생 문지기로 살았지만 우상을 섬기지 않고 목숨을 걸고 하나님을 섬겼더니 어느 날 그 나라 총리가 되었습니다.

요셉은 억울하게 감옥에 가서 옥살이를 하지만 그래도 인내하니 나이 서른에 총리가 되었습니다.

특별히 민주주의 나라, 자본 시장 경제 체제의 나라에서는 기회가 있습니다. 열심히 공부하면 의사, 판사, 검사, 변호사, 목사, 교수, 외교관, 장관이 될 수 있고 대통령이 될 수도 있습니다. 식당을 해도 성공할 수 있고, 넝마를 줍고 휴지를 주워도 부자가 될 수 있습니다. 부산에는 구두닦이로 시작해서 한 달에 1,500만 원, 2천만 원의 수입을 올리는 구두 수선 전문점이 있습니다.

기회는 모든 사람에게 있는 것입니다. 그러므로 낙심할 필요가 없고, 절망할 필요가 없습니다. 우리가 성실히, 열심히 사노라면 반드시 좋은 날이 오는 것입니다. 언제나 희망을 품고 살게 되시기를 축복합니다.

또 우리가 깨닫게 되는 것은, 우리 주님은 온 세상의 모든 것을 투자해서라도 꼭 모셔야 하는 고귀한 분이시라는 것입니다.

본문의 품꾼이 자기의 작은 텃밭, 결혼반지, 숟가락, 놋그릇까지 다 팔았지만 그것을 아까워하지 않았습니다. 밭에 감추어져 있는 보화 항아리를 얻기 위해서 그것은 아무것도 아니기 때문입니다.

우리도 이처럼 예수님을 믿기 위해, 예수님을 가지기 위해 무엇이든 버릴 수 있어야 합니다. 예수님은 온 세상을 다 버리고서라도 우리가 소유해야 할 무한대의 가치를 지닌 그리스도이십니다. 교회만큼 큰 금덩어리를 주고서라도 예수님은 우리가 믿어야 되는 분이십니다.

마태복음 19장에 보면, 한 부자 청년이 예수님 앞에 옵니다.

그가 영생에 대해 물었을 때 예수님께서 그에게, "가서 재산을 다 팔아 가난한 자에게 나눠 주라. 그러면 하늘나라 보화가 있으리라. 그리고 나를 따르라"라고 말씀하셨습니다. 그러나 그는 재산을 버리지 못해 예수님을 따르지 못했습니다. 그가 만일 재산을 버리고 예수님을 따랐다면 보화를 얻은, 그런 축복의 사람이 되었을 것입니다.

우리나라 부자 100명의 재산을 다 모아 놓으면 상당하겠지만 그것과 예수님의 가치는 비교할 수도 없습니다. 온 세상 모든 부자들의 재산을 다 모아 놓아도 예수님의 가치와 비교할 수 없는 것입니다.

욥기 28장 12절 이하에 보면, 홍보석이 가장 귀한 보석으로 나옵니다.

"지혜가 어디 있느냐? 지혜가 어디서 나오느냐? 세상에는 없다. 물이 말하되 지혜는 물에 없다. 바다가 말하되 지혜는 바다에도 없다. 지혜는 순금으로도 측량할 수 없고 진주로도, 남보석으로도, 유리로도, 청옥으로도 측량할 수 없고, 지혜의 값은 홍보석보다 귀하다. 지혜의 값은 무한대다."

지구만한 홍보석이 있다면 얼마나 귀하겠습니까? 그러나 그것은 주님과 비교도 못합니다. 왜 그렇습니까? 우리 주님은 온 우주의 주인이시기 때문입니다.

그래서 밭에 감추인 보화를 발견했을 때 그것을 소유하기 위해 무엇이든지 할 수 있는 것처럼, 우리가 예수님을 모시면 모든 것을 다 가진 것입니다. 내가 예수님을 모시면 우주의 주인이신 예수님께서 내 안에 계시게 됩니다. 이 얼마나 놀라운 일입니까?

그래서 다른 것은 분토같이 버려도 예수님은 반드시 우리가 찾아서 모셔야 합니다. 고린도전서 3장 9절에서는 교회를 밭이라고 말씀하였습니다.

"You are God's field."

교회는 하나님의 밭입니다. 하나님의 밭에서 예수님을 만나는 것입니다.

만일 품꾼이 보화를 보고도 그냥 돌아섰다면 어떡합니까? 그 품꾼이 집에 가서 자기의 모든 것을 팔아서 밭을 샀으니 복을 누렸지, 덮어두고 돌아가서 그 밭을 사지 않았다면 아무 소용이 없었을 것입니다.

교회에 오셔서 밭에 감추인 보화 같은 예수님을 발견해 놓고도 예수님을 믿지 않으면 아무 소용이 없습니다. 한 분도 빠짐없이 이 보화 항아리 예수님을 모시는 축복이 있기를 바랍니다.

> 주 예수보다 더 귀한 것은 없네
> 이 세상 부귀와 바꿀 수 없네.

예수님과 바꿀 것은 아무것도 없습니다. 아무리 많은 재산을 가진 사람이라도, 천 조의 재산을 가진 사람이라도 예수님이 계시지 않으면 가장 가난하고 불쌍한 사람입니다. 아무리 가난한 사람, 월세방에 사는 사람이라도 예수님을 모셨으면 영원한 부자가 되는 것입니다.

우리가 예수님을 모시면 영원하신 하나님을 모시는 것이 되고,

또 예수님을 모시면 하나님께서 우리에게 구체적으로 누리게 해 주시는 축복이 가득해집니다.

예수님을 지혜로도 비유하는데, 잠언 3장 15-18절에 "지혜는 진주보다 귀하니 너의 사모하는 모든 것으로 이에 비교할 수 없도다 그 우편 손에는 장수가 있고 그 좌편 손에는 부귀가 있나니 그 길은 즐거운 길이요 그 첩경은 다 평강이니라 지혜는 그 얻은 자에게 생명나무라"라고 말씀합니다.

여기에서 예수님을 모신 자는 장수하게 된다고 하였습니다. 왜 그렇습니까? 예수님을 믿으니 담배를 피우지 않습니다. 담배 피우는 사람들은 담배 맛이 죽여준다고 말합니다. 그 정도로 담배 맛이 좋다는 것입니다. 그러나 은혜를 받으면 담배가 싫어집니다. 그러니 5년 더 살게 됩니다. 또 술을 마시지 않아 5년 더 살게 되고, 화를 내지 않아 5년 더 살게 된다고 합니다.

하버드 대학의 한 연구에 의하면, 화를 자주 내는 사람은 심장병으로 쓰러질 확률이 그렇지 않은 사람보다 2배나 높답니다. 또 모든 병의 70퍼센트는 원망하고 화낼 때 생긴답니다. 암세포도 억울한 일을 당하여 분을 내고 원통해할 때 잘 생긴다는 것입니다. 그런데 예수님을 믿는 사람은 화가 나는 일을 만나도 "주여!" 하고 화를 삭이고, 원통한 일을 당하고 원수를 만나도 '모든 일이 합력하여 선이 되겠지' 하며 이기니 건강해지는 것입니다.

예수님을 모신 사람은 이 세상에서만 건강한 것이 아니라 영원히 장수합니다. 잠언 3장 18절에 "지혜는 그 얻은 자에게 생명나무라"고 말씀합니다. 생명나무는 창세기 3장 22절에 나오는데, 생명나무 실과를 따먹으면 영생합니다. 영원히 사는 것입니다.

이것이 보통 일입니까?

오래전, 제가 미국 포틀랜드의 한 교회에서 부흥회를 인도했습니다. 그때 점잖은 한 장로님께서 점심식사를 하시며 이런저런 이야기를 해주셨습니다. 그때 들은 이야기입니다.

포틀랜드의 큰 부자가 몸이 아파 친구의 병원에 가서 검사를 받았습니다. 골수암이 온몸에 퍼져 살길이 없었고, 두 다리와 두 팔을 다 잘라도 한 1, 2년 정도 더 살 수 있을까 하는 정도였습니다. 그래서 의사는 자기 친구에게 팔다리를 다 잘라도 얼마 더 못 산다는 것을 숨겼습니다.

"아무 일 없으니 맛있는 것을 먹으며 푹 쉬게. 자네가 돈 번다고 고생했는데 이제는 좀 편하게 지내게."

그리고 진통제를 주었습니다. 그러나 그 부자가 나중에는 진통제를 9개나 먹어도 진통이 멈추지 않으니 병원에 와서 물었습니다.

"이 사람아, 내 병이 뭐야? 진통제를 한 줌씩 먹어도 고통이 멈추지 않아."

"골수암이야. 자네 생명이 다 되어가네."

"얼마나 더 살 수 있는가?"

"오래 살아야 2주일세."

"친구야! 1년만 더 살게 해주면 내 재산의 절반을 줄게."

"이 사람아, 자네 재산을 다 준다 해도 현대 의술로는 자네 생명을 연장시킬 수 없네."

그 며칠 후에 그 부자가 세상을 떠났다고 합니다.

예수님께서 말씀하셨습니다.

“너희가 온 천하를 얻고도 네 목숨을 잃으면 무슨 유익이 있느냐?”

이 세상에서 몇 년 더 사는 것도 중요하지만, 누구나 곧 죽습니다. 벚꽃이 화려하지만 금방 다 떨어집니다. 일부러 따지 않아도 떨어집니다. 사람이 몇 년 더 살아도 결국은 죽습니다.

그런데 예수님을 믿으면 영원히 삽니다. 이것은 하나님께서 약속하신 것입니다.

> “나는 부활이요 생명이니 나를 믿는 자는 죽어도 살겠고 무릇 살아서 나를 믿는 자는 영원히 죽지 아니하리니”(요 11:25-26).

우리 육신은 죽어도 영혼은 영원히 삽니다. 우리가 죽는 그날 천국에 가는 것입니다.

민수기 21장 4-9절에 보면, 이스라엘 백성들이 홍해 변으로 지나가다가 길이 험하니 불평합니다. 우리는 인생길이 험할 때 말조심해야 합니다. ‘모세가 우리를 애굽에서 데리고 나와서 이렇게 고생시키는구나. 여기는 먹을 것도 없고 물도 없다. 매일 먹는 만나, 지겹다. 이 박한 식물, 우리는 원하지 않는다’면서 불평했을 때, 하나님께서 진노하셔서 불뱀을 보내셨습니다.

불평하면 재앙이 옵니다. 불뱀, 독사가 와서 무니 사람들이 퉁퉁 부어 쓰러져 죽었습니다. 남편이 죽고, 아들이 죽고, 딸이 죽으니 사람들이 모세에게 매달려 “우리가 잘못했습니다. 하나님께 기도해서 제발 불뱀을 쫓아 주세요”라고 했습니다. 그래서 모세가 기도하자 불뱀이 빠져나갔습니다. 또한 하나님께서 마음을 돌이키시고 "모세야, 구리로 불뱀을 만들어 장대에 높이 달아라. 바라본즉 살리라"라고 말씀하셨습니다. 그래서 불뱀을 만들어 장대에 달았습니다. 그것을 바라본즉 해독이 되고 깨끗이 나았습니다.

예수님께서 이 사건을 인용하여 말씀하셨습니다.

> "모세가 광야에서 뱀을 든 것같이 인자도 들려야 하리니 이는 저를 믿는 자마다 영생을 얻게 하려 하심이니라"(요 3:14-15).

이것은 주님의 약속입니다. 구리뱀을 보았던 자들은 뱀독이 해독되고 세상의 생명이 연장된 것뿐이지만, 십자가에 달리신 예수님을 바라보고 믿으면 불뱀이 아니라 마귀의 독, 죄의 독이 해독되고 영원히 살게 되는 것입니다. 그리기에 온 세싱을 다 버러도 예수님은 우리가 모셔야 하는 것입니다.

> "그 우편 손에는 장수가 있고 그 좌편 손에는 부귀가 있나니"(잠 3:16).

무슨 말씀입니까? 지금 세계 선진국은 다 예수님을 믿는 나라들입니다. 6·25 전에는 남한보다 8배로 잘살았던 북한이 예수님을 믿는 사람들과 목사님들을 죽이고 복음을 막았을 때 세계에서 가장 가난한 나라가 되었습니다. 우리나라는 죄가 많아도 마을마다, 도시마다 교회가 서고 하나님을 잘 섬기니 세계가 주목하는 나라가 되는 것입니다. 부귀가 있는 것입니다.

저는 길에 나가면 깜짝 놀라곤 합니다. 미국에 가도 고물차가 많은데, 한국에는 고물차는 얼마 없고 거의 다 새 차입니다. 이렇게 좋은 차를 타고 다니는 나라가 별로 없습니다. 영국, 프랑스, 이탈리아에 가 보아도 우리처럼 좋은 차는 많지 않습니다. 하나님을 섬기면 그 나라에 부귀를 주시는 것입니다.

그리고 개인적으로도 잘됩니다. 우리 교회 한 장로님이 대기업의 과장으로 계실 때 부장에게 "자네 말이야, 교회밖에 모르고 그래서 어떡해? 꽉 막혀 가지고……. 술도 좀 마시고, 음담패설도 하고, 사람도 사귀고 인맥을 만들어야 크게 되지, 자네처럼 그러면 절대 크게 못 되네"라는 말을 들었습니다. 그러나 장로님은 세상을 본받지 않고 말씀에 맞추어 진실하게 살고, 설교대로 사는 분입니다. 매일 새벽기도회에 와서 기도하고 바로 회사에 출근하여 공부하다가, 집에서 가지고 온 얼린 찰떡 두 개가 녹으면 그것으로 아침 식사를 대신했습니다. 이제까지 그렇게 살아오셨습니다.

그런데 술 좋아하고 음담패설하고 사람을 사귀며 인맥을 만든 사람은 다 떨어져 나갔는데 우리 장로님은 며칠 전에 상무로 승진했습니다. 거대한 회사의 상무는 아무나 되는 것이 아닙니다.

예수님을 믿으면 십일조만 해도 부자가 됩니다. 주일만 지켜도 부자가 됩니다. 정직하니 부자가 됩니다. 열심히 사니 부자가 됩니다.

세계적인 재벌 깁스는 고아원에서 자란 고독한 사람이었습니다. 하루는 고아원에서 함께 자란 친구가 찾아왔습니다. 아주 가난하게 사는 그 친구가 용기를 내어 큰 성공을 한 친구, 깁스를 찾아온 것입니다.

"깁스, 자네나 나나 고아원 출신이고 같은 친구인데, 어찌 자네는 이렇게 대성했고 나는 아직까지 이렇게 어렵게 살고 있을까?"

"친구야, 이 세 가지만 해 보게. 하나님을 잘 섬기고, 무슨 일을 하든지 최선을 다하고, 술을 마시지 말게. 이렇게 10년 살면 부자가 될 거야. 만일에 그래도 부자가 되지 않으면 내가 자네를 부자로 만들어 주겠네."

하나님을 잘 섬기고, 주일을 잘 지키십시오. 하나님께서는 다 아십니다.

지금 미국에서 온 새로운 무기는 4,400킬로미터 하늘에서 골프 공을 잡아내고 우리의 자동차 번호를 다 밝혀낸답니다. "진주라 천 리 길을 내 어이 왔던고!"라는 말이 있는데, 천 리라 해봐야 400킬로미터입니다. 그런데 4,400킬로미터 하늘에서도 훤히 보는 것입니다. 사람이 만든 기계로도 다 볼 수 있는데, 하나님께서 잘 모르시겠습니까? 하나님께서는 주일을 잘 지키는 사람을 어여삐 여기십니다.

그리고 무슨 일을 하든지 최선을 다해야 하지만, 먼저 일을 잘 선택해야 합니다. 도박하면서 "주여! 축복하소서. 최선을 다하겠습니다" 하는 것은 하나님께서 축복하지 않으십니다. 도둑질하면서 "들키지 않게 하소서. 주여! 귀신같이 하게 하소서" 하는 것은 하나님께서 축복하지 않으십니다.

그리고 교회를 이용하여 이익을 채우려는 사람도 축복받지 못합니다. 교회는 주님의 몸입니다. 우리가 교우의 병원, 약국, 식당, 가게에 가서 도와주어야 하지만, 교회를 이용하여 돈을 벌려는 사람은 축복받지 못합니다.

우리 주님께서 말씀하셨습니다.

"눈을 들어 동서남북을 보라! 보이는 땅을 네게 주리라."

교회 안을 보지 말고 세상을 보면서 큰일 하시기 바랍니다. 좋은 일을 찾아서 최선을 다하시기 바랍니다. 그리고 술을 마시지 말기 바랍니다. 우리가 이렇게 살면 부요한 사람이 되고 귀한 사람이 될 줄 믿습니다.

"아브람에게 육축과 은금이 풍부하였더라"(창 13:2).

"아브라함이 나이 많아 늙었고 여호와께서 그의 범사에 복을 주셨더라"(창 24:1).

"그가 가로되 나는 아브라함의 종이니이다 여호와께서 나의 주인에게 크게 복을 주어 창성케 하시되……"(창 24:34-35).

"야곱이……거부가 되었다 하는지라"(창 31:1).

"저가 나이 많아 늙도록 부하고 존귀하다가 죽으매 그 아들 솔로몬이 대신하여 왕이 되니라"(대상 29:28).

"여호사밧이 부귀와 영광이 극하였고"(대하 18:1).

우리가 범죄하지 않고 바로 살면 하나님께서 이렇게 세워 주십니다. 그리고 "그 길은 즐거운 길이요 그 첩경은 다 평강이니라"(잠 3:17)고 말씀하시는데, 여기에서 "그 길"은 큰길, 곧 대로를 말하고, "그 첩경"은 좁은 도로를 말합니다. 큰길을 가도 평안하고, 좁은 길을 가도 즐겁고 행복해진다는 것입니다.

가장 행복한 사람은 예수의 사람입니다. 진주, 지혜, 예수님을 모신 사람입니다. 왜 그렇습니까?

우선 예수님은 우리의 즐거움입니다. 저는 제 아내를 초등학교 6학년 때 '아! 예쁘다. 아! 영숙이, 참 노래 잘한다' 하고 점찍어 놓았습니다. 그러고는 헤어졌는데 나중에 만나 결혼하게 되었습니다. 그때 얼마나 기뻤는지, 온 세상을 얻은 것처럼 춤을 추고 싶었지만 3일이 지나니 '아! 내가 잘못 짚었구나' 하게 되었습니다. 결혼 전에 천사 같던 여자가 아주 무서운 여자로 나타났습니다. 그래서 이혼할 뻔했지만 인내하며 살다 보니 이렇게 좋은 날이 온 것입니다. 제가 예수님을 믿지 않았다면 아마 이혼했을지도 모릅니다.

1970년대에 세계인의 가슴에 감동을 주고, 눈에 눈물을 자아낸 〈러브스토리〉라는 영화가 있었습니다. 하버드 대학을 배경으로 눈 덮인 공원에서 청춘남녀가 아기처럼 눈을 던지며 기뻐하는 그 배경음악이 감동적이었습니다.

주인공 남자 올리버는 미국의 명문가, 재벌의 아들입니다. 여주인공 제니는 이민 온 가난한 집의 딸로, 학교에서 아르바이트를 합니다. 그 두 사람이 서로 사랑에 빠집니다. 아버지, 어머니, 가문이 그렇게 반대해도 목숨을 걸고 사랑합니다. "사랑은 미안하다는 말을 하지 않는 것이다"라는 유명한 대사를 남길 정도로 계산 없이 순수하게 사랑하고 사랑했지만, 제니가 백혈병에 걸려 죽습니다. 그래서 슬픈 영화가 되었는데, 그 후편 이야기를 미국에서 들었습니다.

세월이 지난 다음, 올리버가 새 여자와 사랑에 빠졌다는 것입니다. 새 여자와 사랑에 빠진 올리버가 하루는 허공을 보며 슬퍼

합니다. 그러자 새 애인이 묻습니다.

"올리버, 제니가 생각나? 그래서 슬퍼?"

"아니. 아무리 생각하려 해도 제니가 생각나지 않아. 그래서 슬퍼."

세월이 흐르니 그렇게 사랑했던 제니를 잊어버리는 것입니다. 이것이 세상의 사랑입니다. "당신 없이는 못 살아. 너 없이는 못 살아. 내 목숨을 걸고 사랑해"라고 해놓고 3년도 안 되어 이혼하는 것이 세상의 사랑입니다.

그러나 우리 예수님께서는 백혈병에 걸려 돌아가시지도 않고, 영원히 변함이 없으십니다. 영원히 우리를 사랑하십니다. 그래서 "주 안에서 기뻐하라. 내가 다시 말하노니 주 안에서 기뻐하라"라고 말씀하시는 것입니다.

예수님께서 말씀하십니다.

> "내가 이것을 너희에게 이름은 내 기쁨이 너희 안에 있어(my joy may be in you) 너희 기쁨을 충만하게 하려 함이니라(your joy may be complete)"(요 15:11).

제게 좋은 일이 많지만 역시 예수님이 최고입니다.

> 나의 기쁨 나의 소망 되시며 나의 생명이 되신 주
> 밤낮 불러서 찬송을 드려도 늘 아쉰 마음뿐일세.

예수님께서는 우리를 사랑하십니다. 예수님은 우리의 기쁨입니다. 그러니 그 길이 즐거운 것입니다.

그리고 예수님을 믿으면 우선 범사에 감사하려고 합니다. 쌀독에 쌀이 다 떨어져 가도 “그래도 아직 몇 되 남았다” 하고 “하나님! 감사합니다” 하게 됩니다. 열일곱 살에 아들이 죽어도 “17년간 행복을 누리게 해주셔서 감사합니다” 하는 것입니다. 예수님을 믿으면 생각이 다른 것입니다. 아들이 40점을 맞아 와도 “주여! 빵점 맞는 아들도 있다는데 감사합니다” 하게 되니 행복한 것입니다.

한 집의 아이가 공부를 못하는데, 하루는 “엄마! 오늘 100점이야” 하며 들어오더랍니다. 엄마가 깜짝 놀라서 “무슨 과목?” 하고 물으니 “아니, 아니. 수학 40점, 국어 30점, 과학 30점, 모두 합해서 100점이야”라고 하더랍니다. 어차피 그렇게 맞은 점수, 합이라도 100점이라고 하니 좋지 않습니까?

고 정주영 회장은 어차피 할 일, 아침이면 “소풍 간다!” 하며 출근했다고 합니다. 회사원들은 월요일 날 출근할 때 “아, 나는 소풍 간다! 소풍간다!” 하시기 바랍니다. 또 골치 아픈 일이 있으면 그 일이 해결되었을 때를 생각하며 그 기쁨으로 일을 했다고 합니다. 그 철학이 귀합니다.

워런 버핏은 매일 “나는 행운을 만났다. 내게 큰 행운이 있다” 하며 일을 한다고 합니다. 우리는 정말 행운이신 예수님을 모셨습니다. 우리 안에 예수님께서 계십니다. 그러므로 우리가 행복하고 즐겁고 평화를 누리는 것입니다.

북한의 김정은이 언제 핵무기를 던질지 몰라 우리가 불안해하지만 하나님을 바라보면 평안합니다.

"전쟁은 여호와께 속한 것인즉"(삼상 17:47).

아무리 무기를 중국에서 북한 쪽으로, 미국에서 남한으로 보내도, 김정은이 전쟁을 일으키고 싶어해도, 하나님께서 허락하지 않으시면 전쟁이 없습니다. 할렐루야! 그러므로 금방 전쟁이 일어날 것 같아도 "주님!" 하면 평안합니다.

무슨 걱정이 있어도 우리 주님께서는 "아무것도 염려하지 말라. 내가 있다"고 말씀해 주십니다. 우리가 외로울 때도 "나는 너의 친구다"라고 하십니다. 우리가 죽을 때는 "너희는 마음에 근심하지 말라 하나님을 믿으니 또 나를 믿으라 내 아버지 집에 거할 곳이 많도다"(요 14:1-2)라고 말씀해 주십니다. 그래서 우리는 평안합니다.

나 어느 곳에 있든지 늘 맘이 편하다
주 예수 주신 평안함 늘 충만하도다
나의 맘 속이 늘 평안해 나의 맘 속이 늘 평안해
악한 죄 파도가 많으나 맘이 늘 평안해.

하나님은 우리의 힘이시고 평강이십니다.

그리고 중요한 것은, 품꾼이 보화를 갖고 가서 초가집에서 그대로 어렵게 살지 않았다는 것입니다. 만일 이 품꾼이 보화를 갖고 가서 그대로 초가집에서 어렵게 살았다면 그 보화가 무슨 소용이 있습니까? 그것을 팔아 바다 같은 농장을 사고 새롭게 사니 복을 누린 것입니다.

독일의 깊은 산속에서 나무를 패는 사람이 있었습니다. 그런데 집안의 백만장자가 아들이 없어서 죽을 때 그 사람에게 재산을 다 물려주었습니다. 기자가 그 사람을 찾아와서 물었습니다.

"당신은 이제 백만장자가 되었습니다. 이 많은 재산을 어떻게 사용할 것입니까?"

"새 도끼와 마차와 튼튼한 나귀를 사서 나무를 더 많이 해서 팔겠습니다."

그는 어리석은 사람입니다.

우리가 예수님을 믿으면서 여전히 가난하게 살고, 병든 채로 산다면 그것은 예수님을 믿는 사람의 삶이 아닙니다. 예수님은 살아 계십니다. 살아 계셔서 우리를 도우십니다. 그러므로 우리는 어려움을 이기고 극복하며 새로운 삶을 살아야 합니다.

바네사는 워싱턴 DC의 여의사입니다. 그런데 나이 스물여덟, 아홉에 극심한 관절염으로 고생하며 살았습니다. 그 통증이 너무 심해 견디기 어려웠고, 보통 사람이 3분이면 걸어갈 수 있는 길을 지팡이를 짚고 45분이나 걸어야 했습니다. 그의 아버지도 23세부터 관절염으로 고생하시다가 43세에 세상을 떠났고, 할머니도 관절염으로 평생 고생했습니다. 그것이 그 집안의 병력이었습니다. 그런데 바네사가 예수님을 믿었습니다. 그는 예수님을 믿은 다음에 생각을 바꾸었습니다.

'나는 하나님의 복을 받아 건강하리라. 전능하신 의사이신 예수님의 힘으로 나는 건강하리라. 우리 가족의 병력의 저주를 끊어 버리리라. 나는 건강하리라.'

그리고 "하나님! 나를 건강하게 해주십시오" 하고 기도했습니다. 3년이 지나도 그대로 아팠습니다. 그래도 계속해서 '나는 하나님의 복을 받아 건강하리라' 하며 기도했는데, 하루는 가슴이 뜨거워지더니 3개월 만에 병이 깨끗이 나았습니다. 지금도 그는 건강한 의사로 활동하고 있습니다.

> "할 수 있거든이 무슨 말이냐 믿는 자에게는 능치 못할 일이 없느니라"(막 9:23).
> "하나님은 우리의 피난처시요 힘이시니"(시 46:1).
> "내게 능력 주시는 자 안에서 내가 모든 것을 할 수 있느니라"(빌 4:13).

예수님께서는 살아 계셔서 우리 안에 오셨습니다. 주님을 의지하고 멋진 삶을 펼쳐 나가십시오.

13

# 신앙생활의 기본

(이사야 58:13-14)

모 텔레비전 방송국에서 행복하게 사는 가정으로 소문난 두 쌍의 인기 스타 부부를 초청하여 그들의 사랑 이야기를 나누었습니다. 그중 한 부부는 결혼한 지 3,000일이 되는 날, 남편이 장미꽃 3,000송이를 선물로 바쳐 아내에게 감동을 주었습니다. 다른 한 부부는 아내가 얼마나 내조를 잘하는지에 대해 이야기를 했는데, 남편이 무심코 아내 수첩을 보니 남편을 위한 기도 제목이 가득 차 있더랍니다. 아내의 책꽂이에도 '어떻게 하면 좋은 아내가 될까, 어떻게 하면 내조를 잘할까' 하는 책만 가득했습니다.

그런데 그 프로그램이 방영되고 나서 집집마다 싸움이 일어났답니다.

"저렇게 멋진 남편이 있는데 당신은 도대체 뭐하는 남자야?"

"당신은 도대체 뭐하는 여자야? 밤낮 백화점에나 다니고, 친구들하고 놀러나 다니고, 집구석은 이렇게 엉망으로 해놓고…….”

방송국에서 그 프로를 방영한 이유는 그것을 보고 싸우라는 것이 아니라 좀 더 좋은 남편, 좋은 아내가 되어서 행복하게 살라는 것입니다. 그런데 그것을 보고 싸운 가정이 많았답니다.

설교도 마찬가지입니다. 주일 낮 예배, 주일 밤 예배, 삼일 예배, 새벽 예배, 구역 예배 때마다의 설교는 우리를 잘되게 하시는 말씀입니다. 좋은 남편, 좋은 아내, 좋은 부모, 좋은 자녀, 좋은 형제, 하나님의 좋은 사람으로 성장해서 복되게 살라고 주시는 말씀인데, 설교를 듣고 화나고 속상하다면 그것은 마귀에게 걸리는 것입니다.

공부를 하든 운동을 하든 예술을 하든 기본이 중요합니다.

기본이 안 되어 있으면 발전이 없습니다. 저는 피리도, 퉁소도, 하모니카도 잘 불고, 기타도 잘 치고 피아노도 칩니다. 쉬운 것은 한 번 들으면 바로 할 수 있어 악보도 필요없습니다. 그것은 제 은사입니다. 하지만 정식으로 피아노나 기타나 어떤 악기를 배운 적이 없기 때문에 기본이 안 되어 있어서 더 이상 발전하지 않습니다. “나는 주의 화원에” 같은 곡은 연주할 수 있지만 베토벤 교향곡 같은 것은 연주하지 못합니다.

기본이 안 되어 있으면 발전하지 못합니다. 그래서 무엇을 하든 어릴 때부터 기본이 잘되어 있어야 합니다. 김연아 선수가 그냥 놀다가, 자다가 깨어서 세계의 정상이 되었습니까? 어릴 때부터 기본을 닦았기에 그 자리에 설 수 있었던 것입니다.

제가 노르웨이의 연합 집회에 갔다가 〈마이클 잭슨〉 영화를 보았습니다. 마이클 잭슨은 세계에서 춤을 제일 잘 추는 사람이었습니다. 걷지 않는 것 같은데 움직이는 그 몸의 움직임이 신기합니다. 그런 그가 한 손에만 장갑을 낀 것을 보고는 세상 사람들이 따라서 한 손에만 장갑을 끼고 다녔습니다. 그가 무언가를 하면 그것이 즉시 세계에 반향을 불러일으켰습니다. 지금은 세상을 떠났지만 대단한 사람이었습니다. 그는 서너 살 때부터 이미 사람들을 놀라게 했답니다. 멋쟁이 모자를 쓴 조그마한 아이가 마이크를 잡고 춤을 추면서 노래를 부르는데, 어떻게 그리 잘하는지……. 그는 어릴 때 벌써 기본이 되어 있었던 것입니다.

타이거 우즈 선수는 미국 대통령도 부러워한 선수였습니다. 지금은 가정에 아픔이 있어 그 빛이 시들었지만 그래도 대단한 선수입니다. 세 살, 네 살 때 벌써 골프의 기본이 되어 있어서 그 당시 찍은 그의 골프 비디오를 보고도 어른들이 혀를 내두릅니다.

어릴 때 기본을 잘 닦아야 큰 사람이 됩니다.

우리 교회 건물은 지붕에 눈이 2미터 쌓여도, 웬만한 지진이 와도 괜찮습니다. 기초가 튼튼하기 때문입니다. 기초가 중요하고 기본이 중요합니다.

신앙생활도 마찬가지입니다. 기본이 중요합니다. 신앙생활의 기본, 기초는 무엇입니까? 전도입니까? 선교입니까? 교육입니까? 구제입니까? 사랑입니까? 이웃 섬김입니까? 아닙니다. 신앙생활의 기본은 선교, 봉사, 이웃 사랑이 아닙니다. 신앙생활에서 가장 중요한 것은, 신앙생활의 기본은 주일 성수입니다. 주일을 지키는 것입니다.

예수님을 믿는 순간부터 주일 성수에 힘써야 합니다.

예수님을 믿으면 믿는 그날 새로 태어납니다. 나이 사십이라도 믿는 순간 갓 태어난 아이입니다. 그런데 태어나면서부터 주일 성수는 제대로 해야 합니다. 예수님을 믿는 날부터 목숨 걸고 주일 낮 예배와 저녁 예배를 드리는 기본을 닦아 놓아야 축복을 받습니다. 처음부터 대충 믿으면 평생 그렇게 가는 것입니다.

주일이 얼마나 중요한지 모릅니다.

영화감독은 배역을 정할 때 배우들의 연기력을 봅니다. 스포츠팀 감독은 선수들이 필드에서 뛰는 것을 보고 스카우트합니다. 음악대학에서 학생들을 선발할 때는 성악이든 기악이든 연주를 봅니다. 하나님께서는 주일 성수를 보시고 그 사람을 사용하기도 하시고 복을 주기도 하십니다.

우리 교회에서는 장로님, 안수집사님, 권사님들이 세움을 받을 때 당회에서 그분들을 추천하는데 무엇을 보고 추천합니까? 사회에서 존경을 받는가, 가정생활은 귀한가, 부부생활은 원만한가, 자녀들을 잘 다스리는가, 십일조를 잘하는가, 건축헌금을 얼마나 했는가, 몇 사람이나 전도를 했는가, 화목하는 사람인가, 긍정적인 사람인가, 덕이 있는 사람인가? 이렇게 많은 것을 보지만 그중 첫째가 무엇입니까? 주일 성수입니다. 주일 성수를 잘하지 못하면 절대로 추천하지 않습니다. 신앙생활에서 가장 귀한 기본이 주일 성수입니다.

타이거 우즈 같은 선수도 공이 맞지 않으면 다시 기본을 되짚어 본다고 합니다. 우리의 가정이나 사업이 제대로 되지 않으면 우리의 기본인 주일 성수를 돌아보아야 합니다. '내가 지금 주일 성수를 어떻게 하고 있나?' 살펴야 합니다.

주일 성수가 왜 그렇게 귀한 기초이고 기본입니까? 모든 날이 다 하나님을 섬기는 날이지만 안식일은 특별히 기억해서 거룩하게 지키라고 하나님께서 명하신 날이기 때문입니다.

출애굽기 20장 8절에 "안식일을 기억하여 거룩히 지키라"고 말씀합니다. 이 말씀은 하나님께서 친히 돌을 다듬으시고 힘주어 하나님의 손가락으로 쓰신 명령입니다.

그리고 하나님께서는 목마른 사람이 물을 찾듯이 우리가 예배하기를 기다리십니다. 왜 그렇습니까? 우리 하나님께서는 영광을 좋아하시기 때문입니다. 매미는 이슬을 먹고 살고, 사람은 사랑을 먹고 삽니다. 우리 하나님께서는 영광을 즐기십니다. 우리가 세상에서 빛나게 살면 하나님께서 영광을 받으십니다. 그러나 가장 큰 영광은 예배를 통하여 받으십니다. 그래서 예배가 첫째이고, 주일 성수가 첫째인 것입니다.

모세와 아론이 애굽 왕에게 계속해서 전하는 하나님 말씀이 무엇입니까? "내 백성을 보내라. 그들이 나를 예배하리라"라는 말씀입니다. 출애굽기 8장 1절, 8장 20절, 9장 1절, 9장 13절에 보면, "내 백성을 보내라. 그들이 나를 예배하리라"고 말씀합니다.

하나님께서는 우리의 사는 목적이 예배가 되기를 원하십니다. "내 백성을 보내어 젖과 꿀이 흐르는 땅에 살게 하라"가 아닙니다. "내 백성을 보내라. 그들이 나를 예배하리라"고 하셨습니다.

내 사업, 내 직장, 내 자녀 교육, 내 부부 생활보다 예배가 더 귀합니다. 우리 교회의 좋은 전통은 토요일에 결혼식을 한 신혼부부가 주일 예배를 드리고 신혼여행을 가는 것입니다.

우리가 예배드리러 올 때 하나님께서 얼마나 기뻐하시는지 모릅니다. 부모는 자녀들에게서 연락이 자주 오지 않으면 섭섭해 하다가도 추석이나 설, 생일에 자녀가 오면 얼마나 좋아하는지 모릅니다. 내일 모레 온다고 하면 지금부터 벌써 좋아하는 것입니다.

우리가 때로는 하나님의 근심거리가 되고 하나님 앞에 못할 일도 합니다. 그러나 우리가 주일에 교회로 오면 하나님께서는 우리를 용서해 주십니다. 허물을 다 덮어 주십니다. 하나님께서 우리를 얼마나 기뻐하시는지 모릅니다.

그리고 주일은 하나님께서 복 주시기로 약속하시고 작정하신 날입니다. 부모는 365일 자녀를 사랑하고 먹이지만 생일에 특별히 잘해 주는 것처럼, 하나님께서는 월, 화, 수, 목, 금, 토요일에도 우리와 함께 하시며 복을 주시지만 특별히 주일은 작정하시고 복을 주시는 것입니다.

"하나님이 일곱째 날을 복 주사 거룩하게 하셨으니"(창 2:3).

주일은 하늘의 문이 활짝 열리고 은혜와 복이 쏟아지고, 죄 사함이 있고, 하늘의 산소가 공급되고, 하늘의 축복이 임하는 날입니다.

부모들이 자녀가 잘되기를 바라는 것처럼, 하나님께서는 우리가 잘되기를 얼마나 열망하시는지 모릅니다. 하나님께서는 우리가 잘되기를 바라셔서 우리에게 복을 주시는 것입니다. 그러므로 주일에 나와서 주님을 기쁘시게 해드리고 하나님의 복을 받아야 하는 것입니다.

## 주일을 잘 지키면 하나님께서 어떤 복을 주십니까?

첫째는 여호와 안에서 즐거움을 주신다고 약속하셨습니다.

전도서 6장 6절에 2천 년을 살아도 즐거움이 없으면 무슨 의미가 있느냐고 말씀합니다. 마음이 기쁜 것, 일이 즐겁고, 집안이 즐겁고, 자식을 생각만 해도 좋은 것, 삶이 즐거운 것, 이것이 얼마나 큰 복인지 모릅니다. 주일을 잘 지키면 하나님께서 즐겁게 살도록 해주시는 것입니다.

즐겁게 살면 병도 걸리지 않습니다. 잠언 17장 22절에 "마음의 즐거움은 양약"(A happy heart is good medicine)이라고 말씀합니다. 우리가 행복하면 생기가 돌아서 병에 걸리지 않고, 병에 걸려도 곧 낫는 것입니다.

LA 목사님들 몇 분을 팜 스프링에 모시고 가서 위로해 드리고 돌아오는 길에 있었던 일입니다. 그때 한 사모님이 독감에 걸려 고열과 기침과 콧물로 고통스러워했습니다. 그런데 차 안에서 아주 재미있는 일이 벌어져 모두가 한 3분간 배꼽을 잡고 웃었습니다. 저도 그때만큼 즐겁게 웃은 적이 없었던 것 같습니다. 그런데 그렇게 웃고 난 다음, 며칠간 독감으로 고생하고 있던 사모님의 기침과 콧물이 뚝 그쳤습니다. 그날로 독감이 깨끗이 나았습니다. 그 사모님이 바로 제 아내입니다.

피곤한 분이 계십니까? 한 번 신나게 웃고 나면 피곤이 없어질 것입니다. 신비롭습니다. 우리 하나님께서는 웃게 하시는 분이십니다.

그리고 마음이 즐거우면 얼굴에 매력이 흐릅니다. 10대 여자는 화장도 단장도 필요없습니다. 그 모습이 그냥 예쁩니다. 그래서 10대 때는 그 얼굴만 보아도 "사과 같은 내 얼굴 예쁘기도 하여라" 하는 노래가 나오는 것입니다. 그런데 20대 여자는 조금 단장을 해야 하고, 30대 여자는 단장으로 안 되고 화장을 해야 한답니다. 40대 여자는 화장으로는 안 되고 변장을 해야 한답니다. 50대 여자는 변장으로도 안 되니 무장해야 하고, 60대 여자는 무장해도 안 된답니다.

그러나 성경에서는 "마음의 즐거움은 얼굴을 빛나게 하여도……"(잠 15:13)라고 말씀합니다. 마음이 즐거우면 80세가 되어도 얼굴에 빛이 납니다. 마음의 즐거움이 이렇게 좋은 것입니다.

이 기쁨, 이 즐거움을 어디에서 얻겠습니까? 하나님께서 주시는 것입니다. 주일을 잘 지키면 즐겁게 해주시겠다고 하나님께서 약속하셨습니다.

그다음, 땅의 높은 곳에 올려 주신다고 약속하셨습니다.

저는 "내가 너를 땅의 높은 곳에 올리고"(사 58:14)에서 '올리고'는 명예를 올리는 것이라 생각했는데 말씀을 깊이 파고 들어가니 그런 뜻이 아니었습니다. '싸워서 승리하는 높음'이라는 뜻이었습니다. 이것은 개선장군이 돌아올 때 받는 환영을 배경으로 하고 있습니다. 적을 쳐서 승리하고 돌아오는 장군은 많은 백성이 나와 환영해 주니 영웅이 됩니다. 그렇게 높여 주시는 높임을 말하는 것입니다. 하나님께서는 우리를 그렇게 높이셔서 기쁨을 주시는 것입니다.

수석 졸업하는 학생은 얼마나 기쁘겠습니까? 일곱 명이 운동장에서 뛰어 1등을 해도 기쁩니다. 승리의 기쁨이 얼마나 큰지 모릅니다.

10년 전쯤에 목사님 부부 일곱 쌍이 얼음골에 갔습니다. 얼음골의 물은 얼음처럼 차갑습니다. 그런데 한 목사님께서 "우리, 이 얼음물에 발을 담그고 누가 오래 견디나 내기합시다"라고 하셨습니다. 그때 누가 1등을 했는지 아십니까? 제가 했습니다. 죽을 고생을 하고 1등을 했습니다. 1등 하려고 다른 목사님들이 발을 다 빼내실 때까지 그 차가운 물에 발을 담그고 있었더니, 나중에는 제 발인지 남의 발인지 모를 정도였습니다. 1등이라고 연필 한 자루 주지 않는데 1등 하려고 그렇게 고생한 것은 1등의 쾌감 때문이었습니다.

타이거 우즈가 그렇게 골프 연습을 하는 것은 챔피언 트로피를 받을 때의 환상적인 기쁨을 만끽하기 위해서라고 합니다. 승리의 기쁨이 얼마나 큰지 모릅니다.

제 막내아들이 여섯 살 때 미술학원에 가기만 하면 얻어터지곤 했습니다. 저희 아이들이 어릴 때 좀 꺼벙했습니다. 학교 가면 선생님들에게 쥐어박히고, 학원에 가면 아이들에게 맞고……. 하루는 막내가 집에 오자마자 "아빠, 네 명이 나를 둘러싸서 때리는데, 간이 떨어지는 줄 알았어"라고 했습니다. 그 말을 들으니 너무 화가 나서 당장 학원으로 달려가 그 네 녀석을 때려 주고 싶었지만 그럴 수는 없지 않습니까?

"성찬아, 남자는 맞으면 안 된다. 어찌 이렇게 맞고 오니?"

"네 놈이 덤비는데 어떻게 해?"

그래서 제가 아들에게 권투를 가르쳤습니다. "성찬아, 맞지 말고 네가 좀 패고 오너라" 하며 정말 열심히 가르쳤습니다. "애들이 네 명이든 다섯 명이든 그중에 한 명만 집중적으로 공격해서 코피를 내라. 그러면 된다."

성찬이가 그렇게 제게 권투를 배워서 학원에 갔는데 또 네 아이가 성찬이를 에워쌌습니다. 아빠에게 배운 대로 한 아이를 잡고 콧잔등을 때리니 피가 쏟아졌습니다. 그러자 아이들이 다 도망을 가더랍니다. 그날은 성찬이가 개선장군이 되어서 돌아왔습니다. 친구를 때려 코피를 냈다며 자랑스러워하는 아들을 보고 제가 "잘했다! 잘했다!" 하며 안아 주고 기뻐했더니 딸 경이가 "목사님 아빠가 잘한다!"라고 했습니다. 아빠가 목사라도 자식이 맞고 오면 속상합니다. 승리하고 올 때 기쁜 것입니다.

하나님께서는 우리가 맞고 오면 싫어하십니다. 우리가 이기고 오기를 원하십니다. 마귀를 이기고, 유혹을 이기고, 질병을 이기고, 생존경쟁에서 이기고, 이 험한 세상을 이기기 원하십니다.

그런데 주일을 지키면 하나님께서 이기게 하시는 것입니다.

삼손이 머리카락만 잘리지 않았다면 그를 당할 사람도, 군사도 없었습니다. 그런 삼손인데 머리카락이 잘리니 눈 뽑히고 조롱거리가 되는 것입니다. 우리의 주일 성수는 삼손의 머리카락입니다. 그 어떤 경우라도 주일 성수를 양보하지 않으면 하나님께서 우리를 이기게 하십니다. 대학 시험에도 이기게 하십니다. 회사의 경쟁에서도 이기게 하십니다. 세상의 유혹에도 이기게 하십니다. 그러나 주일을 양보하면 우리는 영안이 뽑히고 마귀에게 끌려 다니게 되고 맙니다.

그리고 "야곱의 업으로 기르리라"(사 58:14)고 약속하셨습니다.

제가 성경 46권을 다 깊이 파고 읽고 주석도 다 참고해서 보니, "야곱의 업으로 기르리라"는 말씀은 거부가 되게 하신다는 뜻이었습니다. 야곱은 지팡이 하나만 갖고 갔는데 거부가 되었습니다. 주일을 잘 지키는 사람을 하나님께서 부자가 되게 하십니다. 이 세상에 자식이 가난뱅이가 되기를 원하는 사람은 아무도 없습니다. 부모는 다 자기 자식이 부하게 살기를 원합니다.

제가 연합 집회를 인도할 때의 일입니다. 저를 태워 주시던 점잖은 장로님께서 하루는 길 옆에 차를 세우고는 막 우셨습니다.

"장로님, 왜 이러십니까?"

"제가 잘못 살았습니다."

"왜 그러십니까?"

"강사 목사님, 제가 잘못 살았습니다" 하며 사연을 이야기하셨습니다. 장로님은 평소 목사님은 고생하며 살아야 기도하는 목사님, 좋은 목사님이 된다고 생각해서 목사님은 작은 집에서 살아야 하고, 작은 자동차를 타야 하고, 가난하게 살아야 한다고 주장하셨답니다. 그래서 목사님 사례비를 결정할 때면 사례비를 줄이라고, 목사님의 자동차를 살 때면 작은 것을 사라고 싸웠답니다.

그런데 스탠퍼드 대학교를 수석으로 졸업하고 취직을 하여 매달 1만 달러가 넘는 급여에 특별 보너스까지 받던 아들이 회사를 그만두고 목회를 하겠다고 하더랍니다. 몇 년만 지나면 연봉이 5억, 6억, 7억……10억까지 올라갈 인재인데, 회사를 2년쯤 다니더니 그만두고 목회를 하겠다고 하니 장로님이 충격을 받으신 것입니다.

“너, 정신 나갔니? 그 좋은 직장을 두고 왜 거지 같은 목사를 하려고 그래?”

“아빠, 목사가 거지예요? 어떻게 그런 말씀을 하세요? 아빠가 장로예요?”

그 아들이 풀러 신학교에 가서 공부하고 부목사가 되어 2,500달러를 받으며 작은 셋방에서 살고 있다며, “내 아들이 목회할 줄은 몰랐습니다. 가난하게 사는 것을 보니 마음이 아픕니다”라고 하셨습니다.

누구든지 자기 자식이 부요하기를 원합니다. 크게 되기를 원합니다. 사랑하기 때문입니다. 그런데 하나님은 우리 부모보다 더 우리가 부요하게 되기를 원하십니다.

빅토리아 여왕은 64년간 영국을 다스리면서 주일에는 외국에서 손님이 와도 맞이하지 않았습니다. 국가에 아무리 중요한 일이 있어도 주일에는 일하지 않았습니다. 그 64년간 세계의 권력, 세계의 부가 다 영국으로 왔습니다. 영국을 건드릴 나라가, 건드릴 자가 없었습니다. 그런데 오늘날의 영국은 불쌍합니다. 예배에 게으르고 주일을 업신여기니 나라가 점점 쇠락하는 것입니다.

청교도들이 세운 미국은 주일이면 모든 상점의 문을 닫고 예배를 드렸습니다. 의회에서도 오직 하나님, 오직 예수님이었습니다. 그때 미국이 얼마나 부강했습니까? 그러나 지금, 주일 예배가 약해지고 하나님을 의지하는 것이 약해진 미국을 보십시오. 미국의 앞날을 아무도 예측하지 못합니다. 오바마 대통령이 아무리 애써도 안 됩니다. 하나님께서 세워 주셔야 되는 것입니다.

우리 대한민국을 보십시오. 얼마 전 유엔에서 각 나라의 삶의 질에 대해 발표를 했는데, 26위였던 우리나라가 한 해 사이에 12위로 올라섰습니다. 세계에서 제일 살기 좋은 나라가 노르웨이인데 그 나라 국민의 97퍼센트가 기독교인입니다. 둘째로 살기 좋은 나라인 호주는 90퍼센트가 기독교인입니다. 셋째인 뉴질랜드도 거의 대부분이 기독교인입니다. 네 번째가 미국입니다. 그래도 미국은 하나님을 섬깁니다. 다섯째인 아일랜드도 기독교 나라입니다. 우리는 열두 번째이고 중국은 89번째입니다. 중국은 나라는 강하지만 개인은 가난하고 불쌍하게 삽니다. 한 달 급료가 15만 원, 20만 원 정도입니다. 우리 한국은 중국에 비하면 천국입니다.

하나님께서 우리 한국을 세워 주셨습니다. 얼마나 감사합니까? 우리 천몇백만 성도가 그래도 목숨을 걸고 주일을 지키니 하나님께서 우리를 축복해 주시는 줄로 믿습니다.

1873년 미국에 경제공황이 왔을 때 강철왕 카네기도 경제적으로 힘들었습니다. 그래서 은행에 예금되어 있는 5만 달러를 찾아오게 했습니다. 그때 은행장 모건이 '아, 카네기 회장님이 지금 어렵구나. 돈을 다 찾아가면 우리 은행도 어려워지겠지만 도와주자'라고 생각하고 1만 달러 상당의 카네기 회사 주식을 샀습니다. 그래서 카네기에게 6만 달러만 보내면 되는데 만 달러를 더 얹어 7만 달러를 보냈습니다. 그 당시 카네기에게 1만 달러는 절실한 돈이었지만 그것을 받은 카네기는 만 불이 더 왔다며 돌려주겠다고 했습니다. 그때 모건이 말했습니다.

"회장님, 회장님 회사의 지분 만 달러는 2만 달러의 가치가 넘으니 그냥 쓰십시오."

그것이 고마움의 뿌리가 되었습니다.

'아하! 모건 은행장이 나를 도와주는구나.'

카네기는 회사를 일으킨 다음에 모건이 수백만 달러의 이익을 얻도록 해주었습니다. 모건은 카네기에게 투자하면 100배로 돌아올 것을 알았던 것입니다.

하물며 하나님은 어떠하겠습니까? 어차피 예수님을 믿는데, 주일 하루만 반듯하게 믿어도 하나님께서 복을 주실 텐데 투자를 하지 않으니 얼마나 안타까운지 모릅니다.

> "은도 내 것이요 금도 내 것이니라 만군의 여호와의 말이니라"(학 2:8).
>
> "여호와여 광대하심과 권능과 영광과 이김과 위엄이 다 주께 속하였사오니 천지에 있는 것이 다 주의 것이로소이다……부와 귀가 주께로 말미암고 또 주는 만유의 주재가 되사 손에 권세와 능력이 있사오니 모든 자를 크게 하심과 강하게 하심이 주의 손에 있나이다"(대상 29:11-12).
>
> "사람의 걸음은 여호와께로서 말미암나니"(잠 20:24).
>
> "여호와께서 사람의 걸음을 정하시고"(시 37:23).
>
> "사람이 마음으로 자기의 길을 계획할지라도 그 걸음을 인도하는 자는 여호와시니라"(잠 16:9).

우리의 모든 것을 하나님께서 다 갖고 계십니다. 모건은 인간인 카네기에게 투자하여 큰 이익을 얻었는데, 왜 우리는 살아 계신 하나님 앞에 투자하지 못하는 것입니까? 주일 하루만 투자해도 됩니다. 돈이 드는 것도 아닙니다. 시간만 드리면 됩니다. 주일 하루만 딱 부러지게 드려도 우리의 인생이 달라집니다. 우리 모두 오늘부터 각오를 하고 주일을 잘 지킬 수 있기를 축원합니다.

## 그러면 주일은 어떻게 지키는 것이 좋습니까?

우선 하나님께서 싫어하시는 일, 하나님을 화나게 하는 일은 하지 않아야 합니다. 남편의 사랑을 받으려면 남편이 싫어하는 것을 하지 말아야 합니다. 암에 걸리지 않으려면 암을 발생시키는 것들을 피해야 합니다.《암을 넘어 100세까지》라는 책을 쓴 홍영재 의학 박사는 자신이 두 종류의 암으로 사형 선고를 받았지만 그것을 이기고 승리했습니다. 그 후 암에 대한 이 책을 쓴 것입니다.

홍영재 박사는 "왜 암과 싸우지도 않고 항복하느냐? 왜 암과 싸워 보지도 않고 손을 드느냐? 암과 싸워 이겨라"라고 하면서, 암과 싸워 이기는 것보다 더 중요한 것은 암을 예방하는 것이라고 합니다. 그런데 암을 예방하는 첫 번째는 담배를 피우지 않는 것이랍니다. 폐암의 70퍼센트, 모든 암의 30퍼센트가 담배 때문이랍니다. 두 번째 예방은 술을 마시지 않는 것이랍니다. 술이 한 잔, 두 잔까지는 오히려 약이 되어 건강에 좋답니다. 그러나 세 잔, 네 잔이 넘어가면 독이 됩니다. 홍영재 박사도 그렇게 말했습니다. 술을 많이 마시면 술이 독이 되어 특히 간암이 발병하고 간경화가 온다는 것입니다. 그리고 온 혈액에 알코올이 흘러 암을 발생시킨다는 것입니다. 세 번째 예방은 스트레스를 해소하는 것이랍니다. 암에 걸리지 않으려면 이처럼 암의 유발 원인을 막아야 합니다.

우리가 하나님 앞에서 주일을 지키는 것은 기분대로 하는 것이 아닙니다. 칼빈은 "내 의지를 다 내려놓고, 내 욕심을 다 내려놓고 주님의 뜻에 맞춰 주일을 지키라"고 말했습니다. 할렐루야!

주님의 뜻에 맞추어 주일을 지키는 것이 무엇입니까? 주님께서 싫어하시는 곳에 가지 않아야 합니다. "네 발을 금하라"고 했습니다. 주일에 백화점에 가는 것, 주일에 여기저기 문화 행사에 가는 것은 발을 금하는 것이 아닙니다. 내 발이 복 있는 곳에 가야 한다는 것입니다.

주일에는 비즈니스 이야기를 하지 않아야 합니다. 사사로운 말, 장사 이야기는 하지 않아야 합니다. 주일에 사람들을 만나서 "사업이 잘됩니까?"라는 말은 묻지 않아야 합니다. 주일에 장사 이야기를 하는 것은 주일을 지키는 것이 아닙니다. 주일에는 오락을 행하지 말아야 합니다. 주일에 연속극을 즐기는 것은 복을 까부르는 일입니다. 연속극은 즐거울지 몰라도 복은 도망가는 것입니다. 주일에는 정말 오락을 금하고, 발을 금하고, 말을 조심해야 합니다. 사사로운 말은 하지 말아야 합니다.

그리고 주일을 '즐거운 날, 존귀한 날'이라고 해야 합니다. 할렐루야!

제일 중요한 것은 주일을 즐겁게 지키는 것입니다. 어머니는 자기 생일에 자식들이 기쁨으로 와야 행복하고 좋습니다. 어머니

생신날 어머니에게 가는 아들 며느리가 막 싸우면 되겠습니까? 어머니가 그것을 알면 얼마나 마음이 아프겠습니까?

> "온 땅이여 여호와께 즐거이 부를지어다 기쁨으로 여호와를 섬기며 노래하면서 그 앞에 나아갈지어다"(시 100:1-2).
> "만군의 여호와여 주의 장막이 어찌 그리 사랑스러운지요"(시 84:1).
> "주의 권능의 날에 주의 백성이 거룩한 옷을 입고 즐거이 헌신하니 새벽 이슬 같은 주의 청년들이 주께 나오는도다"(시 110:3).
> "사람이 내게 말하기를 여호와의 집에 올라가자 할 때에 내가 기뻐하였도다"(시 122:1).

주일 성수의 제일 좋은 자세는 즐겁게 지키는 것입니다.

> 이날은 이날은 주의 지으신 주의 날일세
> 기뻐하고 기뻐하며 즐거워하세 즐거워하세
> 이날은 주의 날일세 기뻐하고 즐거워하세
> 이날은 이날은 주의 날일세.

"아! 오늘, 주일이네. 와!" 할 때 하나님께서 기뻐하십니다. 주일을 존귀하게 여기고, 중히 여기며 기뻐할 때 하나님께서 기뻐하십니다.

대통령으로부터 "청와대에 좀 오세요"라는 초청을 받으면 지각하는 사람이 한 사람도 없을 것입니다. 찢어진 청바지를 입고 가는 사람도 없을 것입니다. 모두 정중한 차림으로 정해진 시간 전에 와서 기다립니다.

교회는 하나님의 궁전입니다. 예배는 하나님께 드리는 것입니다. 예배 시간에 지각하는 것은 얼마나 안타까운 일인지 모릅니다.

세계에서 가장 큰 복을 받은 사람들 중 한 사람이 록펠러입니다. 록펠러 가(家)는 4대, 5대째 명예, 재물, 신앙, 그 축복이 이어지고 있습니다. 록펠러는 언제나 예배 시간 30분, 40분 전에 와서 앞자리에 앉아 예배를 준비했습니다. 10분, 20분 지각하면서도 별 생각 없이 온다면 편할지 몰라도 복은 없습니다. 즐거움도 없고, 승리도 없고, 재물도 없습니다. 예배드리는 것을 대통령 만나는 것보다 더 귀히 여기고, 주님을 귀히 여길 때 주님께서 기뻐하시사 약속하신 복을 다 주시는 것입니다.

우리 교회가 남다르게 복을 받는 것은 주일에 식당에 가는 일이 없기 때문인 줄로 믿습니다. 주일에 찬양대원들, 교사들이 식당에 가는 일이 없습니다. 강사님을 모셔도 교회에서 대접하지 식당에 가지 않습니다. 피치 못할 일이 있을 경우에는 호텔의 식당을 사용하시게 한 적이 있지만 그 외에는 식당에 가는 일이 없습니다.

최선을 다해 주일을 지킬 때 하나님께서 '아! 이쁘다' 하시며 아낌없이 주십니다. 우리 교회가 이렇게 커나가는 것은 그래도 주일을 잘 지키기 때문인 줄로 믿습니다. 할렐루야!

저는 우리가 열심히 전도해서 우리 대한민국 국민이 다 예수님을 믿고 주일을 잘 지키면 우리나라에 전쟁이 없을 것이라고 믿습니다. 아마 세계 최고의 나라가 될 것입니다. 우리를 건드릴 자가 없을 것입니다. 하나님께서 우리나라를 세워 주시는 것입니다.

이 세상에서 가장 비싼 개의 가격이 얼마나 되겠습니까? 그것은 '장우'(사자견)라는 종인데, 그 가격이 무려 12억 원이랍니다. 중국의 한 부자가 그런 멋진 개를 데리고 산책하다가 잃어버렸답니다. 귀한 개이다 보니 개를 찾아 주는 사람에게는 1만 위안을 주겠다고 보상금을 걸었습니다. 사람들이 많은 개를 데리고 왔는데 그 개가 아니었습니다. 얼마 후 그 부자는 보상금이 적어서 개를 데려오지 않는 것이라고 생각하여 보상금을 2만 위안으로 올렸습니다. 그래도 개를 찾지 못하자 또 보상금을 3만 위안으로 올렸습니다.

그런데 그 개를 발견한 사람은 공원에서 잠자던 거지였습니다. 어느 날 공원 의자에서 잠을 자다 눈을 떠 보니 개 한 마리가 그 옆에 있었습니다. 그 거지도 개를 찾아 주는 사람에게 2만 위안을 준다고 한 광고를 보았습니다. 그래서 개를 돌려주고 2만 위안을 받기 위해 가다 보니 백화점 게시판에 보상금이 3만 위안으로 올라 있었습니다.

'아하! 조금 더 기다리면 더 많이 올라가겠구나.'

그는 개를 데리고 자기 토굴로 가서 묶어 놓았습니다. 게시판을 볼 때마다 4만 위안, 5만 위안, 6만 위안, 계속 올라갔습니다. "이제는 됐다! 이 정도면 됐다! 이제 개를 돌려주자" 하고 개를 데리러 갔더니 개가 죽어 있었습니다. 부잣집에서 잘 먹고 살던 개에게 썩은 것만 먹이니 죽고 만 것입니다. 그 거지는 기다리다가 동전 한 푼 받지 못하고 말았습니다.

이 말씀을 들으면서 '그래! 새해부터는 주일을 잘 지켜야지. 새해부터 주일 밤에도 나와야지' 하면 안 됩니다. 내일 일은 아무도 모릅니다. 오늘부터 투자해야 합니다.

저는 부족한 사람입니다. 그래도 오늘까지 주일 성수에는 목숨 걸었습니다. 저보다 행복한 사람, 저만큼 복을 많이 받은 사람이 거의 없습니다. 저도 죄인입니다. 그래도 주일 하루를 지키려고 애쓰니 하나님께서 약속을 지켜 주셨습니다. 행복하게 해주셨습니다. 우리 교회와 가문을 높여 주셨습니다. 아이들 셋을 다 공부시켜 주시고, 냉장고에 가득 차 있을 정도로 먹을 것도 풍족하게 주셨습니다.

하나님께서는 약속을 지켜 주십니다. 여러분 모두 주일 성수에 챔피언이 되시기를 축원합니다.

14

# 아름다운 헌신

(마가복음 14:1–9)

미국의 한 대학에서 모유를 먹고 자란 아이와 우유를 먹고 자란 아이를 추적해서 비교 연구했습니다. 그 결과에 의하면, 모유를 먹고 자란 아이들의 아이큐가 평균 8.7 높았습니다. 우유를 먹어도 자라고 모유를 먹어도 자라지만 모유를 먹은 아이들의 아이큐가 8.7이나 더 높았던 것입니다. 그리고 모유를 먹더라도 잘 먹어야 합니다. 저의 두 아들 가운데 한 아들은 잘 먹으니 잘 먹지 않는 아들에 비해 키가 한 자나 더 큽니다.

영적으로도 마찬가지입니다. 도덕 강의를 하는 것 같은 교회 강단도 있다고 합니다. 물론 그것도 의미가 있겠지만 강단에서는 하늘에서 내려온 하나님의 신령한 젖, 성경 말씀이 잘 증거되어야 합니다. 우리 교회는 주님께서 오실 때까지 순수하게 말씀이 증거되는, 모유를 먹는 교회가 될 수 있기를 바랍니다. 우리 교회는 영적으로 천재가 되기를 바랍니다. 같은 교회에 계셔도 잘 먹는 사람이 자랍니다. 잘 먹지 못하면 자라지 못하는 것입니다.

폴 마이어는 27세에 억만장자가 된 세계적인 인물입니다. 그가 세일즈맨 시절에 어느 거리를 지나다가 엄청난 저택을 보았습니다.

'와! 얼마나 성공했으면 이런 저택에서 살까?'

스포츠카, 세단 승용차, 그리고 보이는 모든 것이 엄청나게 으리으리했습니다. 그것에 자극을 받은 그는 그 집에 전화하고 편지를 보냈습니다.

"무슨 부탁을 하려는 것이 아니라 어떻게 해서 성공하셨는지 그 비결을 알고 싶습니다. 그러니 15분간만 시간을 좀 내주십시오."

그는 거절당했지만 포기하지 않고 계속 전화하고 편지를 보냈습니다. 마침내 허락을 받고 그 부자를 만나러 갔습니다. 그는 먼저 자신을 만나 준 것에 감사 인사를 하고 부자의 말을 진지하게 들으며 다 기록했습니다. 약속한 15분이 지났습니다. 20분, 30분이 지났습니다. 그가 감사의 인사를 하고 일어서니 부자가 "왜 그렇게 빨리 가려고 하는가? 앉아 보게. 자네, 뭘 하는 사람인가?"라고 물었습니다.

"예, 저는 보험회사에 다니고 있습니다."

"그래? 그러면 내가 보험을 들어 주지."

부자가 큰 보험을 들어 주어 그것을 기반으로 마침내 폴 마이어는 27세에 억만장자가 된 것입니다.

한 성공한 사람의 말도 귀히 여기고 진지하게 받으니 그 사람이 감동을 받고 도와주는데 하물며 하나님의 말씀이겠습니까? 하나님 말씀을 진지하게 잘 듣고 "아멘!" 하면 하나님께서 감동하시고 도와주실 줄 믿습니다.

우리 교회는 말씀을 듣는 데 챔피언 같은 교회입니다. 우리 교회에 오신 강사 목사님들마다 어찌 이렇게 말씀을 잘 받느냐고 하십니다. 25분간 설교를 하신다고 해놓고 우리 교우들이 말씀을 너무 잘 받으니 한 시간, 한 시간 반, 때로는 두 시간 설교를 하시는 목사님들도 계셨습니다. 이렇게 말씀을 잘 받는 교인들에게 박수를 보냅니다. 그런데 이 모든 것이 하나님의 은혜인 줄로 믿습니다. 말씀을 잘 받는 이 좋은 전통을 주님께서 오실 때까지 잘 지킬 수 있기를 바랍니다.

본문의 때는 유월절 이틀 전입니다.

유월절은 니산 월(양력 4월경) 14일부터 21일까지, 한 주 동안 유대인들이 벌이는 큰 축제입니다. 하나님께서는 애굽에서 종살이하던 이스라엘 백성을 구원해 내시기 위해 모세를 세우셨습니다. 그리고 그 모세를 통하여 바로를 항복시키셨고, 홍해를 육지처럼 열어 주시어 이스라엘 백성이 홍해를 다 건너게 하시고 뒤따라오던 애굽 군대는 다 수장시키셨습니다. 이것은 꾸며낸 이야기가 아니라 역사적인 사실입니다. 이스라엘 백성은 지금까지도 감격하면서 이 사건을 기념하기 위해 유월절을 지킵니다.

유월절을 앞두고 유대인들은 민족 대이동을 했습니다. 우리나라 사람들이 추석이나 설 때 고향으로 가기 위해 민족 대이동을 하는 것처럼 유대인들은 유월절에 하나님의 성전이 있는 예루살렘으로 대이동을 하는 것입니다. 그러니 어떻게 해서든지 예수님을 잡아 죽이려고 음모를 꾸미던 대제사장, 서기관, 바리새인들이 "예수를 존경하고 따르는 사람들이 많으니 사람들이 많이 모이는 유월절에는 예수를 죽이지 말자. 그들이 큰 소란을 일으키면 어떻게 하겠느냐?"라고 합니다.

지금도 세상의 악한 세력들은 교회를 헐고 주의 종들을 헙니다. 이 땅에 많은 종교가 있지만 기독교만큼 깨끗하고 의롭고 맑은 종교가 어디 있습니까? 가끔 문제가 있기도 하지만 그것은 어물전을 망신시키는 꼴뚜기처럼 극히 적은 수이고 우리는 잘 달리고 있습니다. 우리가 아무리 거룩하고 의롭게 잘 달려가도 악한 세력은 교회를 죽이려고 합니다. 주님께서 오실 때까지 그렇게 하는 것입니다. 그러나 의로운 사람, 하나님의 사람은 교회를 세우고 일으킵니다. 할렐루야!

예수님께서 이제 곧, 며칠 후면 세상을 떠나십니다. 우리를 위해 십자가에 달려 돌아가셔야 합니다. 그러니 예수님의 마음이 얼마나 무겁겠습니까? 그 마음이 천근만근 같았을 것입니다.

우리가 며칠 뒤 세상을 떠나게 된다면, 물론 천당 가는 거야 좋지만 우선은 마음이 무겁지 않겠습니까? 천당에 가는 것을 참 기뻐하는 분도 계시겠지만 천당은 언제든 가게 되니 그렇게 빨리 갈 필요는 없는 것입니다. 이 땅에서 길이길이 장수하시다가 천당으로 이사하시기를 바랍니다.

이제 곧 십자가를 지시게 될 예수님을 하나님께서 위로하시나 봅니다. 베다니에 사는 나병 환자 시몬이 예수님을 초대했습니다. 성경에 나병 환자라고 되어 있지만 이때는 이미 병이 나아서 사실은 '나병 환자였던' 시몬입니다. 그 당시 불치병이었던 나병을 예수님의 은혜로 깨끗이 치료받고 감사하여 예수님을 모셔서 대접하는 것입니다. 주의 종을 대접하는 것을 보면 그 사람의 믿음을 알 수 있습니다.

시몬은 예수님의 은혜로 나병이 나았으므로 너무 감사해서 잔치를 벌여 예수님을 대접했습니다. 예수님께서는 대충 드시지 않고 잘 드셨습니다. 그래서 '먹기를 탐하는 자'라는 말을 들을 정도였습니다.

예수님을 믿는 우리도 대부분 잘 먹습니다. 전에 미래목회연구회의 목사님 내외분 20쌍이 함께 유럽을 다녀온 적이 있습니다. 그런데 새벽에 출발할 때도 모두 아침을 다 드셨습니다. 그때 가이드가 "새벽에 출발하면 아침을 드시는 분들이 안 계시는데 이렇게 다 드시는 분들은 처음 보았습니다"라고 했습니다. 예수님의 제자는 잘 먹어야 합니다. 그러므로 하나님의 딸들은 식사 준비를 대충 하지 말고, 정성을 다하시기 바랍니다.

예수님께서 시몬의 집에서 식사를 하실 때 한 여인이 들어왔습니다. 그 여인은 시몬의 처제인데, 요한복음 12장 3절에 보면 마리아입니다. 마리아가 남의 집이 아닌 형부의 집이니 이 집에 편하게 들어오는 것입니다. 그녀는 귀한 옥합, 순전한 나드 향유를 갖고 들어옵니다. 그것이 얼마나 비싼지, 그 값이 근로자의 1년 연봉이라고 했습니다. 귀한 향유는 몇 방울만 떨어뜨려도 온 집안이 향기로 가득 찹니다. 그런데 마리아는 옥합을 깨뜨려 그 귀한 향유를 예수님께 다 부었습니다. 요한복음 12장에 보면 예수님의 발에까지 다 부어 자기 머리카락으로 예수님의 발을 씻었습니다.

이것은 장례식 준비를 하는 것입니다. 유대는 기온이 높아 사람이 죽으면 즉시 부패합니다. 그러므로 곧바로 시신의 온몸에 향유를 바르고 그날 장례식을 합니다. 그래서 죽은 지 4일이라는 말과 무덤에 있은 지 4일이라는 말은 같은 말입니다.

마리아가 귀한 향유를 예수님께 부어 드리니 어떤 사람들이 "왜 이렇게 귀한 향유를 낭비하느냐? 정신이 나갔느냐? 이것을 팔면 300데나리온은 받았을 텐데, 그것으로 가난한 자들을 도와주면 얼마나 좋았겠느냐?"라며 꾸짖었습니다. 그런데 요한복음 12장 4-5절에 보면 그 어떤 사람들이 바로 가룟 유다입니다. 꾸짖어도 예수님께서 꾸짖으셔야 합니다. 예수님께서는 오히려 좋아하시는데 가룟 유다가 건방지게 나서서 꾸짖는 것입니다. 얼마나 함부로 꾸짖었는지 영어성경에 보면 'indignity', 인격을 모독했다고 표현되어 있습니다.

회사 사장님들, 부장이나 차장이나 과장을 혼낼 때 여러 사람 앞에서 꾸짖으면 안 됩니다. 부하 직원이 잘못해도 참고, 혼낼 때는 혼자 불러서 그 사람의 존귀함, 인격을 건드리지 않고 혼내야 합니다. 사람의 인격을 건드리면 그 사람을 잃게 됩니다. 작은 부자는 돈을 벌고, 큰 부자는 사람을 번다고 했습니다. 사람을 벌어야 합니다. 한 번 택한 사람은 끝까지 사랑으로 대해야 자기 사람이 되지, 잘못했다고 함부로 대하면 사람을 잃어버리게 됩니다.

아내에게 말할 때도 "여보, 이것은 좀 그렇지 않을까?"라고 해야지, "당신! 이럴 수 있어?"라고 하면 아내와 한판 붙게 됩니다.

가룟 유다의 책망에 마리아가 상처를 받았습니다. 우리도 교회에서 헌신하고 상처를 받을 때가 있습니다. 힘을 다해 충성했는데 오해받을 수 있습니다. 그러나 그때 상처받으면 안 됩니다. 사람의 칭찬이나 꾸중은 별것 아닙니다. 사람이 우리를 어떻게 할 수 없습니다. 우리 주님께서는 우리를 다 아십니다. 그러므로 주님을 바라보며 충성하십시오.

그때 예수님께서 이렇게 말씀하십니다.

"왜 이 여인을 괴롭히느냐? 저가 힘을 다해 내게 좋은 일을 했느니라. 가난한 자들은 항상 너희와 함께 있으니 아무 때에라도 도울 수 있거니와 나는 너희와 항상 함께 있지 아니하리라. 저가 힘을 다해 내 몸에 향유를 부어 내 장사를 준비했느니라. 내가 너희에게 이르노니 천하에 어디에서든지 이 복음이 증거되는 곳에 이 여인의 한 일이 기념되어 알려지리라."

여기에서 '좋은 일을 했다'는 말씀이 영어성경에는 "She has done a beautiful thing to me"라고 되어 있습니다. 이것은 마리아가 아름다운 헌신을 했다는 뜻입니다. 예수님께서는 이 여인의 아름다운 헌신이 성경에 기록될 것도 아셨고, 우리에게 이렇게 전해질 것도 미리 아셨습니다. 할렐루야!

여기에서 우리가 깨닫게 되는 것은, 하나님을 사랑하고 주님을 사랑하면 모든 것을 다 쏟아 부어도 아깝지 않다는 것입니다. 하나님께 드리는 모든 것이 낭비가 아니라는 것입니다.

마리아가 옥합을 깨뜨려 그 귀한 향유를 예수님께 다 쏟아 부은 것이 가룟 유다가 보기에는 낭비였지만, 마리아에게는 전혀 낭비가 아니었습니다. 생명의 주님, 생명을 구해 주신 주님께는 옥합 100개를 깨뜨려도 아깝지 않은 것이 마리아의 마음입니다. 우리가 하나님의 은혜를 기억하고 그 사랑을 느끼면 하나님께는 아까울 것이 아무것도 없습니다.

역대상 29장 1-9절을 보면, 다윗이 하나님의 전을 위해 모든 것을 다 바칩니다. 4절에 보면, 금 3천 달란트와 은 7천 달란트를 바치는데, 금 3천 달란트는 금 100톤이고 은 7천 달란트는 은 240톤입니다. 하나님의 전을 위해 그렇게 많은 금과 은 그리고 각종 보석을 바친 것입니다. 누가 금 100톤, 은 240톤이나 되는 헌금을 하겠습니까? 다윗은 그렇게 헌금을 하고도 아까워하는 것이 아니라 역대상 29장 9절을 보면 오히려 그 기쁨을 이기지 못했다고 했습니다.

이것이 성도의 가슴인 줄 믿습니다. 하나님을 위해서라면 시간을 바쳐도, 물질을 바쳐도, 몸을 바쳐도 아깝지 않은 것, 이것이 하나님의 은혜를 받은 성도의 가슴인 것입니다. 이것이 마리아의 가슴이고, 다윗의 가슴입니다. 우리는 십일조가 아니라 십의 구조도 드릴 수 있어야 합니다. 십일조를 아까워하는 사람은 하나님의 사랑을 받는 자녀가 아닙니다. 다 바치고도 아까울 것이 없는 것, 그것이 바로 사랑입니다. 사랑하는 사람에게는 아까운 것이 없는 것입니다.

저희가 사업을 할 때 하나님께서 은혜를 많이 주셔서 그 지방에서 소득세를 두 번째로 많이 냈습니다. 그러다 목회를 시작했는데 남은 것은 사무실 하나뿐이었습니다. 그 사무실의 임대료로 동생들 대학 공부를 시켰습니다. 제 사례비 십몇만 원으로는 살아가는 것이 궁색해서 책 하나 사기도 힘들던 때라 세 받는 것이 무척 도움이 되었습니다. 그러다가 부모님께 새 집을 지어 드리려고 그 사무실을 팔았습니다. 부모님께서 사시는 집이 너무 낡아 늘 마음이 아팠기 때문에 사무실 판 돈으로 좋은 양옥집을 지어 드렸습니다. 그 집이 벌써 30년이 되어 지금은 보기에 초라하지만 그때는 우리 마을에서 최고 좋은 집이었습니다. 그 집을 지을 때는 그렇게 반대하시던 아버지께서 집을 다 짓고 나니 "얘들아, 한 300년 살고 싶다. 한 300년 살고 싶다" 하시며 얼마나 기뻐하셨는지 모릅니다.

제가 아버지께 집을 지어 드리고 나서 "아이고! 사무실을 팔아서 아깝다"라고 했겠습니까? 꿈에서도 그런 생각은 하지 않았습니다. 아버지께서 기뻐하시니 저도 춤을 출 듯이 기뻤습니다. 아버지를 사랑하면 아버지께 다 드려도 기쁜 것입니다.

충청도 어느 큰 부잣집 무남독녀의 이야기입니다. 이화여대에 다니는 그 딸이 여름방학을 맞아 고향에 왔는데 홍수가 났습니다. 물 구경을 하러 들에 나갔다가 미끄러지는 바람에 물에 빠졌습니다. 홍수가 나면 얼마나 무서운지 모릅니다. 시골 냇가라도 물이 넘쳐흐를 때는 그곳에 들어가면 죽습니다. 그러니 홍수에 휩쓸려 가는 그 딸을 누가 구해 주겠습니까? 그런데 그때 그 집의 머슴이 뛰어들어 딸을 구해 주었습니다. 딸이 정신을 차린 다음 "나는 죽을 사람인데 당신이 나를 구해 주었으니 내가 당신 아내가 되어 당신을 섬기겠습니다"라고 해서 머슴과 결혼을 했습니다. 그 머슴은 얼굴도 아주 못생겼는데, 그 부잣집의 무남독녀, 명문대생인 귀한 딸이 은혜를 갚고 의리를 지켜 머슴과 결혼을 한 것입니다. 참 멋진 여자입니다. 의리가 있습니다. 의리가 생명입니다.

하나님께서 우리를 위해 외아들을 주셨습니다. 그 외아들을 십자가에 달려 피 흘려 죽게 하심으로 우리 죄를 다 사해 주셨습니다. 지옥 갈 우리를 천국 가게 하시고, 우리가 의심할까 봐 성령을 부어 보증해 주시고 천국 시민권을 주셨습니다. 그리고 교회를 통해 늘 은혜를 주십니다. 할렐루야!

이것을 생각하면 우리 하나님께 아낄 것이 뭐가 있습니까? 우리도 하나님 앞에 의리를 지켜야 합니다.

중국 남송 시절, 수도 임안에 부잣집만 터는 유명한 도적이 있었습니다. 그는 도둑질한 후에 배짱 좋게 반드시 '아래야'(내가 왔다 갔노라)라고 써놓고 갔는데, 워낙 신출귀몰해 잡을 수가 없었습니다. 그러다가 '아래야'라 의심되는 사람을 잡아 옥에 집어넣었습니다. 하루는 그가 옥졸에게 말했습니다.

"내 한 몸 감방에서 죽는 거야 운명 탓으로 여기면 되지만, 내가 땅에 파묻어 놓은 금은보화를 썩힐 생각을 하니 마음이 아프오. 그래서 그것을 당신에게 줄 테니 당신이 파내어 잘 쓰시오."

"그게 어디에 있습니까?"

"ㅇㅇ에 있소."

옥졸이 그곳에 가서 땅을 파니 보따리가 나오고 그 안에 금, 은, 보석, 돈이 가득했습니다. 며칠 후 그가 또 옥졸을 불렀습니다.

"전보다 더 많은 보물이 ㅇㅇ에 있으니 그것도 당신이 가지시오. 나는 이곳에서 죽을 사람이니 당신에게 주는 것이오."

옥졸이 또 그곳으로 가 보니 정말 그전보다 더 많은 보물이 있었습니다. 며칠 후 그가 또 옥졸을 불러 보물이 있는 곳을 말해 주었습니다. 그래서 옥졸이 그것도 취해 큰 부자가 되었습니다. 며칠 후 또 그가 옥졸을 부르더니 이런 부탁을 했습니다.

"여보시오, 내가 정리할 일이 하나 있어서 그러니 오늘 밤에 나를 밖에 좀 내보내 주시오. 그러면 새벽에 반드시 돌아오겠소. 의심하지 말고 나를 믿으시오."

세 번이나 많은 보물을 받아 부자가 된 옥졸은 그의 말을 거절할 수 없었습니다. 그래서 꼭 돌아오라고 당부하며 그를 내보내 주었습니다. 옥에서 나간 그는 큰 부잣집에 들어가 보물을 훔친 후 '아래야'라는 글을 써놓고 다시 옥으로 돌아왔습니다.

그러자 세상이 발칵 뒤집혔습니다. '아래야'는 감옥에 있는 줄 알았는데, 밖에 있으니 말입니다. 그래서 옥에 있던 그가 무죄 석방되었습니다. 석방된 그는 부잣집에서 훔친 그 보물도 옥졸에게 갖다 주었다고 합니다. 도둑이라도 매력 있는 도둑, 멋쟁이 도둑입니다.

예수님께서 말씀하셨습니다.

"온 천하를 얻고도 제 목숨을 잃으면 무엇이 유익하리요."

'아래야'가 그 많은 보물을 갖고 있다 한들 감옥에서 죽으면 뭐하겠습니까? 그러니 생명을 구해 준 옥졸에게 보물을 준 것입니다. 도둑도 이렇게 은혜를 갚는데, 우리는 어떠합니까? 하나님께 숱한 은혜, 말로 다할 수 없는 만 가지 은혜를 받았는데 주일헌금 드리는 것이, 십일조를 드리는 것이, 건축헌금 드리는 것이 부담스럽다면 하나님의 좋은 자녀가 아닌 것입니다.

우리 모두 하나님 앞에 의리를 지키는 하나님의 자녀가 되기를 바랍니다. 그러면 우리도 다윗처럼 하나님의 사랑을 받는 자녀가 될 줄 믿습니다. 하나님께서는 다윗을 얼마나 사랑하셨는지 신 · 구약 성경에 다윗의 이름이 하늘의 별처럼 천 번도 더 새겨져 있습니다.

그다음, 하나님께 바치는 것은 아이스크림 먹는 것과 같아 제때 바쳐야 한다는 것입니다. 아이스크림은 제때 먹어야지, 시간이 늦으면 녹아서 먹지 못하게 됩니다.

예수님께서 말씀하셨습니다.

"가난한 자들은 항상 너희와 함께 있으니 아무 때라도 원하는 대로 도울 수 있지만 나는 너희와 항상 함께 있지 아니하리라. 이 여인이 힘을 다하여 내게 아름다운 헌신을 했느니라. 그런데 이 귀한 일을 한 이 여인을 왜 괴롭히느냐?"

마리아가 그날 주님께 향유를 부어 드리지 않았다면 영원히 드릴 길이 없었습니다. 마리아가 자신을 위해 옥합을 깨뜨렸다면 그것이 무슨 가치가 있겠습니까? 주님을 위해 깨뜨렸기 때문에 빛나는 옥합이 된 것입니다.

우리의 옥합, 우리의 재산을 우리를 위해 쓴다면 그것은 가치가 없습니다. 세상 사람들도 다 그렇게 합니다. 하나님 앞에 부어 드릴 때 영원히 기념되는 헌신이 되는 것입니다.

그리고 충성도 항상 할 수 있는 것이 아닙니다. 아이스크림은 녹기 전에 먹어야 하는 것처럼 충성하는 것도 때가 있습니다. 내가 강가에 서 있으면 물은 계속 흘러갑니다. 나를 스쳐간 물은 영원히 내게 다시 오지 않습니다.

우리 모두 시간의 옥합, 물질의 옥합, 충성의 옥합을 아낌없이 주님께 부어 드릴 수 있기를 바랍니다. 기회는 계속 오는 것이 아닙니다. 우리 주님께서 늘 기다려 주시는 것이 아닙니다. 또 우리가 언제까지 사는 것도 아닙니다.

어떤 사람이 동물과 친하게 지내다 동물의 말소리를 알아먹을 수 있게 되었습니다. 동물 중에서 말을 제일 잘하는 것이 닭이랍니다. 하루는 닭이 "아하! 우리 집 개가 곧 죽겠구나. 우리 집 개가 곧 죽겠구나"라고 했습니다. 주인이 그 말을 듣고 빨리 개를 시장에 내다 팔았습니다. 개가 팔려간 그 집에서 죽었습니다. 주인이 '아이고! 저 닭 때문에 내가 손해를 보지 않았구나' 하며 좋아했습니다. 며칠 뒤 닭이 또 "아하! 우리 집 나귀가 곧 죽겠구나"라고 하는 말을 듣고 주인이 빨리 나귀를 팔았습니다. 나귀가 팔려간 그 집에서 죽었습니다. '아이고! 닭이 참 고맙구나.' 며칠 뒤 또 닭이 "아이고! 어떡하나? 이번에는 우리 집 소가 죽겠구나"라고 해서 주인이 빨리 소를 내다 팔았습니다. 소도 팔려간 집에서 죽었습니다.

'닭의 덕을 많이 보는구나.'

그런데 며칠 뒤 닭이 "아이고! 어쩌나? 우리 주인이 곧 죽겠구나"라고 했습니다. 닭의 말을 들은 주인이 곧 죽었습니다.

베드로는 닭 울음소리를 듣고 회개했습니다. 오늘 하나님께서는 우리에게 말씀하십니다.

"너희가 영원히 사는 것같이 생각하지 말라. 내게 충성할 시간이 몇십 년 남았다 생각하지 말라. 오늘 죽는다 생각하고 충성하라." 할렐루야!

우리는 우선순위를 하나님께 두어야 합니다. 우리 교회에는 먼저 하나님, 그다음에 자기 사업, 자기 집을 생각하는 가정들이 많습니다. 그런 가정은 다 잘됩니다. 그러나 어떤 가정은 먼저 자신, 자기 아들, 자기 기업, 그다음에 하나님을 생각합니다. 그런 가정은 하나님과의 뜨거운 만남을 가질 수 없습니다. 영원히 기차 레일과 같습니다. 기차 레일은 아무리 달려도 서로 만날 수 없습니다. 서울에서 부산까지 달려도, 뉴욕에서 캐나다까지 달려도 기차 레일은 만나지 못합니다.

하나님을 뒷전에 두면 하나님께서도 "네가 내게 찬밥을 먹이니 나도 네게 찬밥을 주겠다. 네가 나를 시시하게 여기니 나도 너를 시시하게 만들어 주겠다"라고 하실 것입니다. 그래서 하나님을 뒷전에 둔 사람들 중에 크게 된 사람이 없습니다. 되는 것 같아도 중간에 무너집니다. 그러나 '먼저 하나님, 그다음에 내 가정, 내 사업' 하는 가정은 하나님께서 날마다 스파크를 일으켜 주십니다. 날마다 도와주십니다.

마태복음 6장 33절에 "너희는 먼저 그의 나라와 그의 의를 구하라(Seek first his kingdom and his righteousness) 그리하면 이 모든 것을 너희에게 더하시리라"고 말씀합니다.

하나님을 믿고 오늘까지 옥합을 몇 번 부어 드렸습니까? 자신의 피를 주신 예수님께, 자신의 살을 주신 예수님께 당신의 옥합을 몇 번이나 부어 드렸습니까? 옥합을 아껴서 잘된 것이 무엇입니까?

저는 죄인입니다. 부족합니다. 그래도 제가 주님께 옥합을 몇 번 부어 드렸습니다. 저희가 셋방에서 살 때 먼저 성전을 지어 드렸습니다. 그리고 사업이 가장 잘될 때 사업을 접고 목회를 출발했습니다. 첫 목회 때 5년간 사례비를 하나도 받지 않았고, 또 수년간 제 사례비를 오로지 다 쏟아 부었습니다. 그래서 저는 재산이 없습니다. 그러나 하나님께서는 제게 좋은 집도 주시고 좋은 차도 주셨습니다. 우리가 '먼저 주님' 하고 주님을 최우선 순위에 놓으면 주님께서 우리에게 모든 것을 다 주시는 것입니다.

롱펠로가 시상이 떠올라 휴지에 잠시 긁적긁적했는데 그것이 6천 달러에 팔렸습니다. 피카소도 아이디어가 떠올라 보통 종이에 긁적긁적 스케치를 했는데 그것이 큰 집 한 채 값이 되었습니다. 하나님께서 저에게 조금 긁적긁적해 주시면 입만 열면 은혜가 쏟아집니다. 하나님께서 여러분 사업에 조금만 긁적긁적해 주시면 여러분의 사업이 일어납니다. 하나님께서 여러분의 아들딸을 점찍어 조금 손봐 주시면 다니엘, 요셉이 됩니다.

그러나 자기를 우선으로 하여 살면 잘되기 어렵습니다. 제 아들의 친구가 명문 고등학교에서 항상 일등을 했습니다. 전국에서도 0.01퍼센트 안에 들었습니다. 서울대학교 법대에 들어갔지만 사법 시험에 아홉 번 떨어져 결국 지난번에 어느 회사에 취직했습니다. 그 수재가 그렇게 될 줄 누가 알았겠습니까?

사람의 미래는 아무도 모릅니다. 하나님께서 도와주시면 안 될 사람도 되고, 하나님께서 도와주지 않으시면 될 사람도 안 되는 것입니다.

그러므로 하나님께 최우선순위를 두십시오. 말로는 '하나님' 실제로는 '나', 말로는 '하나님부터' 실제로는 '자식부터', 말로는 '교회' 실제로는 '내 집' 하면서 잘되는 집을 저는 보지 못했습니다.

어차피 신앙은 파스칼의 말대로 거룩한 도박입니다. 우리의 모든 것을 여기에 걸 수 있기 바랍니다. 우리는 예수님을 잡은, 장땡을 잡은 도박을 하는 것입니다.

우리의 생애가 얼마나 남았는지는 아무도 모릅니다. 오늘, 닭이 우리를 보며 말합니다.

"곧 죽는다."

그러면 우리는 어떻게 해야 합니까? 어차피 죽을 삶, 한번 해봐야 합니다. 예수님 최우선으로 살아 보아야 합니다. 그래서 멋진 삶을 살게 되기를 축복합니다.

15

# 아름답고 복된 삶

(이사야 52:7-10)

도박장에 가면 없는 것이 세 가지랍니다. 시계가 없습니다. 거울이 없습니다. 창문이 없습니다. 시계를 보면 '어! 내가 지금 이럴 때가 아니지' 하고 깨닫기 때문입니다. 거울을 보면 '아! 내가 지금 무얼 하고 있지?' 생각하고, 창을 보면 '저 하늘 아래 내 아내, 내 아이들이 있는데 지금 내가 여기서 뭘 하고 있는 거지?' 하고 도박장을 뛰쳐나오기 때문입니다.

라스베이거스의 그 엄청난 도박장마다 창이 없고, 시계가 없고, 거울이 없습니다. 창과 시계와 거울은 없애고 실내외를 화려하게 꾸며 놓습니다. 그리고 팔등신 미인이 음료수를 공짜로 서비스하게 하고, 호텔 요금도 싸게 해줍니다. 그러고는 결국 재산을 다 잃게 만드는데도 사람들은 어리석어서 그곳에 가는 것입니다.

교회에는 창이 있고, 시계가 있고, 거울이 있습니다. 특별히 역사의 시계가 있어서 '지금이 어느 때인가? 지금이 잘 때인가, 주님의 재림의 발자국 소리를 들을 때인가? 그리고 네 인생의 날 수를 계산해 봐라. 칠십, 팔십에서 네 나이를 빼 봐라. 몇 년 남았는가?' 하는 생각을 하게 합니다. 언제나 하나님께서 깨닫게 하시는 것입니다.

최고의 거울은 성경입니다. 성경을 볼 때마다 '너, 그렇게 하면 안 되지' 하는 음성을 듣습니다. 설교 또한 거울이 되어서 우리를 자꾸 돌아보게 합니다. 오늘도 TV를 보면 거기에 빠져 아무 소득이 없지만 설교를 들으면 '그래, 내가 이래서는 안 되지' 하고 생각하니 더 아름다운 삶을 만들어 가게 되는 것입니다.

사람은 미완성 작품입니다. 하나님께서 성령과 말씀으로 우리를 빚어 가고 계십니다. 지금의 저는 20년 전과 다르고, 10년 전과 다릅니다. 지금은 작년보다 더 좋아졌습니다. 하나님께서는 우리를 더 좋게 빚어 가십니다. 그래서 우리가 더 아름답게 변화될 줄로 믿습니다.

그리고 더 아름답게 빚어지려면 우리도 열심히 노력해야 합니다. 공부도 열심히 하는 사람이 이기고, 신앙생활도 열심히 하는 사람이 전진하게 됩니다.

세계에서 양궁에 가장 강한 나라는 우리 대한민국입니다. 그 이유가 어디에 있습니까? 외국 선수들은 하루에 100발씩 연습하는데, 우리 한국의 양궁 선수들은 300-400발을 연습한다고 합니다. 세 배로 더 연습하는 것입니다. 그리고 올림픽 직전에는 야간에도 불을 밝혀 놓고 1,000발씩 연습합니다. 그러니 100발,

200발씩 연습하는 외국 선수들과 비교가 되지 않는 것입니다.

신앙생활도 주일 낮 예배에만 나오고 밤 예배에는 나오지 않는 사람은 신앙의 올림픽 메달을 딸 수 없습니다. 주일 낮과 밤, 새벽에 공격적으로 나오는 사람이 영적 면류관을, 트로피를, 금메달을 따게 되는 것입니다.

우리는 늘 신앙의 금메달을 따는 하나님의 사람이 되어야 합니다.

"사람이면 다 사람인가, 사람답게 살아야 사람이지" 하는 말들을 합니다. 목사면 다 목사입니까? 목사답게 살아야 목사입니다. 장로면 다 장로입니까? 장로답게 거룩하고 덕스럽고 인자하게 살아야 장로입니다. 차라리 목사가, 장로가 되지 않았으면 좋았을 사람이 있습니다. 성도들도 예수님을 믿으면서 잘못 살면 하나님을 어렵게 하고, 교회를 망신시키게 됩니다.

사람이라도 짐승보다 못한 사람이 있습니다. 우리는 모두 아름다운 사람, 귀히 여김을 받는 사람, 정말 복 있는 사람이 되어야 합니다.

아름다운 사람, 복 있는 사람이 되게 하는 가장 귀한 것은 입의 말입니다.

소크라테스가 말했습니다.

"그로 말하게 하라. 내가 그를 보리라."

말은 그 인격을 보여주는 옷입니다. 옷은 그 사람의 인격의 표현이고 마음의 표현입니다. 야한 사람은 야하게 입고, 신사는 신사답게 입습니다. 마찬가지로 인격의 표현이 말입니다.

잠언 20장 15절에 "세상에 금도 있고 진주도 많거니와 지혜로운 입술이 더욱 귀한 보배니라"고 말씀합니다. 입에서 보석 같은 말을 뿜어내는 사람은 아름다운 사람, 보석 같은 사람이 됩니다. 지저분하고 더러운 말, 쓰레기 같은 말을 쏟아내는 사람은 지저분한 사람이 됩니다. 그 사람의 말이 그 사람의 운명을 결정하는 것입니다. 누에는 실을 뿜어낸 뒤 그 실로 만든 집에 들어가서 삽니다. 누리끼리한 색을 뿜으면 누리끼리한 집에서 살고, 아주 깨끗한 흰 실을 뿜어내면 흰 집에서 삽니다.

본문에 좋은 소식을 가져오는 자가 아름답다고 했습니다.

좋은 소식, 굿 뉴스는 마음을 기쁘게 합니다. 언제나 기쁨을 주는 기별이 좋은 소식입니다.

잠언 25장 25절에 "먼 땅에서 오는 좋은 기별은 목마른 사람에게 냉수 같으니라"라고 말씀합니다.

'시집 간 딸이 잉태했다.'

'시집 간 딸이 순산해서 아들을 낳았다.'

'시집 간 딸이 아들만 낳은 것이 아니라 딸도 낳았다. 아들딸 쌍둥이를 낳았다.'

이것은 다 좋은 소식입니다. 어차피 수고할 것 한꺼번에 구색 맞춰 아들딸을 낳았다는 것도 좋은 소식(good news)이 되는 것입니다.

'아들이 고시에 합격했다.'

'아들이 대학에서 일등 했다.' 기쁜 소식입니다.

'군에 간 아들이 첫 휴가 온다.' 이것도 기쁜 소식입니다.

목회를 하다 보면 좋은 소식을 전해 주는 분들이 계십니다. 며칠 전에 우리 권사님 한 분이 "목사님, 이렇게 좋은 일이 있었어요. 한 달 전에도 대박이 두 개 터졌는데 이번에 또 터졌습니다"라고 하셨습니다. 그렇게 좋은 기별을 주시니 제가 기뻤습니다.

그러나 나쁜 소식도 있습니다. 남편이 저녁식사도 아직 끝내지 않았는데 "여보, 우리 아들이 오늘 학교에서 얻어터지고 코피를 쏟고 왔어요. 거기다가 수학 시험은 32점을 받아 왔어요"라고 하면 남편 속을 뒤집는 것입니다. 그런 좋지 않은 소식은 전하지 않는 것이 더 낫습니다.

저는 토요일에 걱정스러운 이야기를 들으면 설교 준비를 못합니다. 소가 기뻐야 젖을 잘 내니 소에게 노래도 들려주고 선풍기도 틀어 주듯이, 제게 좋은 소식을 전해 주면 제가 설교 준비를 잘하게 됩니다. 그런데 걱정스러운 소식을 전해 주면 그 걱정 때문에 설교 준비를 잘할 수 없습니다. 우리는 가능하면 나쁜 소식은 전하지 않고 좋은 소식을 전하는 자가 되어야 합니다.

### 지혜로운 말이 선한 말이고, 좋은 소식입니다.

마태복음 10장 16절에 "너희는 뱀같이 지혜롭고 비둘기같이 순결하라"라고 말씀합니다. 지혜로운 말을 해야 합니다.

우리가 말을 할 때는 '이 말을 꼭 해야 할 필요가 있나? 이 말이 진실한가? 이 말이 참으로 선한 말인가?'를 먼저 체크해 보아야 합니다. 이건희 회장이 그 아들에게 "경청"이라는 글을 전달했습니다. 그런데 그 글은 고 이병철 회장님이 아들인 이건희 회장에게 준 것이라고 합니다.

'경청.' 말을 많이 하지 말고 잘 들으라는 것입니다.

두 사람이 만났을 때 지혜로운 사람은 말을 하지 않고 듣습니다. 말을 쏟아내면 실수하게 되고 지혜롭지 못한 말이 많이 나오는 것입니다. 그래서 말을 하기 전에 반드시 세 가지 황금 문을 생각해야 합니다. '이것이 진실한 말인가? 덕이 되는 말인가? 꼭 해야 될 말인가?'

사람의 말이 얼마나 중요한지 모릅니다. 말 한마디로 천 냥 빚을 갚는다는 속담이 있습니다.

어떤 사람이 낚시 금지 구역에서 낚시를 하다가 경찰에게 걸렸습니다.

"낚시 금지 구역에서 이렇게 낚시를 하다니요!"

"난 낚시를 하는 것이 아니라 지렁이에게 목욕을 시켜 주고 있어요."

"그 낚싯대를 한번 들어 보시오."

"최소한 예의는 지켜 줘야지요. 아무리 지렁이지만 발가벗고 있는데 들면 되겠습니까?"

그러니 경찰이 기가 막혀 웃고 가는 것입니다.

저는 대부분 제 생일을 잊고 살았습니다. 아내가 챙겨 주면 아는데 때로는 아내도 잊어버립니다. 그런데 아내가 제 생일은 그냥 넘어갈 때가 있어도 결혼기념일은 그냥 넘어가지 않습니다. 몇 해 전, 제가 교회에서 일하고 있다가 아내의 전화를 받고서야 그날이 결혼기념일인 줄 알고 미안했습니다. 그런데 한편으로 생각하면 왜 미안한지 모르겠습니다. 같이 결혼했는데 왜 결혼기념일에 꼭 남편이 아내를 챙겨 주어야 합니까? 그렇지 않습니까?

어쨌든 아내에게 미안해서 식사라도 같이 하려고 급히 일을 그만두고 집으로 향했습니다. 신호등에 화살 표시가 들어왔을 때 유턴을 해야 하는데 아내가 기다리고 있을 것을 생각하니 마음이 급한 나머지 빨간 신호등인데 유턴을 했습니다. 그런데 세상에! 유턴하자마자 경찰이 제 차를 잡았습니다.

'아이쿠! 어떡하지?'

목사가 벌금 티켓을 떼이면 좋을 것이 없지 않습니까? 그래서 "주여! 어떡하지요?" 하고 기도를 했습니다. 그리고 이렇게 말했습니다.

"미안합니다. 잘못했어요. 사실은 오늘이 결혼기념일이라 아내가 기다리고 있는데 시간이 너무 늦어서 마음이 급하다 보니 이렇게 실수를 했어요. 미안합니다."

"괜히 하는 소리 아닙니까?"

"왜 거짓말을 하겠습니까?"

경찰관이 저를 살펴보더니 "가세요"라고 했습니다. 이것도 지혜입니다.

지혜 없는 사람은 손해 볼 말을 다 쏟아냅니다. 어떤 사람이 과속하다 경찰에게 잡혔습니다.

"과속하셨습니다."

"아이고! 한잔 했더니 그만 제정신이 아니었습니다."

"한잔 했다고요? 그러면 음주운전까지 들어갑니다."

그때 그 부인이 "무면허라 제정신으로는 운전하지 못합니다.

한잔 해야 운전합니다"라고 했습니다. 이런 정직함은 오히려 남편을 끌어내리는 말입니다. 정직하다고 다 좋은 것이 아닙니다. 지혜로워야 합니다. 지혜로운 말, 그것이 선한 말입니다.

정말 좋은 소식, 굿 뉴스는 선한 마음으로 하는 말입니다. 잠언 16장 24절에 "선한 말은 꿀송이 같아서 마음에 달고 뼈에 양약이 되느니라"라고 말씀합니다.

## 은혜를 끼치는 말이 좋은 소식입니다.

에베소서 4장 29절에 "무릇 더러운 말은 너희 입 밖에도 내지 말고 오직 덕을 세우는 데 소용되는 대로 선한 말을 하여 듣는 자들에게 은혜를 끼치게 하라"라고 말씀합니다. '내가 이 말을 할 때 상대방이 은혜를 받을까?'를 생각해야 합니다.

은혜(grace)가 무엇입니까? 기뻐하는 것입니다. 힘이 나는 것입니다. 내가 하는 말을 듣고 상대방이 힘이 나야 합니다. 내가 한 말을 듣고 걱정하고 염려하고 잠을 자지 못하면 그것은 은혜로운 말이 아닙니다.

설교는 들으면 힘이 납니다. 은혜가 됩니다. 그것이 선한 말입니다.

그리고 격려의 말을 해야 합니다. 어떤 아이가 관절이 약해서 아무것도 하지 못했습니다. 그렇게 나약한 아이라 늘 소외당해 외톨이였습니다. 그 아이에게 아버지가 말했습니다.

"아들아, 네 몸에 상처가 있지만 그 상처를 찬란한 별들로 만들어라. 상처 때문에 주눅 들지 말고 그 상처를 갖고 나가서 별로 만들어라."

그는 아버지의 격려에 힘을 얻어 열심히 공부해서 영국 외과 학회장과 세계 외과학회장을 역임한 세계적인 의사가 되었습니다. 그가 바로 현대 성형 수술의 창시자인 해리 플래트인데, 그는 1986년도에 100세의 나이로 세상을 떠났습니다. 병약하고 늘 소외당했던 아이가 아버지의 격려로 그렇게 훌륭한 인물이 된 것입니다.

그래미 상을 21번이나 받은 미국의 천재적인 작곡가요 가수인 스티비 원더는 맹인입니다. 그래서 늘 고독했습니다. 그가 어린 시절 초등학교에 다닐 때의 일입니다.

하루는 교실에 쥐가 들어왔습니다. 그런데 쥐가 어디로 갔는지 잡을 수가 없었습니다. 그때 선생님이 그에게 말했습니다.

"스티브, 너는 청력이 예민하니 쥐가 어디에 있는지 한번 잘 들어 보아라."

"옷장 뒤에 숨어 있습니다."

그래서 쥐를 잡게 되었습니다.

"너는 남들이 갖지 않은 특별한 은사를 가졌구나."

선생님의 말에 그는 '아! 나에게는 특별한 달란트가 있구나' 하고 자신감을 갖게 되었습니다. 그래서 열심히 공부하여 세계적인 작곡가가 되고, 가수가 되고, 그래미 상도 21번이나 받게 된 것입니다.

반면 우리나라의 한 학교 미술 시간에 이런 일이 있었습니다.

"이놈의 자식아, 크레파스를 안 갖고 온 것이 도대체 몇 번째야?"

그래도 아이는 집이 가난해서 크레파스 살 돈이 없다는 말을 하지 못했습니다.

“야, 이 자식아! 다음부터는 훔쳐서라도 갖고 와!”

그로부터 17년 후 사형 선고를 받은 어떤 청년이 판사에게 말했습니다.

“내가 이 길로 들어서게 된 것은 17년 전의 담임선생님 때문입니다.”

그가 바로 막가파, 지존파의 두목입니다.

“야, 이 자식아! 다음부터는 훔쳐서라도 갖고 와!”라는 선생님의 말에 ‘아! 훔쳐도 되는구나’라고 생각해서 크레파스를 훔쳤다가, 바늘 도둑이 소도둑 된다는 말대로 그렇게 무서운 사람이 되었다는 것입니다.

말이 얼마나 중요한지 모릅니다. 내가 말 한마디 잘못하면 그 사람이 죽고, 내가 말 한마디 잘하면 그 사람이 사는 것입니다. 그래서 사람을 살리는 말, 은혜를 끼치는 말만 해야 되는 것입니다.

그다음은 “평화를 공포하며”(사 52:7)라고 했습니다.

우리는 평화의 말을 해야 합니다. 주님께서 “화평케 하는 자는 복이 있나니 저희가 하나님의 아들이라 일컬음을 받을 것임이요”(마 5:9)라고 말씀하셨습니다. 사람 사이를 이간하고 그윽히 남을 허는 사람이 있는데, 그런 사람은 하나님께서 멸하시겠다고 말씀하셨습니다.

"그 이웃을 그윽히 허는 자를 내가 멸할 것이요"(시 101:5).

누가 우리 장로님을 헌다면 장로님의 아버지이신 하나님께서 가만히 계시겠습니까? 사람 사이를 이간하고 남을 허는 것은 마귀가 하는 짓입니다. 사랑은 허다한 허물을 덮는 것입니다. "사랑은 허다한 죄를 덮느니라"(벧전 4:8)라고 하였습니다.

죄지은 자도 덮어 주는 곳이 교회입니다. 그 사람이 죄지었다고 들춰내는 것은 사랑이 아닙니다. 그 사람이 아무리 잘못했어도 내 친오빠라면 어떻게 들춰냅니까? 내 아들이라면 어떻게 들춰냅니까? 잠언 10장 12절에도 "사랑은 모든 허물을 가리우느니라"라고 말씀합니다.

마귀 짓을 하거나 이단 짓을 하면 잡아야 합니다. 그러나 실수하고 잘못한 것은 덮어 주어야 합니다. 우리가 하루하루 살아가는 것은 살얼음판을 걷는 것과 같아 넘어질 수 있습니다. 정말 깨끗하기만 한 사람이 누가 있습니까? 간음하다 붙잡힌 여자에게 돌을 던질 사람이 누가 있습니까? 험담하고 수군대는 것은 마귀가 하는 짓입니다.

목사님들은 장부를 하나씩 가지고 다니시기 바랍니다. 그래서 누가 "목사님, 아무개 집사가 어떤 짓을 했다는데요"라고 하면 바로 수첩을 꺼내어 적으시기 바랍니다.

"언제 그랬대요? 어디서 그랬대요? 왜 그랬대요?"

"아이고, 제가 본 것이 아니라 들었습니다."

"누구에게 들었습니까?"

제가 오늘까지 목회하면서 "목사님, 많은 사람들이 그러는데

요……"라는 말을 듣고 그 내용을 확인해 보면 그런 말을 한 사람은 없었습니다. 그 말을 한 사람은 바로 그 사람뿐입니다.

여러분의 가정에서 목사님이나 장로님을 욕하는 것은 아이들의 신앙을 죽이는 일이 됩니다. "귀하신 목사님! 귀하신 장로님!"이라고 할 때 아이들의 신앙이 사는 것입니다.

우리 모두 평화를 공포하는 귀한 말을 해야 합니다. 누가 내게 좋지 않은 이야기를 하면 귀를 씻어야 합니다. 그리고 '내가 무슨 냄새를 풍기기에 내게 이렇게 좋지 않은 말을 하나?' 하고 자신을 살펴보아야 합니다. 더러운 냄새가 나는 곳에 파리가 모이지 않겠습니까? 만일 상대방이 내게 음담패설을 한다면 '내가 그런 사람으로 보였나?' 하고 자신을 진단해 보아야 합니다. 내가 그렇게 보이지 않는데 어떻게 감히 내게 그런 말을 하겠습니까?

좋지 않은 말은 즉시 쓰레기통에 넣고 좋은 말만 하십시오.

콘스탄틴 대제는 나라를 다스릴 때 성직자를 고발하는 글이 올라와도 읽지 않았다고 합니다. '우리나라를 위해 기도하는 성직자의 허물을 내가 알 필요가 뭐 있나? 그분들도 사람이니 실수할 수 있겠지' 하며 바로 불태웠다고 합니다. 그러니 그 나라를 하나님께서 태평하게 하신 줄로 믿습니다.

무엇보다도 가장 아름다운 사람이 되는 길은 복된 소식을 전하고 구원을 공포하는 것입니다.

> "좋은 소식을 가져오며 평화를 공포하며 복된 좋은 소식을 가져오며 구원을 공포하며 시온을 향하여 이르기를 네 하나님이 통치하신다 하는 자의 산을 넘는 발이 어찌 그리 아름다운고"(사 52:7).

세상의 사람을 격려하고 위로하고 사랑하는 말도 귀하지만 그것으로는 사람을 구원하지 못합니다. 영원히 살게 하는 말은 구원의 메시지, 예수님의 십자가 복음입니다. 이 복음을 전하는 자가 가장 선한 말을 하는 것이고, 산을 넘는 그 발이 아름답고, 그 인생이 아름답고 복된 것입니다.

저는 이 세상에 부러운 사람이 없습니다. 저는 산을 넘고 바다를 건너 복음을 전하기 때문입니다. 제가 받을 하나님의 영광, 하나님의 축복은 이루 말할 수 없을 것입니다.

이 세상에서는 대통령이, 회장이, 높은 자리에 있는 사람이, 많은 것을 가진 사람이 영광스러워 보이지만, 천국에서는 아닙니다. 천국에서는 하나님 나라를 위해 죽도록 충성하는 자가 생명의 면류관을 받고, 왕 노릇 하는 것입니다. 이 세상의 대통령, 회장이라도 천국에서는 그 자리가 아무 상관없습니다. 복음을 전하고 충성한 자만이 왕 노릇 하는 것입니다.

우리는 복음을 전할 때 가슴을 펴고 당당하게 전해야 합니다. 복음을 전하는데 우리가 미안해할 것은 하나도 없습니다. 우리가 그들에게 돈을 빌리려 합니까, 도와달라고 합니까? 그 사람의 생명을 살리는 복음을 전하는 것입니다. 영생을 주는 복음을 전하는 것입니다. 그렇기 때문에 당당하게 전해야 합니다.

"교회에 오세요. 예수 믿으세요." 이 말이 축복입니다. 할렐루야! 당당하게 전도해야 합니다.

애니란 아이는 얼굴이 못생겨서 늘 고개를 숙이고 다녔습니다. 하루는 가게에 가서 리본을 사 머리에 꽂았더니 가게 주인이 "와! 어쩜 그렇게 예쁘냐? 아이고! 너무 예쁘다"라고 했습니다. 가게 주인의 말에 신이 난 애니는 얼굴을 바짝 들고 나오다 그만 어떤 아저씨와 부딪쳐서 넘어졌습니다. 학교에 가서도 리본을 보여주기 위해 고개를 들고 있었습니다. 선생님이 "애니, 너 고개를 들고 있으니 참 예쁘다"라고 했고, 친구들도 "애니, 너 오늘 참 좋아 보인다"라고 했습니다. 만나는 사람들마다 "애니, 너 오늘 좋아 보인다. 아름답구나"라고 했습니다.

'아! 리본 때문에 그러는구나' 하고 집에 가서 거울을 봤더니 리본이 없었습니다. 가게 앞에서 아저씨와 부딪칠 때 리본이 떨어진 것을 애니는 그제서야 알았습니다. 리본이 없어도 고개를 쳐드니 당당해서 예쁘게 보였던 것입니다.

우리도 마음은 겸손해야 하지만 복음 전도는 가슴을 펴고 당당하게 해야 합니다. 왜냐하면 사람의 말에서도 힘이 나가기 때문입니다.

인도의 시성 타고르는 아이들이 많았습니다. 그런데 삼촌 가족과 함께 살았기 때문에 아이들이 수십 명이나 되어 아이들을 하인들에게 맡겨서 길렀습니다. 그런데 타고르의 하녀가 아이 돌보는 것이 힘드니 방에 원을 그려 놓고 타고르의 열넷째 딸에게 이렇게 말했습니다.

"애야, 이 원 안에서만 놀아야 한다. 전에 어떤 아이는 이 원 밖에 나왔다가 괴물에게 잡혀 갔어. 이 안에서만 놀아야지 밖에 나오면 너도 괴물이 와서 잡아간다."

그리고 하녀는 아이를 돌보지 않고 계속 누워 자며 놀았고, 타고르의 열넷째 딸은 괴물이 와서 잡아갈까 봐 얼마나 겁이 나던지 원 안에서만 있었다고 합니다.

하녀의 말도 그렇게 무섭습니다. 하물며 하나님의 말씀이겠습니까? 하나님의 말씀, 복음은 능력입니다. 복음을 전하면 듣는 자가 구원 받게 됩니다.

> "믿음은 들음에서 나며 들음은 그리스도의 말씀으로 말미암았느니라"(롬 10:17).

모라비안 교파의 스티븐 선교사는 평생 복음을 심기 위해 아프리카로 갔다가 몇 달 뒤 추방당했습니다. 그래서 쓸쓸히 영국으로 돌아왔습니다. 그런데 그로 인해 구원받은 단 한 사람이 1만 3천 명을 전도했습니다.

새벽부터 우리는 씨를 뿌려야 합니다. 그리고 복음의 씨를 뿌린 후 나지 않을까 염려할 필요가 없습니다. 다 거두게 될 것입니다. 우리가 이렇게 복음을 잘 전하면 주님께서 기뻐하셔서 황폐한 곳을 위로해 주실 것입니다. 할렐루야!

> "너 예루살렘의 황폐한 곳들아 기쁜 소리를 발하여 함께 노래할지어다 이는 여호와께서 그 백성을 위로하셨고 예루살렘을 구속하셨음이라"(사 52:9).

하나님께서 황폐한 곳을 위로하시면 어떻게 됩니까? 광야가 에덴 동산이 되고, 사막이 하나님의 동산이 됩니다. 우리가 귀하게 살며 귀한 말을 하고 복음을 전하면 하나님께서 우리의 황폐한 곳을 위로하셔서 에덴같이 만들어 주십니다.

그리고 여호와의 거룩한 팔이 열방 앞에 나타나셔서 행하시기 때문에 그것을 보는 모두가 '아! 하나님께서 역사하시는구나' 하고 고백하게 됩니다.

"여호와께서 열방의 목전에서 그 거룩한 팔을 나타내셨으므로 모든 땅 끝까지도 우리 하나님의 구원을 보았도다"(사 52:10).

독일이 세계에 복음을 전할 때는 독일이 세계 최고였습니다. 영국이 복음을 전할 때는 영국이 세계 최고였습니다. 미국이 복음을 전하니 미국이 세계 최고가 됩니다. 한국이 열심히 복음을 전하니 이 작은 나라가 세계가 우러러보는 나라가 되었습니다. 복음을 전하지 않는 북한, 복음을 전하지 않는 독일과 영국은 다 쇠퇴했습니다.

개인이나 국가나 복음을 전할 때 하나님께서 위로하시고, 세워주시고, 하나님의 팔로 도와주시는 것입니다. 복음 전파에 관심이 없으면 하나님께서도 손을 떼십니다.

우리가 복음을 전하면 아름다운 사람이 되고, 복 있는 사람이 됩니다. 복 있는 나라가 됩니다. 산을 넘고 바다를 건너 땅 끝까지 복음을 전할 수 있기 바랍니다. 만일 직접 가지 못하면 기도로, 그리고 선교사를 파송함으로 땅 끝까지 복음을 전할 수 있기를 축원합니다.

# 16

# 여호와께 감사하라

(시편 118:1–18)

성경을 읽으면 은혜를 받습니다. 은혜로운 사람을 만나도 은혜를 받습니다. 며칠 전 목사님 몇 분을 만났는데 그중 한 목사님의 얼굴에 기쁨이 가득하고, 생기가 넘쳤습니다. 그래서 제가 여쭈어 보았습니다.

"김 박사님, 언제나 그렇게 행복하세요?"

"예, 저는 언제나 밝고 기쁘고 감사하고 행복합니다."

그분은 2년 전 어느 날 새벽에 심장 발작이 일어나 급히 병원에 갔다가 그 자리에서 바로 수술을 받았습니다. 막힌 심장 혈관에 인공 파이프를 연결해서 살아가십니다. 그때 의사 선생님이 말씀하셨습니다.

"조금만 늦었으면 돌아가셨습니다. 이제 병원에서 30분 거리 안에서 사셔야 합니다. 갑자기 발작이 일어나면 30분 안에 병원에 와야 조치할 수 있지, 그렇지 않으면 손을 쓸 수가 없습니다."

그때부터 그분은 언제나 병원 가까이, 병원에서 30분 거리 안에 사십니다. 그런 분이 어찌 그렇게 행복하고 평안하고 항상 허허 웃으며 기쁘게 사시는지, 제가 다시 물었습니다.

"참 놀라운 변화입니다. 어찌 그렇게 기쁘십니까?"

"저는 바보처럼 살았습니다. 30대, 40대에는 늘 근심 걱정에 찌들어 살았습니다. 그러니 피곤만 남아 퇴근하면 의자에 앉으면서 '아이! 피곤하다. 아이고! 죽겠네'라고 했지요. 머리를 감싸고 매일 '아이! 피곤하다. 아이고! 죽겠네'라고 했습니다……."

그런데 하루는 중학생인 딸이 학교에서 돌아와 의자에 앉자마자 목사님이 하는 것과 똑같이 "아이! 피곤해. 아이고! 죽겠네"라고 하더랍니다. 그때 '아하! 내가 이렇게 살다가는 내 인생만 망치는 것이 아니라 내 딸의 인생도 망치겠구나' 하는 생각이 들었답니다. 그런 사이에 몸은 병들고, 되는 일이 없던 차에 심장 수술을 받은 후 인생의 방향을 바꾸었습니다. 왜냐하면 몇십 년간 걱정으로 살았지만 걱정해서 해결된 것도, 이루어진 것도 하나 없었기 때문입니다.

'왜 내가 바보처럼 걱정했나? 하나님께서 근심하지 말라 하셨는데, 목회하는 내가 왜 바보처럼 근심했나?'

그래서 확 바꿨다는 것입니다. 근심되고 걱정되는 일이 생기면 '내 일이 아니다', 누가 무슨 걱정스런 말을 하면 '나와 상관없다' 하고는 아예 듣지 않고 하나님께 맡겼습니다. 그랬더니 오히려 더 잘되더랍니다. 지금은 걱정이 하나뿐이랍니다. 교회가 부흥되어 '3부로 드리는 주일 예배를 4부로 나누어 드릴까? 아니면 교회를 새로 지을까? 교회를 새로 짓자니 돈이 많이 들고, 예배를 4부로 드리자니 힘이 많이 들고, 어떡할까?' 하는 걱정뿐이랍니다.

목사님께서 기쁨이 넘치는 얼굴로 말씀하셨습니다.

"저는 아침에 일어나면 '내가 오늘도 숨을 쉬는구나. 감사합니다' 하고, 새벽기도 나갈 때면 '아! 별들이 나보고 반짝인다. 오늘도 내가 저 하늘의 별을 볼 수 있구나' 하며 행복해합니다. 교회에 가서 새벽기도 나온 분들을 보면 '새벽에 잠도 자지 않고 나오니 참 고맙다'는 마음이 듭니다. 교인 한 사람 한 사람에게 고마워서 감사가 넘칩니다. 저는 하루가 감사하고 또 감사합니다."

심장에 파이프가 박혀 있는데도 '감사만 하자' 하고 감사하니 일도 잘되고, 몸도 건강해지고, 얼굴도 밝아지고, 교회도 부흥되는 것입니다.

오늘 하나님께서 이 말씀을 우리에게 이유 없이 주시는 것이 아닙니다. 우리에게 주신 좋은 조건이 많은데 그것을 감사해야지, 잃은 것 때문에 아쉬워한다면 어리석은 인생이 되고 맙니다.

행커드는 광산에서 일하다가 사고로 두 눈과 두 손을 모두 잃었습니다. 자살을 하려 해도 두 손과 두 눈이 없으니 자살할 방법이 없어 자살도 하지 못했습니다. 죽을 방법을 궁리하던 중 예일대학의 유명한 교수가 설교하러 왔다는 소식을 들었습니다. 유명한 교수라고 하니 가서 설교를 들어 보았습니다.

'하나님은 모든 사람에게 사명을 주셨다. 모든 사람은 저마다 하나님의 사명을 받아서 그 사명을 이루어야 한다'라는 내용의 설교에 그는 도전을 받았지만 화가 났습니다.

'나는 두 눈도 두 손도 없는데, 나 같은 사람한테 하나님의 무

슨 목적이 있고 무슨 사명이 있나?'

그래서 항의하러 갔습니다.

"교수님, 나는 두 눈도 없고 두 손도 다 없는데, 이런 나에게 무슨 사명이 있단 말입니까?"

"청년! 왜 잃어버린 것, 없는 것만 생각하는가? 지금 자네에게는 말 잘하는 입이 있네. 걸어온 발이 있네. 그리고 내 말을 잘 듣는 귀가 있네. 있는 귀, 있는 입, 있는 발을 생각해야지, 잃어버린 걸 왜 생각해? 그 있는 것으로 하나님의 사명을 감당해 보게."

행커드는 그날 예수님을 믿고 '그래! 해보자. 내게 있는 입과 발, 귀로 해보자'라고 결심했습니다. 그리고 열심히 공부해서 스탠퍼드 대학에 들어가 우수한 성적으로 졸업했습니다. 그리고 세계 여러 대학에서 명강사로 특강을 하는 명사가 되었습니다.

얼마 전 우리 교회에 사고로 두 눈을 잃고 팔이 잘렸지만 힘 있게 목회를 하는 한 목사님이 오셔서 말씀을 전하셨습니다. 그 목사님께서 어느 교회를 섬기러 가셨다가 한 아가씨가 인사를 하는데 그 목소리가 얼마나 예쁜지 그 자리에서 청혼을 하셨답니다.

"자매님, 나와 인생을 같이하시겠습니까?"

정말 용기도 있고 배짱이 넘치는 분입니다.

아가씨는 그 말을 들은 후 잠이 오지 않습니다. '모든 만남이 우연이 아닌데, 앞 못 보는 그분이 나에게 인생을 같이 하자 하는데, 내가 그분에게 시집을 안 간다면 누가 가겠나?'

그래서 이화여대생인 미인 아가씨가 그분과 결혼을 한 것입니다.

그 목사님 부부와 함께 식사를 하게 되었을 때, 저는 목사님께서 어떻게 식사를 하시나 궁금했습니다. 사모님께서 음식을 떠

넣어 주실 것으로 생각했는데 아니었습니다. 목사님께서 팔을 쑥 내미니 사모님께서 팔에 수저를 대고 줄로 감으셨습니다. 목사님께서 실수 없이 밥과 국을 다 드시고 반찬만 사모님께서 입에 떠 넣어 주었습니다. 그렇게 하는 사모님의 모습이 마치 천사 같았습니다. 세상 어느 남자가 그런 대접을 받겠습니까?

그 목사님께서 얼마나 기운차게 설교를 하시고 힘 있게 목회를 하시는지, 두 눈과 두 팔이 없어도 미인인 사모님과 다니시면서 배짱 있게 1인 3역을 감당하시는 것입니다.

그런데 사지 멀쩡한 우리가 못할 게 무엇입니까? 또한 우리에게는 하나님께서 계십니다. 하나님이 바로 우리를 구원하신 아버지이십니다.

> "여호와께 감사하라 저는 선하시며 그 인자하심이 영원함이로다"(시 118:1).
> (Give thanks to the Lord, for he is good; his love endures forever.)

저는 이 말씀을 읽을 때 가슴이 '툭' 하고 터지는 것 같았습니다. 창세 전에 그리스도 안에서 저를 택하시고, 창세 전에 그리스도 예수 안에서 여러분을 택하셨습니다. 그분이 영원한 사랑으로, 선함으로 우리와 함께하십니다. 얼마나 평안하고 감사합니까?

사람은 잘 변합니다. 결혼 전에 "당신 없이는 못 살아. 온 세상을 다 준다 해도 당신하고는 바꿀 수 없어. 당신은 내 전부야. 당신을 위해서 살게"라고 해놓고는 결혼하고 3년, 5년 지나면 "당신 때문에 못 살겠어. 당신 때문에 미치겠어. 내 눈앞에서 썩 꺼지면 좋겠어"라고 하는 도둑놈 같은 남자들이 얼마나 많은지 모릅니다.

여자도 마찬가지입니다. "당신뿐이에요. 나도 당신뿐이에요. 나는 당신 거예요"라고 하던 여자가 몇 년이 지나면 눈초리가 달라지고, 대하는 자세가 달라집니다. 고양이가 됐다가, 살쾡이가 됐다가, 나중에는 사자가 되어 으르렁거립니다.

자식들도 마찬가지입니다. "아빠! 아빠! 엄마! 엄마!" 하던 자식이 결혼하면 부모를 괄호 밖으로 밀어냅니다. 어쩌다 생각나면 전화하고 생각나지 않으면 전화도 하지 않습니다. 산을 지키는 나무는 잘생긴 나무가 아니라는 말이 있습니다. 쭉쭉 뻗은 나무는 재목감으로 잘려 버리고, 구부러지고 못난 나무가 산을 지킨다는 것입니다. 자식도 잘생긴 자식, 공부 잘한 자식은 나가서 정치하다가 줄을 잘못 서서 감옥에 가기도 하고, 해외로 가서 부모도 모르는 해외동포가 되고, 못 배우고 못난 아들딸이 부모 옆에서 효도하며 산답니다.

사람은 다 변합니다. 남편, 아내, 아들딸도 변합니다. 그러나 우리 주님께서는 변하지 않으십니다.

한 마을의 부잣집 딸이 밤에 극장에 갔다 오다가 껄렁껄렁한 깡패들에게 잡혔습니다. 구석진 데로 끌려가 폭행을 당하게 되자 몸부림치며 비명을 질렀습니다. 한 머슴이 지나가다가 그 비명을 듣고 "야! 뭐 하는 거야? 경찰이다!"라고 소리쳤습니다. 경찰이란 소리에 깡패들이 다 도망갔습니다. 머슴이 폭행당하기 직전의 아가씨를 구해 주고 옷을 입혀 주었습니다. 얼마나 고맙고 선한 사람입니까?

"아가씨가 혼자 밤길을 다니면 됩니까? 집이 어딥니까? 내가 데려다 주지요."

그런데 이 선한 일을 한 남자가 아가씨를 집에 데려다주다 그만 마음이 변해서 폭행을 했습니다. 그리고 아가씨가 큰 부잣집의 딸인 것을 알고 "나랑 잤다" 하고 소문을 냈습니다. 그러자 아가씨가 쥐약을 먹고 자살을 했는데, 이내 발견되어 병원으로 옮겨져 살아났습니다. 할 수 없이 그 머슴과 결혼했습니다만 늘 가슴을 치다가 일찍 세상을 떠났습니다. 위기를 당했을 때 건져 준 고마운 사람이 바로 얼마 뒤에 위기를 만든 나쁜 사람으로 변한 것입니다.

세상에는 믿을 사람이 없습니다. 그러나 하나님은 믿을 수가 있습니다. 영원히 변함없으십니다.

> 이 세상의 친구들 나를 버려도
> 나를 사랑하는 이 예수뿐일세
> 예수 내 친구 날 버리잖네
> 온 천지는 변해도 날 버리지 않네.

검은 구름 덮이고 광풍 일어도 우리는 겁낼 것 없습니다. 괴로운 일을 당해도 낙심할 필요없습니다. 주의 능력이 도우시기 때문입니다. 끝까지 우리 하나님이십니다. 시편 48편 14절에 "이 하나님은 영영히 우리 하나님이시니 우리를 죽을 때까지 인도하시리로다"(For this God is our God for ever and ever; he will be our guide even to the end)라고 말씀합니다.

제 손자 준이는 아주 어릴 때 미국에 7-8번 출입했습니다. 3개월, 5개월 된 아이가 미국에 어떻게 다녔겠습니까? 제가 인도하니 다녀오는 것입니다.

어린아이 같은 우리 미련하고 약하나
주의 손에 이끌리어 생명 길로 가겠네
한 걸음 한 걸음 주 예수와 함께
날마다 날마다 우리는 걷겠네.

하나님께서는 우리가 천당 가는 그날까지 우리를 버리지 않으십니다. 이사야 49장 15-16절에 말씀합니다.

"여인이 어찌 그 젖 먹는 자식을 잊겠으며 자기 태에서 난 아들을 긍휼히 여기지 않겠느냐 그들은 혹시 잊을지라도 나는 너를 잊지 아니할 것이라 내가 너를 내 손바닥에 새겼고 너의 성벽이 항상 내 앞에 있나니."

'너를 내 손바닥에 새겼다'고 했습니다. 우리는 하나님의 손바닥에 있습니다. 하나님께서는 우리를 버리지 않으십니다. 그러니 상황만 보지 말고 하나님을 보면서 감사하고, 든든하게 살아가시기를 바랍니다.

하나님께서는 우리와 함께 거하시면서 우리 문제, 우리 위기, 우리 질병, 우리의 고통을 강 건너 불구경하듯이 보고만 계시는 것이 아닙니다.

> "내가 고통 중에 여호와께 부르짖었더니 여호와께서 응답하시고 나를 광활한 곳에 세우셨도다"(시 118:5).
> "열방이 나를 에워쌌으니 내가 여호와의 이름으로 저희를 끊으리로다 저희가 나를 에워싸고 에워쌌으니 내가 여호와의 이름으로 저희를 끊으리로다 저희가 벌과 같이 나를 에워쌌으나 가시덤불의 불같이 소멸되었나니 내가 여호와의 이름으로 저희를 끊으리로다"(시 118:10-12).

우리가 어려움을 당할 때 하나님께서 구경만 하시는 것이 아닙니다. 우리가 "여호와여! 주여!" 할 때 하나님은 도와주십니다. 반드시 도와주십니다.

그런데 하나님께서는 스릴을 좋아하십니다. 이스라엘 백성이 홍해와 애굽 군대 사이에서 샌드위치처럼 되어 망하기 직전인 때에 하나님께서는 홍해를 짝 갈라 주셨습니다. 하나님께서는 그런 것을 즐기시나 봅니다. 이스라엘 백성이 홍해를 건넌 다음에 애굽 군대가 오면 얼마나 여유가 있습니까? 그런데 하나님께서는 이스라엘 백성이 숨 막히기 직전에 홍해를 열어 주시어 찬송을 받으십니다.

왜 그렇습니까? 우리가 너무 편하면 살 수 없기 때문입니다. 버클리 대학 연구진의 보고에 의하면, 아메바를 기를 때 아메바에게 가장 적정한 온도와 습도 그리고 가장 좋은 영양분을 충분히 공급하면 며칠 뒤에 죽어 버린답니다. 문제가 생겨서 아메바가 긴장할 때 강해지는 것입니다. 청어도 긴 시간 동안 싱싱하게 살리려면 청어를 잡아먹는 메기 몇 마리를 집어넣어야지, 청어만 넣어 두면 다 죽는다고 합니다.

우리는 좀 편안하게 살고 싶지만 하나님께서는 우리에게 고난을 주십니다. 고난 때문에 우리가 깨어 기도하고 하나님을 찾아서 결국 우리가 잘되는 것입니다. 우리가 잘나가고 건강하면 "나여!" 하고 어긋나고, 병들어야 "주여!" 하니 하나님께서도 곤란하실 것입니다. 그러나 고민 때문에 우리가 여호와의 이름을 불러도 하나님께서는 우리를 구원해 주십니다.

요즘이야 바빠서 TV를 볼 수가 없지만, 저도 어릴 때는 TV 보기를 좋아했습니다. 흑백 TV 시절에 〈암행어사〉라는 드라마가 있었습니다. 의로운 암행어사가 도백을, 고을의 사또를 족쳐서 부정부패를 없애려 하니 벌 받게 될 관리들이 뇌물을 갖고 옵니다. 그러나 암행어사가 그것을 거절하니 그들이 자객을 사서 암행어사를 죽이려 합니다. 암행어사가 으슥한 산길 같은 곳을 갈 때 네다섯 명의 복면 자객들이 나타나 칼을 쫙 뽑습니다. 칼싸움을 못하는 암행어사는 그 자리에서 죽게 되는 것입니다.

그런데 바로 그때 근처의 나무 위에서 삿갓을 쓴 대 검객이 내려와 칼을 뽑아 자객들을 다 물리칩니다. 그러고는 암행어사에게 얼굴도 보이지 않고, 인사만 하고 사라집니다.

이런 드라마가 매일 저녁 방영되니 암행어사가 어려움을 당해 죽게 될 때면 '곧 나타난다. 곧 나타난다' 하며 아슬아슬한 마음으로 대 검객을 기다리게 됩니다. 그러면 대 검객이 나타나 일을 해결합니다. 저는 그것을 보면서 '나도 대 검객이 될까?'라는 생각도 해보았습니다. 그때 대 검객은 인기 짱이었습니다.

하나님께서는 자녀인 우리가 어려움을 당할 때 언제나 오셔서 도와주십니다.

이 지역의 큰 핸드폰 회사의 사장님은 크리스천입니다. 그분이 중기 회사를 경영할 때 아주 신뢰할 만한 한 사람을 부사장 자리에 앉히셨습니다. 그런데 조금 지나니 한 사람 한 사람 퇴직자가 생기고 특히 젊은 인재들, 회사의 노른자위 위치에 있는 엘리트들이 자꾸 퇴직을 했습니다. 얼마 후에는 부사장이 퇴직하더니 그 인재들을 모아 회사를 따로 세웠습니다. 인재들과 기술이 다 빠져나가 회사는 껍데기만 남은 것입니다.

이 세상에는 못된 사람들이 많습니다. 어떻게 사람의 탈을 쓰고 그럴 수 있습니까? 그래서 그분이 기도했습니다.

"하나님! 저 나쁜 놈들이 제 회사를 다 뺏아갔습니다. 그냥 두지 않겠습니다. 법적으로 싸워서 보복하겠습니다. 내가 그렇게 믿었는데, 이런 짓을 했습니다."

그런데 하나님께서 '원수 갚는 것은 내가 하는 일이니 너는 원수를 사랑하고 축복하고 기도해라'라는 감동을 주셨습니다.

"하나님, 그러면 저는 이제 어떡하라는 말씀입니까?"

"그 사업에서 손떼고 핸드폰을 만들어라. 핸드폰이 최고다."

그래서 핸드폰 사업을 시작해서 대성했습니다. 그리고 배신자였던 그 팀은 결국 쫄딱 망했습니다.

우리가 어려움도 당합니다. 배신도 당합니다. 하나님을 믿고 나아가지만 홍해를 만납니다. 그러나 하나님께서 살아 계십니다. 하나님께서 우리의 길입니다. 하나님께서 도와주십니다. 얼마나 감사합니까?

그리고 더 중요한 말씀이 본문 시편 118편 14절에 있습니다.

"여호와는 나의 능력과 찬송이시요 또 나의 구원이 되셨도다."

(The Lord is my strength and my song; he has become my salvation.)

하나님은 내 능력이고, 내 찬송이고, 내 노래이고, 내 구원이십니다!

하나님께서는 우리 곁에서 같이 걸으시면서 우리를 도우실 뿐 아니라 우리 안에 계십니다. 시편 18편 1절에 "나의 힘이 되신 여호와여 내가 주를 사랑하나이다"(I love you, O Lord, my strength)라고 말씀합니다. 하나님께서 우리 안에서 힘이 되시는 것입니다.

예수님께서도 요한복음에서 말씀하셨습니다.

"지금 내가 나를 보내신 이에게로 가는데 너희 중에서 나더러 어디로 가느냐 묻는 자가 없고 도리어 내가 이 말을 하므로 너희 마음에 근심이 가득하였도다 그러하나 내가 너희에게 실상을 말하노니 내가 떠나가는 것이 너희에게 유익이라 내가 떠나가지 아니하면 보혜사가 너희에게로 오시지 아니할 것이요 가면 내가 그를 너희에게로 보내리니"(요 16:5-7).

"내가 아버지께 구하겠으니 그가 또 다른 보혜사를 너희에게 주사 영원토록 너희와 함께 있게 하시리니 저는 진리의 영이라 세상은 능히 저를 받지 못하나니 이는 저를 보지도 못하고 알지도 못함이라 그러나 너희는 저를 아나니 저는 너희와 함께 거하심이요 또 너희

속에 계시겠음이라"(요 14:16-17).

세상 사람은 성령을 모릅니다. 성령을 보지도 듣지도 알지도 못합니다. 성령님을 알면 다 교회에 올 텐데, 모르니 오지 않는 것입니다.

그러나 우리는 성령을 압니다. 할렐루야! 성령께서 우리 안에 계십니다. 이 성령께서 우리의 능력이 되십니다. 성령은 인격자이시지만 우리의 능력이 되시기도 합니다. 우리는 힘이 없지만 성령의 능력이 나오는 것입니다.

베드로가 무슨 능력으로 앉은뱅이를 일으킵니까? 성령의 능력인 것입니다. 예수님께서 말씀하셨습니다.

"내 살은 참된 양식이요 내 피는 참된 음료로다 내 살을 먹고 내 피를 마시는 자는 내 안에 거하고 나도 그 안에 거하나니 살아 계신 아버지께서 나를 보내시매 내가 아버지로 인하여 사는 것같이 나를 먹는 그 사람도 나로 인하여 살리라"(요 6:55-57).

예수님은 내 능력이고, 내 힘이십니다. 할렐루야!

사도행전 3장에 보면 베드로가 능력을 행합니다. 베드로와 요한이 성전에 기도하러 올라가는데, 나면서부터 앉은뱅이 된 자가 성전 미문에 앉아서 "적선해 주세요. 이 불쌍한 앉은뱅이에게 한 푼 도와주세요"라고 했습니다. 베드로가 그에게 "우리를 보라" 하니 그가 무엇을 좀 받을 수 있을까 하여 바라보았습니다. 이에 베드로는 "은과 금은 내게 없거니와 내게 있는 것으로 네게 주노니 곧 나사렛 예수의 이름으로 일어나 걸어라" 하고 명했습니다. 그가 당황하여 가만히 있는데 베드로가 그의 손을 잡고 일으키자 다리에 힘이 생겨 일어나 걷기도 하고 뛰기도 했습니다. 40년 만에 처음 일어나 걷고 뛰니 얼마나 좋습니까? 그가 "할렐루야! 할렐루야!" 하며 성전으로 들어가 하나님을 찬양합니다.

우리 안에도 이미 하나님의 능력, 하나님의 성령께서 계십니다. 우리 안에 계시는 성령께서 우리를 감싸 주시기를 원합니다. 그래서 우리를 얽매고 있는 것에서 자유를 주시기 원합니다. 정신을 매는 것, 몸을 매는 것을 능력으로 끊어 주시기 바랍니다. 우리 안에 있는 능력을 우리가 활용해야 합니다.

김익두 목사님은 전도는 열심히 했지만 특별한 능력이 없이 평범한 사람이었습니다. 하루는 길 가다가 "한 푼 도와주세요" 하고 구걸하는 앉은뱅이를 만났습니다. 그때 베드로가 생각났습니다.

'나도 한번 해볼까? 그런데 일어서지 못하면 창피해서 어쩌지?'

그래서 사람들이 다 지나가고 아무도 없을 때 "나를 보시오. 은과 금은 내게 없거니와 내게 있는 것으로 네게 주노니 곧 나사렛 예수 이름으로 일어나 걸어라" 하고 말했습니다. 그러자 앉은뱅이가 그를 이상한 눈으로 쳐다보았습니다. 그의 손을 잡고 잡아당기니 "아저씨, 왜 이래요?"라고 했습니다. 다시 몇 번 "은과 금은 내게 없거니와 내게 있는 것으로 네게 주노니 곧 나사렛 예수 이름으로 일어나 걸어라"라고 한 후 그를 잡아당겼습니다. 그래도 안 되었습니다.

김익두 목사님은 그를 업고 교회 사택으로 갔습니다. 아무도 없으니 방에 앉혀 놓고 마음 편하게 명했습니다. 아무리 해도 그는 일어나지 못했습니다. 그래서 문을 잠가 놓고 교회에 가서 기도했습니다.

“베드로는 되는데 저는 왜 안 됩니까? 베드로는 되는데 저는 왜 안 됩니까?”

그리고 또 집으로 가서 그를 보며 명했습니다.

“은과 금은 내게 없거니와 내게 있는 것으로 네게 주노니 일어나 걸어라.”

역시 일어나지 못했습니다. 3일, 4일 지나니 갑갑한 앉은뱅이가 사정했습니다.

“아저씨, 나를 집에 보내 주세요.”

“당신 발로 일어나 걸어가야지, 안 그러면 못 가요.”

목사님은 또 문을 잠가 놓고 교회에 가서 기도했습니다. “하나님! 베드로는 되는데 저는 왜 안 됩니까? 하나님은 전능하신데 왜 안 됩니까?”라며 계속 기도하고 또 집에 가서 명했습니다.

“은과 금은 내게 없거니와 내게 있는 것으로 네게 주노니 나사렛 예수 이름으로 걸어라.”

드디어 앉은뱅이가 일어났습니다. 그 후로 김익두 목사님이 믿음의 용장이 되어 전국에 부흥의 불길을 일으켰습니다. 가는 곳곳마다 앉은뱅이가 일어나고, 맹인이 눈을 뜨고, 김해에서는 두 명의 나병 환자가 그 자리에서 바로 낫는 기적이 일어났습니다. 교회에서는 이런 일이 일어나야 합니다.

우리 교회에서도 성령으로 치료받은 사연을 책으로 엮으면 몇 권은 될 것입니다. 약으로 치료받고, 병원에서 치료받는 것도 감사하지만 하나님의 능력으로 각종 병에서 치료받는 것이 중요합니다.

저는 한 장로님을 평생 잊지 못합니다. 60년이 넘게 교회 종을 치신 장로님이신데, 그분께서 젊은 날에는 교회를 다니면서도 하나님이 계신지 안 계신지, 긴가민가하였답니다. 그러던 어느 새벽에 종소리를 듣고 새벽기도회에 갔습니다. 담임목사님께서 산상보훈으로 설교를 하시는데, 그 자리에서 아주 험한 나병 환자 한 사람이 바로 불을 받아 깨끗하게 나았습니다. 함께 새벽기도 하던 그 자리에서 나병 환자가 새사람이 된 것입니다. 그것을 보고 어떻게 하나님이 계신 것을 의심하겠습니까?

'아! 하나님은 살아 계시는구나.'

그때부터 힘써 하나님을 섬겨 30대 조금 지나 젊은 장로님이 되신 이후부터 90세가 넘도록 교회 종을 치며 충성하십니다.

민주화운동이 한창일 때 한 목사님이 민주화운동을 하다가 몇 달 동안 감옥에 갇혔습니다. 감옥은 온돌이 아닙니다. 영하 20도가 되어도 차디찬 시멘트 바닥에서 담요 한 장을 덮고 자야 했습니다. 그러다가 동상에 걸려 온몸이 썩게 되었습니다. 목사님이 기도했습니다.

"하나님! 제가 나라와 민족을 위해 일하다가 이렇게 되었는데 제 몸이 썩어야 합니까?"

하루는 시멘트 바닥이 난로같이 뜨끈뜨끈해지더니 온몸이 불덩어리가 되었습니다. 그리고 온몸의 동상이 깨끗이 나았습니다. 이것을 누가 부인하겠습니까?

저도 어릴 때 영하 17, 18도 되는 바람을 맞으며 하루에 14시간 동안 서서 일을 한 적이 있습니다. 그 찬바람을 긴 시간 맞으니 얼굴이 얼 정도이고, 얼마나 추운지 견디기 힘들어서 이렇게 순진하게 기도했습니다.

"하나님! 너무 추워요. 너무 추워요. 성령의 불로 저를 춥지 않게 해주세요."

그렇게 기도하는데 갑자기 가슴이, 얼굴이, 온몸이 후끈후끈해졌습니다. 손님들이 제게 물었습니다.

"학생, 술 먹었냐?"

"예?"

"얼굴이 어찌 그렇게 빨갛나? 술 취한 것 같아."

그때 하루 종일 하나도 춥지 않았습니다. 온몸이 새로워진 것 같았습니다. 할렐루야! 그다음 날도 그랬던 것은 아닙니다. 그날만 하루 종일 성령에 잡혀서 귀한 체험을 한 것입니다.

성령께서는 우리 안에 능력으로 계십니다. 그래서 찬송을 받으시게 되는 것입니다. 우리 하나님은 영원히 우리의 구원이십니다. 그러므로 우리는 염려할 것이 하나도 없습니다.

> 나의 갈 길 다 가도록 예수 인도하시니
> 내 주 안에 있는 긍휼 어찌 의심하리요
> 믿음으로 사는 자는 하늘 위로 받겠네
> 무슨 일을 만나든지 만사형통하리라
> 무슨 일을 만나든지 만사형통하리라.

이 찬송이 저와 여러분의 고백이요 찬송이 되어야 할 것입니다.

17

# 여호와의 이름으로

(시편 118:6-14)

'아는 것이 힘이다. 배워야 산다.'

'노력은 쓰나 그 열매는 달다.'

조금이라도 더 배우고 공부하는 것이 중요합니다. 요셉은 감옥에서도 계속 배워 총리가 되었을 때 거침없이 그 일을 감당할 수 있었습니다. 만일 그가 공부하지 않았다면 총리 일을 어떻게 했겠습니까?

어디에서나 누구에게나 배우는 사람이 지혜로운 사람입니다.

모 대령이 혁명 반대 세력으로 낙인 찍혀 사형선고를 받았다가 무기징역형으로 감해졌습니다. 무기징역으로 감해졌어도 감옥에서 평생 썩어야 하는데, 세월이 바뀌면서 12년을 살고 나오게 되었습니다. 옥살이를 마치고 나오는 날, 같은 감방에 있던 한 강도가 "나가시는데 선물을 해드리고 싶지만 선물을 할 수 없으니 한

마디 말씀을 전해 드리지요"라며 집에 강도가 들어왔을 때 "강도야!" 하지 말고 "불이야!"라고 하라고 하더랍니다. "강도야!" 하면 강도가 자존심이 상해 사람들을 해치는데 "불이야!" 하면 죽이지는 않는답니다. 그러나 그보다 더 중요한 것은 강도에게 솔직히 털어놓는 것이라고 하더랍니다.

그가 강도의 말을 귀담아듣고 집으로 돌아왔습니다. 3일 뒤에 강도가 들어와서 칼을 뽑아 들고 "내놔!"라고 했습니다. 그때 옥에서 들은 이야기가 생각났습니다. 그래서 "수고가 많으십니다. 나도 12년 옥살이하다 엊그제 나왔어요. 몸이 아파 치료를 받아야 하는데 돈이 없어 병원에도 못 가고 있어요"라고 했습니다. 그러자 강도가 큰절을 하고 "선배님, 몰라봬서 죄송합니다"라고 하더니 지갑을 열어 돈을 다 내놓고 사라졌습니다. 옥에서 강도가 한 말을 잘 듣고 기억했기에 살길이 열리고 돈이 생긴 것입니다.

하물며 하나님께서 주신 말씀이겠습니까?

저는 머슴살이나 할 사람인데 예수님을 믿고 목사님을 통해 주시는 말씀을 붙잡고 오늘까지 달려와서 몸이 셋, 넷이라도 감당 못할 귀한 일을 하며 교회를 섬기고 있습니다. 주일 낮, 밤, 삼일, 새벽에 시간마다 나와서 말씀을 받는 것이 우리의 재산입니다. 삶의 능력입니다.

신명기 33장 4절에 "모세가 우리에게 율법을 명하였으니 곧 야곱의 총회의 기업이로다"라고 말씀합니다. 돈을 얻는 것도 우리에게 이익이지만 최고의 이익은 하나님의 말씀을 얻는 것입니다.

우리나라 K회사의 최 회장은 "돈을 버는 것은 작은 것을 얻는 것이다. 명예를 얻는 것은 조금 더 큰 것을 얻는 것이다. 신용을 얻는 것은 모든 것을 얻는 것이다"라고 했습니다. 우리가 신뢰받는 사람이 되는 것도 참 중요합니다. 그러나 하나님 말씀을 받는 것은 땅에서도 복이고 영원히 복이 됩니다.

의롭게 사는 것이 얼마나 귀한가에 대해서는 이미 말씀드렸습니다. 작은 씨에 모든 것이 들어 있는 것처럼 의인이 되면 모든 것이 다 들어 있습니다. 작은 씨 하나를 심어 놓으면 꽃이 피고 30배, 60배, 100배의 열매를 맺습니다. 우리도 의롭게 살면 하나님께서 그 집을 은혜의 방패로 호위해 주셔서 사방이 편안하고, 기쁘고, 겁날 것이 없어 사자처럼 담대하고, 막히는 것이 없습니다. 하나님께서 번성하고 흥왕하게 해주십니다. 잠언 4장 18절 말씀대로 아침에 뜨는 햇볕처럼 점점 밝아져 원만한 광명에 이르고 그 집의 등불이 꺼지지 않습니다. 그 자녀가 강성하고 복을 받습니다.

그리고 의인의 기도는 역사하는 힘이 많아 그 의인 때문에 그 집안이, 나라가 복을 받는 것입니다. 의롭게 사는 것, 이 하나만 되어도 다 되는 것입니다. 우리 모두는 언제나 성경 말씀을 붙잡고 의롭게 살아 의인의 축복을 다 받아 누리시기를 바랍니다.

세상 모든 것에는 이름이 있습니다. 그 이름을 사람이 짓도록 하나님께서 명하셨습니다. 창세기 2장에 보면 하나님께서 아담에게 들짐승, 산의 새, 모든 것들의 이름을 짓게 하셨습니다. 지금도 사람이 산의 이름을 짓고, 곤충의 이름을 짓고, 자동차를 만들어 놓고도 이름을 짓습니다.

그러나 하나님께서 지어 주신 이름도 있습니다. 창세기 16장 11절에 보면, 하갈의 아들 이스마엘의 이름을 지어 주십니다. 창세기 17장 19절에 보면, 이삭의 이름을 지어 주십니다. 호세아서에 보면, 호세아의 아들과 딸의 이름을 지어 주십니다. 세례 요한의 이름도 천사가 사가랴에게 와서 "아들을 낳으리니 이름을 요한이라 하라"고 하였습니다. 시몬 베드로는 예수님께서 베드로로 바꾸셨습니다. 이렇게 하나님께서 간섭하셔서 지어 주신 이름도 있지만 대개 모든 것의 이름은 사람이 짓도록 하나님께서 허락하셨습니다.

그런데 하나님의 이름은 하나님께서 지으셨습니다.

모세가 40년간 장인의 양 떼를 쳤습니다. '어디 좋은 꼴이 없나? 좋은 물이 없나?' 찾아다니며 최선을 다해 양 떼를 먹였습니다. 5년, 10년도 아니고 40년 동안 그 하찮은 일을 하는 데 정성을 다 쏟았습니다. 우리가 오늘 하는 일이 작은 일이든 큰 일이든 최선을 다해 정성을 다하면 때가 되면 하나님께서 큰일을 맡겨 주십니다.

모세가 그렇게 찾아가다 보니 하나님의 산 호렙에 이르렀습니다. 떨기나무에 불이 활활 붙었는데 나무가 타지 않습니다. 모세가 "내가 가까이 가서 이 신비로운 광경을 보리라" 하며 가까이 가는데 하나님께서 "모세야! 모세야!" 하고 부르셨습니다. 모세가 두려워 떨었습니다.

"이리로 가까이하지 말라. 네가 선 곳은 거룩한 땅이니 네 발에서 신을 벗으라."

모세가 신을 벗고 떨며 서 있는데 하나님께서 또 말씀하셨습니다.

"애굽으로 가서 내 백성 이스라엘 자손을 구원하라."

모세가 "보낼 만한 사람을 보내소서"라고 하지만 하나님께서는 모세를 지명하시니 모세가 묻습니다.

"제가 이스라엘 백성에게 가서 '너희 조상의 하나님이 나를 보내셨다'라고 하면 그들이 '하나님의 이름이 무엇이냐?' 하고 물을 텐데, 제가 어떻게 대답해야 합니까?"

그때 하나님께서 "나는 스스로 있는 자니라"(I Am WHO I Am)라고 말씀하십니다. 신비롭습니다. 이 우주는 다 만들어서 있는 것입니다. 강대상도, 꽃도, 마이크도 다 만들어서 있는데 하나님께서는 스스로 영원히 계시는 분입니다. 예수님께서는 영원히 계시는 분입니다. 보혜사 성령도 영원히 계시는 분입니다.

예수님께서 "아브라함이 나기 전부터 내가 있느니라"라고 말씀하셨습니다. 아브라함보다 2천 년 뒤에 오신 예수님께서 "나는 아브라함이 나기 전부터 있느니라"(Before Abraham was born, I am!)라고 말씀하셨습니다. 예수님께서는 영원한 분이십니다. 할렐루야!

그 이름을 하나님께서 지어 주십니다. 이사야 7장 14절에 "그 이름을 임마누엘이라 하리라", 마태복음 1장 21절에 "이름을 예수라 하라"라고 말씀합니다. 이 이름은 이스마엘, 이삭, 세례 요한의 이름과는 다릅니다. 구약성경 전체가 예수님께서 오시고, 사시고, 십자가를 지시고, 3일 동안 무덤에 계시고, 부활하실 것에 대한 말씀입니다. 요나가 3일간 고기 뱃속에 있었던 것은 예수님께서 3일 동안 무덤에 계실 것을 가리키는 일입니다. 한 아기가 나는데, 그 아기가 하나님이라는 것도 이사야 9장 6절에 말씀하셨습니다.

"한 아기가 우리에게 났고 한 아들을 우리에게 주신 바 되었는데 그 어깨에는 정사를 메었고 그 이름은 기묘자라, 모사라, 전능하신 하나님이라, 영존하시는 아버지라, 평강의 왕이라 할 것임이라."

하나님께서 예수님을 이렇게 알려 주시고 오시게 하셨습니다. 그래서 세상에 모든 이름이 있지만 하나님의 이름 여호와, 예수님은 특별합니다.

시편 9편 2절에 "내가 주를 기뻐하고 즐거워하며 지극히 높으신 주의 이름을 찬송하리니"라고 말씀합니다. 시편 29편 2절에도 "여호와의 이름에 합당한 영광을 돌리며 거룩한 옷을 입고 여호와께 경배할지어다"라고 말씀합니다. 할렐루야!

나폴레옹도 "셰익스피어가 오면 우리는 머리 숙여 경배하지만 그리스도께서 오시면 엎드려 경배해야 한다"라고 말했습니다. 그 이름, 귀하신 이름 여호와 같은 이름은 세상에 없습니다.

이스라엘 백성들은 야훼 하나님 부르기를 매우 어려워했습니다. 성경 기자가 성경을 쓰다가 하나님이란 말이 나오면 물에 들어가 몸을 씻고 나서 떨며 하나님 이름 '여호와'를 써놓고도 부르지 못해서 'The Lord, The Lord'라고 했습니다. 하나님의 이름, 예수님의 이름은 그만큼 존귀합니다.

천지에 있는 이름 중 귀하고 높은 이름
나시기 전에 지으신 구주의 이름 예수
주 앞에 내가 엎드려 그 이름 찬송함은
내 귀에 들린 말씀 중 귀하신 이름 예수.

우리에게 이 존귀한 예수님의 이름을 부르는 것보다 더한 행복은 없습니다.

시편 91편 14-16절에 "저가 나를 사랑한즉 내가 저를 건지지라 저가 내 이름을 안즉 내가 저를 높이리라 저가 내게 간구하리니 내가 응답하리라 저희 환난 때에 내가 저와 함께하여 저를 건지고 영화롭게 하리라 내가 장수함으로 저를 만족케 하며 나의 구원으로 보이리라"라고 말씀합니다.

저는 제 이름을 귀히 부르는 사람에게는 귀한 것을 다 주고 싶습니다. 우리가 하나님의 이름을 부르고 높이면 하나님께서 우리를 높여 주시고, 환난에서 건져 주시고, 영화롭게 하시고, 기도에 응답해 주시고, 만족하게 해주시고, 장수하게 해주십니다.

신앙생활은 널뛰기입니다. 이쪽에서 굴리면 그쪽에서도 굴려 줍니다. 주님의 이름을 높이면 주님께서도 우리를 귀하게 세워 주십니다. 그래서 우리에게 제일 수지맞는 일이 하나님의 이름을 높이는 것입니다. 우리가 하나님의 이름을 높이면 하나님께서 우리에게 자유도 주시고, 평화도 주시고, 귀하게 여겨 주십니다.

제 손자 준이가 얼마 후면 미국으로 갑니다. 그 아이가 보고 싶어 어떻게 할지 모르겠습니다. 준이를 저희가 길렀는데, 생후 2

년 6개월 정도 되었을 때 제가 미국에 갔다가 40일 만에 왔습니다. 제가 문을 열고 들어서자 아이의 눈이 휘둥그레지더니 "아빠! 아빠! 우리 아빠다!" 하며 30분간 집안을 막 뛰어다녔습니다. 그때는 제 손자가 저를 아빠라고 불렀습니다. 자기를 제일 사랑하고 예뻐해 주는 할아버지가 사라졌다가 나타나니 아이가 너무 기뻐서 그렇게 뛰어다닌 것입니다. 그리고 부엌에 가서 제 아내를 발로 찼습니다. 제가 없을 때 할머니가 손자에게 서러움을 주었나 봅니다.

그 모습을 보며 제가 "내가 저놈에게 무엇을 아끼겠나? 대학 공부도 내가 시켜 주고 뭐든지 다 주어야겠다"라고 하자 아내가 "지 애비가 있는데 당신이 무슨 걱정이에요?"라고 했습니다. 그때 제가 깨달았습니다. '나도 하나님 앞에서 저렇게 뛰어야겠다.' 그러면 하나님께서 무얼 아끼시겠습니까?

준이가 그렇게 저를 좋아하고 기뻐하니 그 아이가 고집을 부려도, 몸이 뚱뚱해도 날씬해도 제게는 귀합니다. 남들이 뭐래도 제게는 귀하고 좋은 것입니다.

다윗이 하나님 앞에서 그랬습니다. "하나님 최고! 하나님 최고!" 하며 찬송하니 사람을 죽이고 간음해도 용서해 주시는 것입니다. 어떤 사람은 조금 잘못해도 한 칼에 치시는데 다윗은 끝까지 치지 않으셨습니다.

이렇게 찬양이 귀합니다. 주님의 이름을 높이는 것이 귀한 것입니다. 시편 119편 164절에 "주의 의로운 규례를 인하여 내가 하루 일곱 번씩 주를 찬양하나이다"라고 말씀합니다.

우리가 계획을 세워서 공부해야 되듯이, 전도도 계획해서, 성경을 읽는 것도 하루에 몇 장씩 읽기로 계획해서 해야 합니다. 준이는 매일 영어성경을 10장씩 읽습니다. 열 장을 읽고 난 후에 밥을 먹습니다. 그러나 이보다 찬송 계획이 더 중요합니다. '나는 하루에 몇 장 찬송한다.' 이런 계획이 있어야 합니다.

찬송하는 데 바치는 시간은 절대로 손해가 아닙니다. 저는 늘 새벽에 일어나서 찬송 10장을 먼저 올려드리고 성경 20장을 읽습니다. 먼저 하나님을 높일 때 하나님께서 우리를 사랑하시고 모든 것을 도와주십니다.

이사야 43장 21절에 "이 백성은 내가 나를 위하여 지었나니 나의 찬송을 부르게 하려 함이니라"라고 말씀합니다. 하나님께서 찬양대뿐 아니라 모든 사람을, 찬송을 부르도록 지으셨습니다. 그래서 우리가 찬송하면 하나님께서 기뻐하셔서 우리 마음의 소원을 이루어 주시는 것입니다.

우리가 하나님을 사랑하고 높이면서 하나님을 모시면 겁날 사람이 없습니다.

본문 시편 118편 6절에 "여호와는 내 편이시라 내게 두려움이 없나니 사람이 내게 어찌할꼬"라고 말씀합니다.

사노라면 이따금 내게 겁을 주는 사람이 있습니다. 위협하는 사람이 있습니다. 그 사람을 보면 겁이 납니다. 그러나 하나님을 바라보면 "사람이 내게 어찌하리오" 하게 됩니다.

시편 54편 4절에 "하나님은 나의 돕는 자시라"라고 말씀합니다. 시편 3편 6절에도 "천만 인이 나를 둘러치려 하여도 나는 두려워 아니하리이다"라고 말씀합니다. 왜 그렇습니까? 사람을 신뢰하는 것보다 하나님을 신뢰하는 것이 더 낫기 때문입니다.

> "여호와께 피함이 사람을 신뢰함보다 나으며 여호와께 피함이 방백들을 신뢰함보다 낫도다"(시 118:8-9).

사울 왕이 다윗을 그렇게 죽이려 하지만 하나님께서 사울을 버리고 결국 죽음에 이르게 하셨습니다.

> "여호와는 내 편이시라 내게 두려움이 없나니 사람이 내게 어찌할꼬 여호와께서 내 편이 되사 나를 돕는 자 중에 계시니 그러므로 나를 미워하는 자에게 보응하시는 것을 내가 보리로다"(시 118:6-7).

다윗을 미워하는 사람을 하나님께서 정리하시는 것을 다윗이 직접 눈으로 보았습니다.

우리가 의롭게 살고 하나님을 찬송하며 하나님을 의지하고 살면 우리를 미워하는 사람을 세월이 지나면 하나님께서 해결해 주십니다. 누가 우리를 미워하여 건드리면 하나님께서 그냥 계시지 않습니다. 우리를 미워하는 사람을 하나님께서 없애 주십니다.

그런데 하나님께서 우리를 사랑하셔도 열방이 떼를 지어 우리를 치러 올 때가 있습니다.

엘리사가 있는 도단 성을 어느 날 밤에 아람 군대가 와서 에워쌌습니다. 엘리사의 사환이 그것을 보고 두려워 떱니다.

"내 주여, 어찌하오리까? 이 성을 아람 군대가 다 에워쌌습니다."

그러나 엘리사는 전혀 두려워하지 않았습니다.

"우리와 함께한 군대가 저들보다 더 많다."

그리고 "여호와여! 이 아이의 눈을 열어 주소서"라고 기도하니 사환의 눈이 열려 불말과 불병거와 천군천사가 가득 찬 것을 보게 되었습니다.

오늘 우리 곁에 주님의 천사, 불말, 불병거가 있는 줄로 믿습니다. 우리가 주님을 높이고 바로 살면 우리가 가는 곳에 불말과 불병거가 함께하는 것입니다.

아람 군사들이 엘리사에게 오니 엘리사가 "여호와여, 저들의 눈을 멀게 하소서"라고 기도했습니다. 엘리사의 기도대로 아람 군사들의 눈이 멀어 전쟁은 깨끗이 끝났습니다.

> "열방이 나를 에워쌌으니 내가 여호와의 이름으로 저희를 끊으리로다"(시 118:10).

여기에서 끊는다는 것은 무를 자르듯이 끝내는 것입니다. 아람 군대가 끝나 버린 것입니다. 그다음 11절에도 "저희가 나를 에워싸고 에워쌌으니 내가 여호와의 이름으로 저희를 끊으리로다"라고 말씀합니다.

전쟁은 올림픽과 다릅니다. 제가 올림픽 사격과 양궁 경기를 잠깐 보았습니다. 나중에 설명을 들으니 경기 시간이 다가오면 양궁 선수와 사격 선수들이 얼마나 긴장하는지 손에 땀이 막 흐른답니다. 사람들이 그렇게 신경을 쓰는 것입니다. 그러나 사격과 양궁에서는 금메달을 따지 못해도, 은메달이나 동메달을 따지 못해도 그만입니다. 반면에 전쟁에서는 지면 죽습니다.

제 아들이 수능 시험을 치는 날 화장실에 갔다 와서 또 가고, 갔다 와서 또 가고, 5분 동안 세 번이나 갔습니다. 수능은 잘 보지 못한다 해도 죽지 않습니다. 그러나 전쟁에 지면 죽습니다.

다윗은 수많은 전쟁을 치렀습니다. 다윗의 평생이 전쟁이었습니다. 다윗은 그 많은 전쟁 가운데서도 담대했습니다. 그래서 "내가 주를 의뢰하고 적군에 달리며 내 하나님을 의지하고 담을 뛰어넘나이다"(시 18:29), "천만 인이 나를 둘러치려 하여도 나는 두려워 아니하리이다"(시 3:6)라고 고백했습니다. 여호와의 이름으로 이기는 것입니다.

현대인 영어성경에 보면, 골리앗의 키가 약 3미터라고 되어 있습니다. 우리 교회에서 가장 큰 제레미 집사님의 키가 2미터가 안 됩니다. 리시아 배구 선수 중에 키가 2미터 17센티미터인 선수가 있던데, 얼마나 큽니까? 그런데 골리앗은 그보다 더 큰 3미터이니 그 키를 상상해 보십시오. 그런데 보통 사람보다 키가 작은 다윗이 그 두려운 적 골리앗에게 뭐라고 합니까?

"너는 칼과 창과 단창으로 내게 오거니와 나는 만군의 여호와의 이름으로 네게 가노라. 하나님께서 내 손으로 너의 목을 치게 하셔서 너와 네 군사들을 하늘의 새와 들짐승의 밥이 되게 하시리라. 전쟁은 하나님께 속했다!"

골리앗이 열을 받아 씩씩거리며 "이놈의 자식!" 하며 오는데 다윗이 호주머니에서 조약돌을 꺼내어 물매를 돌리며 골리앗을 향해 달려갔습니다. 골리앗이 가까이 왔을 때 "여호와여!" 하며 골리앗을 향해 돌을 던지니 돌이 골리앗 앞으로 가지 않고 빗겨

갔습니다. 만일 돌이 골리앗 앞으로 갔다면 골리앗이 그 돌을 피했을 것입니다. 그런데 앞으로 오지 않으니 골리앗이 안전하게 생각하여 그냥 있는데 갑자기 돌이 회전하여 골리앗의 이마에 박혀 골리앗이 쓰러졌습니다. 이에 다윗이 쓰러진 골리앗의 칼을 뽑아 그의 목을 쳤습니다. 하나님께서 골리앗을 끊어 주신 것입니다. 할렐루야!

> "저희가 나를 에워싸고 에워쌌으니 내가 여호와의 이름으로 저희를 끊으리로다 저희가 벌과 같이 나를 에워쌌으나 가시덤불의 불같이 소멸되었나니 내가 여호와의 이름으로 저희를 끊으리로다 네가 나를 밀쳐 넘어뜨리려 하였으나 여호와께서 나를 도우셨도다"(시 118:11-13).

우리를 절벽 끝에 밀어붙여 망하게 하려는 사람이 있어도 하나님께서 우리를 지키시고 그들을 떨어뜨리십니다.

여호와의 이름에 권세가 있습니다. 하나님께서는 하나님의 이름을 부르면 마음을 쓰십니다.

미얀마 신학대학 총장님의 이름이 진자입니다. 진자 총장님께서 우리나라에 와서 길을 지나다니면서 자기 이름을 부르는 줄 알고 자꾸 돌아보았다고 했습니다. 사람들이 "진짜 그래?" "진짜 그랬어?"라고 할 때마다 자기 이름을 부르는 줄 알았던 것입니다. 사람은 자기 이름을 부르는 소리가 들리면 마음을 씁니다.

하나님께서도 마찬가지입니다. "여호와여!" 할 때 하나님께서 "무슨 일이냐?" 하십니다. "여호와여! 여호와여!"라고 하면 하나님께서 "재가 어려움을 당하는구나" 하며 그 어려움을 끊어 주십니다.

우리 앞길이 형통하기를 바랍니다. 벌떼 같은 적들, 에워싸는 적들이 없기를 바랍니다. 전쟁이 없기를 바랍니다. 그러나 벌떼 같은 원수들이 에워싸도, 전쟁이 있어도, 우리는 그것을 이길 수 없어도, 여호와의 이름으로 이기는 것입니다. 여호와의 이름이 우리의 무기입니다.

아이들은 어려움이 생기면 웁니다. 그러면 아빠 엄마가 달려오기 때문입니다. 그러나 고아는 부모님이 없습니다. 그래서 '고아는 울지 않는다'는 글을 본 적도 있습니다. 그러나 아버지 어머니가 계시든 계시지 않든, 하나님을 믿는 우리는 하나님의 자녀입니다. "여호와여! 여호와여!" 하면 하나님께서 달려오셔서 그 어려움을 끊어 주십니다. 그래서 우리는 약해도 승리합니다. 우리의 무기는 하나님의 이름입니다.

저희 할머니께서 늦게 예수님을 믿었습니다. 돌아가시기 며칠 전 어머니께서 꿈을 꾸셨습니다. 어머니께서 방문을 여니 무섭게 생긴 사탄이 쇠줄을 메고 와서 저희 집 방문 앞에 내려놓고 서 있었습니다. 어머니께서 "우리는 예수님을 믿는데 왜 네가 오느냐?"라고 하니 사탄이 "네 시어머니를 잡으러 왔다"라고 대답했습니다.

"우리 시어머님은 천당에 가실 분이야!"

"네 시어머니는 성령을 받지 않았다. 천당에 못 간다."

"아니야! 우리 어머님은 교회에 다니신다."

사탄이 "네 시어머니를 내가 잡아가야 한다" 하며 방으로 들어

오려고 해서 어머니께서 "예수 이름으로 명한다. 사탄아, 물러가라! 예수 이름으로 명한다. 사탄아, 물러가라!"라고 외치셨습니다. 그러니 사탄이 힘을 잃고 도망가더랍니다.

꿈에서 깨어난 어머니께서 목사님을 모셔와 예배를 드렸더니 할머니께서 믿음의 확신을 가지셨습니다. 그리고 다음 날 할머니께서 세상을 떠나셨습니다. 꿈이지만, 무서운 사탄도 예수 이름으로 명하니 물러간 것입니다. 할렐루야!

예수 이름을 부르는 자는 구원을 얻으리로다
예수 이름을 부르는 자는 구원을 얻으리로다.

예수 이름으로 예수 이름으로 승리를 얻었네
예수 이름으로 예수 이름으로 승리를 얻었네
예수 이름으로 나아갈 때 우리 앞에 누가 서리요
예수 이름으로 나아갈 때 승리를 얻었네.

유혹을 받을 때, 예수님을 믿는 내가 그러면 안 되는데 자꾸 그러고 싶을 때, "주여! 주여!" 하고 일곱 번만 불러도 이깁니다. 화가 나서 무슨 일을 저지르고 싶을 때 "여호와여! 여호와여!" 하고 몇십 번 부르면 이깁니다. 삶이 무료할 때 "여호와여! 여호와여!" 하면 삶이 의욕이 넘쳐납니다. 슬플 때도 "주여! 주여!" 하면 슬픔을 이깁니다.

인생길을 가다가 힘들 때, 흔들릴 때 여호와의 이름을 불러 언제나 승리하시기를 축원합니다.

18

# 우리 날 계수함을 가르쳐 주소서

(시편 90:1-12)

우리는 몸이 불편하면 병원에 가서 진찰을 받고 병이 발견되면 치료를 받습니다. 몸이 건강해도 때때로 병원에 가서 건강검진을 받습니다. 병이 없어도 '체중을 줄이시오. 야채를 많이 먹으시오. 과로하지 마시오. 운동을 하시오'라는 지도를 따르면 더 건강해집니다.

회사도 마찬가지입니다. 회사가 어려울 때뿐만 아니라 잘나갈 때도 통찰력 있는 분의 진단을 받아 그 조언대로 따를 때 더 좋아집니다.

이 시대의 가장 탁월한, 세계적인 리더십 컨설팅 전문가는 마샬 골드스미스입니다. 구글을 비롯한 120개 세계 대기업이 그에게 진단을 받는데, 한 번 진단받는 데 드는 경비가 3억이라고 합니다. 그 많은 돈을 들여 진단을 받는 것은 그만큼 유익하기 때문입니다.

우리 하나님은 마샬 골드스미스보다 억만 배 지혜로우신 분입니다. 우리는 주일 낮, 주일 밤, 삼일 밤, 매일 새벽, 언제든지 하나님 앞에서 진단을 받습니다. 그래서 늘 우리는 고침을 받습니다. 시편 107편 20절에 "저가 그 말씀을 보내어 저희를 고치사 위경에서 건지시는도다"라고 말씀합니다.

사람은 앞날을 모릅니다. 그래서 망할 것을 모르고 길을 가는데, 하나님께서 말씀으로 고쳐 우리를 살려 주시는 것입니다. 바른길로 잘 달려가는 사람에게는 '더 잘 달려라. 은에서 찌끼를 제하라. 더 경건하게 살아라' 하는 감동을 주십니다. 그 길로 가면 더 행복해지고 기쁘고 축복이 열리게 됩니다.

"너의 남은 날을 계산하라!"

하나님께서는 영원하신 분입니다. 본문 시편 90편 1-2절 말씀대로 하나님께서는 산이 생기기 전, 땅과 세상이 조성되기 전 영원부터 영원까지 계시는 분입니다.

시편 102편 12절에도 말씀합니다.

"여호와여 주는 영원히 계시고 주의 기념 명칭은 대대에 이르리이다."

히브리서 13장 8절에도 "예수 그리스도는 어제나 오늘이나 영원토록 동일하시니라"라고 말씀합니다. 예수님께서도 "나는 아브라함이 나기 전부터 있었느니라"라고 말씀하셨습니다. 예수님께서는 아브라함보다 2천 년 뒤에 오셨지만 "나는 아브라함이 나기 전부터 있었느니라"라고 말씀하신 것입니다.

우리 예수님은 영원하신 분입니다. 성부 하나님, 성자 하나님, 성령 하나님, 삼위일체 하나님께서는 영원히, 영원히 쇠하지 않으십니다. 약해지지도 않으시고 늙지도 않으십니다. 영원히 우주를 다스리시는, 오직 한 분밖에 없으신 위대한 하나님이십니다.

"땅 끝의 모든 백성아 나를 앙망하라 그리하면 구원을 얻으리라 나는 하나님이라 다른 이가 없음이니라"(사 45:22).

구원자는 오직 하나님, 오직 예수님뿐이십니다.

세상의 모든 사람은 죽습니다. 석가, 공자, 소크라테스, 다 훌륭한 사람이지만 다 죽었습니다. 하나님만 영원하십니다.

우리가 이렇게 하나님을 믿는 것, 영원하신 예수님을 구세주로 믿는 것을 감사해야 합니다. 모든 피조물은 다 죽습니다. 그러나 예수님을 믿는 우리는 하나님의 영인 성령을 받아 영원히 삽니다.

"하나님이 세상을 이처럼 사랑하사 독생자를 주셨으니 이는 저를 믿는 자마다 멸망치 않고 영생을 얻게 하려 하심이니라"(요 3:16).
"저를 믿는 자는 심판을 받지 아니하는 것이요 믿지 아니하는 자는 하나님의 독생자의 이름을 믿지 아니하므로 벌써 심판을 받은 것이니라"(요 3:18).

"내가 진실로 진실로 너희에게 이르노니 내 말을 듣고 또 나 보내신 이를 믿는 자는 영생을 얻었고 심판에 이르지 아니하나니 사망에서 생명으로 옮겼느니라"(요 5:24).

"누구든지 주의 이름을 부르는 자는 구원을 얻으리라"(행 2:21).

"천하 인간에 구원을 얻을 만한 다른 이름을 우리에게 주신 일이 없음이니라"(행 4:12).

"하나님은 한 분이시요 또 하나님과 사람 사이에 중보도 한 분이시니 곧 사람이신 그리스도 예수라"(딤전 2:5).

예수 그리스도를 믿어 하나님의 성령을 받은 우리는 하나님처럼 영원히 살게 됩니다. 이미 영생을 얻은 것입니다. 우리가 예수님을 믿어서 잘되고, 행복하고, 병 고침 받고, 부자가 되고, 자녀가 잘되는 것은 작은 축복입니다. 가장 큰 축복은 영생을 얻은 것입니다.

하지만 영생을 얻은 우리도 죽음은 통과해야 합니다. 영생을 얻은 나사로도 죽었습니다. 그러나 그가 죽을 때 그의 영은 천사가 천국으로 데려가 아브라함 품에서 잘 지내게 됩니다. 아브라함의 품에 있는 것은 그의 영적 생명이고, 그의 육신은 흙이 되었습니다.

바울의 영도 천국에 갔습니다. 모세의 영도 천국에 있어서 예수님께서 변화산에 계실 때 내려와 예수님과 이야기했지만 그의 몸은 흙이 되었습니다.

본문 3절에 "주께서 사람을 티끌로 돌아가게 하시고 말씀하시기를 너희 인생들은 돌아가라 하셨사오니"라고 말씀합니다. 이것은 창세기 3장 19절 말씀입니다. "너는 흙이니 흙으로 돌아갈 것이니라."

물론 예수님께서 재림하시면 우리도 부활하게 되지만, 그때까지 우리는 흙이 되어야 합니다. 예수님의 재림이 빠르면 우리는 홀연히 변화되어 천국으로 들림 받지만 예수님의 재림이 늦으면 죽음의 강, 요단 강을 건너야 합니다. 그런데 하나님께서는 그날을 계산하라고 말씀하십니다.

> "우리에게 우리 날 계수함을 가르치사 지혜의 마음을 얻게 하소서"(시 90:12).

우리의 남은 날을 계산하여 인생을 지혜롭게 살라는 것입니다.

그러면 우리의 날을 어떻게 계산해야 합니까?

아주 간단합니다. 나라마다 평균 수명이 다르고, 사람마다 수명이 다르지만 성경에서는 수명을 70으로 봅니다.

> "우리의 연수가 칠십이요 강건하면 팔십이라도"(시 90:10).

하나님께서 명하신 평균 수명은 70이고 건강하면 80입니다. 물론 90, 100, 120세까지 사는 분도 있지만 드뭅니다. 대개는 70대에 죽습니다. 그러니 70에서 자기 나이를 빼면 남은 날이 되는 것입니다. 여러분의 남은 날을 계산해 보시기 바랍니다.

미국에 있는 한 묘비의 비문입니다.

"I was like you yesterday, and you will be like me tomorrow."

"나는 어제 너와 같았다. 너는 내일 나와 같이 된다."

우리 중에 200년을 살 사람은 한 사람도 없습니다. 대부분 70, 80에 죽고, 오래 살면 101세, 105세까지 살 것입니다.

우등생은 학기 초부터 중간고사와 학기말고사를 위해 기도하고 준비합니다. 열등생은 시험 날짜도 잊어버리고 놀기만 하다가 선생님이 "다음 주에 학기말고사다"라고 하면 "아이구!" 하며 벼락공부에 들어가고, 더 농땡이 학생은 공부는 하지 않고 커닝 생각만 합니다. 그런데 공부를 조금이라도 해야 제대로 커닝을 할 수 있지, 공부를 전혀 하지 않으면 커닝도 제대로 못합니다. "'생각하는 사람'은 누구의 작품인가?"라는 문제의 답에 앞의 학생이 '로댕'이라고 써 놓은 것을 보고도 '오뎅'이라고 쓰는 것입니다.

저는 목사고시를 준비할 때 방을 하나 정해 놓고 거기서 목숨을 걸고 공부했습니다. 1등 하려고 논문을 다 쓰고 나서도 기도하고 또 기도하고 또 다듬어서 보냈습니다. 합격자 발표 때 합격자 명단만 있고 1등, 2등이 나와 있지 않아 총회 본부에 전화를 해서 1등이 누구인지 물어보았더니 "합격했으면 됐지, 뭘 그런 걸 알려고 합니까? 우리는 등수를 매기지 않습니다"라고 해서 창피했습니다. 그러나 1등을 목표로 공부했기 때문에 불합격하면 어떻게 하나 하는 걱정은 하지 않았습니다.

우리 인생도 마찬가지입니다. 비행기는 이륙할 때도 사고가 나지만 착륙할 때 가장 큰 사고가 납니다. 착륙할 때 불이 나기도 하고 활주로 밖으로 미끄러지기도 하니 비행사가 그때 가장 긴장

한다고 합니다.

우리는 지금까지 잘 살아왔지만 마지막 마감을 잘해야 합니다. 그러려면 그날을 계산해야 합니다. 우리 주님께서 "너의 남은 날을 세어 보아라"라고 말씀하십니다. 남은 날을 세어 보면 '몇 년 남지 않았네……' 할 것입니다.

그러면 우리가 어떻게 살겠습니까? 세월을 아껴야 합니다. 골로새서 4장 5절에 "외인을 향하여서는 지혜로 행하여 세월을 아끼라"라고 말씀합니다. 에베소서 5장 16절에도 "세월을 아끼라 때가 악하니라"라고 말씀합니다. 사람들이 돈은 아끼면서 세월은 마구 흘려보내는데, 그러지 말라는 것입니다.

시간을 아껴서, 세월을 아껴서 후회하지 않는 삶을 사시기 바랍니다.

### 그러면 지혜롭게 사는 것은 어떻게 사는 것입니까?

잃어버린 것은 계산하지 않고, 남은 것을 가지고 힘 있게, 열정을 갖고 나아가는 것입니다.

한 부인이 자살하려고 강에 뛰어내렸습니다. 사공이 강에 빠진 부인을 건져내어 살렸습니다.

"젊은 부인이 왜 이렇게 죽으려 하는 거요?"

"나는 불행한 여자예요. 결혼한 지 2년 되었는데 남편이 나를 버리고 갔고, 하나 있던 아이마저 전염병으로 죽었어요. 그러니 나 같은 것이 살아서 무엇 하겠어요?"

"결혼 전에는, 2년 전에는 어떻게 살았어요?"

"그때는 나 혼자 자유롭게 살았어요. 부모님이 일찍 돌아가셨지만 유산을 많이 남겨 놓아서 경제적 걱정 없이 자유롭게 살았지요."

"그럼 당신은 이제 2년 전으로 돌아갔네요. 남편도 없고 자식도 없고 자유의 몸이잖아요."

그때 그 부인은 '아하! 내게 새로운 기회가 왔구나' 하며 가슴을 펴고 갔습니다.

'미국의 샤갈'이라 불리는 리버만은 폴란드에서 단돈 5달러를 들고 미국으로 이민한 사람입니다. 그 5달러로 그는 가게를 시작했는데 성공하여 돈을 많이 벌었습니다. 그가 74세에 은퇴하고 노인정에서 친구와 바둑을 두며 지내면서 81세에 이르렀습니다. 그런데 어느 날 바둑 친구가 오지 않았습니다. 너무 따분하여 지루해하고 있는 그에게 한 여성 자원봉사자가 말했습니다.

"어르신, 그림을 그려 보세요. 바둑은 파트너가 있어야 하지만 그림은 혼자 그릴 수 있고, 재미도 있고 좋습니다."

그래서 81세의 리버만은 그림 학교에 가서 6주간 그림을 배우고 계속 그림을 그렸습니다. 그런데 그리는 것마다 날개 돋친 듯이 팔렸습니다. 그래서 101세까지 22번의 개인전을 열었습니다. 81세가 되어도 나이를 생각하지 않고 열정을 갖고 나아가니 미국의 샤갈이 된 것입니다.

세계 최고의 발레리노 빌리 엘리어트는 광부의 아들로 태어났습니다. 11세 때부터 발레에 미친 그는 영국 로열 발레 학교에 입학시험을 치러 갔습니다. 입학시험 날 불같은 열정을 품고 시험을 쳤지만 불합격이었습니다. 어깨가 축 처져 나오는 그에게 한 교수가 물었습니다.

"자네, 발레를 할 때 어떤 기분으로 하는가?"

"발레를 하면 속에서 불길이 마구 솟구칩니다. 그 불길을 따라 발레를 합니다."

"됐네. 그 열정을 보고 내가 자네를 합격시키네."

결국 그는 세계적인 발레 1인자가 되었습니다.

지금 미국의 백만장자 중 한 사람은 구두닦이 출신입니다. 구두를 닦을 때 웃으며 기쁘게 닦는 모습을 보고 손님들이 "너는 구두를 닦는 게 그리 좋으냐?"라고 물었습니다. 그때 그는 "아닙니다. 저는 구두만 닦는 게 아니라 희망을 닦습니다. 희망을 닦는 것입니다"라고 대답했다고 합니다. 그런 사람이 성공하는 것입니다. 우리가 구두를 닦든 신문을 팔든 무슨 일을 하든 열정을 갖고 할 수 있기를 바랍니다.

나의 남은 날이 1년이든 10년이든 희망차게 살아야 합니다. 남은 날을 아끼며 지혜롭게 살아야 합니다. 세월을 아끼라는 말은 '시간을 기회로 만들라'(make an opportunity)는 것입니다.

지혜롭게 사는 것은 부끄럽게 살지 않는 것입니다.

감정을 잘 조절해서 의롭게, 귀하게 사는 것입니다. 바보짓을 하지 않는 것입니다.

아는 여자가 와서 회를 사달라고 하는데 사주기 싫으면 "나는 돈이 없으니 사줄 수 없다"라고 하면 되지, 왜 죽입니까? 그 여자를 죽여 사람들 모르게 메고 가서 묻는다고 고생하고, 감옥에 가고, 그런 어리석은 짓을 한 사람이 있습니다.

예전에 KTX가 레일을 벗어나 큰 사고가 날 뻔했습니다. 7밀리미터 너트 하나 때문에 그런 일이 벌어진 것입니다. 또 영광 원전 5호기에서는 모터가 고장이 나 3일간 가동이 정지되는 바람에 25억 원의 손실이 있었습니다. 원인을 파악하려고 기계를 분해해 보니 전선 사이에 30센티미터 드라이버 하나가 끼어 있는 것입니다. 설치하는 기술자가 그것을 거기에 둔 채 뚜껑을 닫아서 25억 원이나 손해를 본 것입니다.

작은 너트, 작은 드라이버 하나가 그렇게 큰 사고를 일으키는 것처럼, 작은 죄가 우리의 명예, 건강, 행복을 다 빼앗아 갑니다. 그러므로 우리가 의를 행하며 귀하고 거룩하게 살면 축복의 문이 열리는 것입니다.

지혜롭게 사는 것은 미워하지 않고 사랑하는 것입니다.

친구와 지금 절교한 상태라면 다시 연락해서 함께 차도 마시고 식사도 하시기 바랍니다. 형제간에 담을 쌓았다면 담을 헐어야 합니다. 내일모레면 다 세상을 떠날 사람들입니다.

어떤 부자는 몸이 좋지 않아 병원에 갔다가 암이라는 판정을 받았습니다. 세상을 떠나면 그 많은 돈이 무슨 소용이 있겠습니까? 그래서 재산을 뚝뚝 떼어 형제들에게 3억, 4억씩 나누어 주었습니다. 그리고 사랑했습니다.

어떤 사람은 대학을 졸업하고 취직이 안 되어 다방에서 DJ 일을 했는데, 그것도 여의치 않아 술집 종업원으로 들어갔습니다. 죽도록 일했는데도 월급을 받지 못해 "사장님, 월급 주세요"라고 하니 사장이 옆구리를 발로 차며 "야, 이 새끼야! 장사가 안 되는 것을 보면서 어떻게 그런 말을 하냐?"라고 했습니다. 월급을 받기는커녕 맞기만 한 것입니다. 그러다 식당에 취직을 했습니다. 대학을 졸업한 사람이 식당에서 밥그릇 나르는 일을 하자니 힘이 들어 축 처져 살았습니다.

'아! 인생 참 힘들다' 하며 겨우겨우 살아가는 그에게, 하루는 어떤 아저씨가 지갑에서 만 원을 꺼내 주며 "청년, 젊어서 고생은 사서도 하는 거야. 힘을 내 열심히 살아요"라고 말해 주었습니다. 그의 눈에서 눈물이 쏟아졌습니다. 평생 처음 받아 보는 격려에 감동을 받은 그는 '그래, 아저씨 말씀대로 힘 있게 살자'라고 결단하고 열심히 살았습니다. 마침내 그는 대기업 책임 디자이너가 되어 대성했습니다. 지금도 그는 그때 아저씨가 준 돈 만 원을 잊지 못해 미장원에서 머리를 자를 때도, 주유소에서 기름을 넣을 때도 꼭 2만 원씩 팁을 주며 "수고했어요. 고마워요"라고 한답니다. 그들에게 힘을 실어 주는 것입니다.

제 아내가 저희 아파트 경비 아저씨께 음식도 대접하고 돈도 준비해서 드렸나 봅니다. 경비 아저씨께서 힘든 시간에 제 아내의 대접에 위로를 받으셨는지 저희를 보면 뛰어나와 인사를 하십니다. 사랑이 이렇게 귀한 것입니다. 섬김이 귀한 것입니다.

록펠러가 나이 50세에 1년밖에 살지 못한다는 진단을 받았습니다. 그러던 어느 날, 병원에서 자기 아이를 입원시켜 달라고 애원하는 한 부인을 보았습니다. 아이가 아파서 죽어가고 있는데도 병원에서는 병원비를 지불할 수 없으니 입원시킬 수 없다고 했습니다. 그때 록펠러가 "내가 입원비를 줄 테니 아이를 입원시켜 주시오"라고 말했습니다. 그래서 그 아이는 치료를 받고 회복되었습니다. 그 아이가 퇴원할 때 록펠러는 무척 기뻤습니다.

'아! 이런 기쁨이 있구나.'

그래서 록펠러는 계속 선한 일을 하게 되었고, 그 이후에 건강이 회복되어 100세 가까이까지 건강하게 살았습니다.

우리의 남은 생애에 사랑을 베풀며 보람 있게 살기를 바랍니다.

그리고 가족도 사랑해야 합니다.

제가 매일 "하나님, 좋은 총회장, 좋은 목사, 어머니의 좋은 아들, 아내의 좋은 남편, 아이들의 좋은 아빠, 좋은 할아버지, 대한민국의 좋은 국민이 되게 해주세요"라고 기도했지만 건성으로 한 것 같습니다. 신년 축복성회를 마치고 뉴욕에 가서 기도하는 중에 제가 남편으로서 잘못 살았다는 것을 깨달았습니다. 그래서 '좋은 남편이 되리라'고 결심하고 돌아왔습니다. 그리고 매일 아내를 안고 "나는 당신을 사랑해요. 당신을 축복해요. 하나님께서 우리를 101세, 102세 때까지 쓰실 거예요"라고 합니다. 한국말로 하면 낯간지러워서 영어로 합니다.

이번 설에는 손님이 많이 오셨는데, 제가 부엌을 들락날락하며 밥그릇도 나르고 국그릇도 날랐습니다. 그랬더니 어머니께서 "아니, 쟤가 전에는 안 그랬는데……"라고 하셨습니다. 여동생들도 "오빠가 이상하다. 부엌에……"라고 했지만 전혀 상관하지 않았습니다. 아내에게 도움이 된다면 누가 뭐라 해도 설거지도 하고 무슨 일이든 다할 것입니다.

얼마 전 제가 집에 들어가니 아내가 큰절을 하는 것입니다. 놀라운 일이지요? 제가 잘하니 아내가 감동을 받아 큰절을 했겠지만, 저는 아내의 큰절에 감동을 받아 천국 갈 때까지 좋은 남편이 될 것이라고 다시 한 번 더 다짐했습니다. 제가 아내를 위해 마음을 더 쓰니 이렇게 제가 더 행복합니다.

시골에서 자란 아이가 공부를 잘해서 서울대학교를 졸업하고 일류 회사에 들어갔습니다. 명문가에서 그를 욕심내어 사위로 삼았습니다. 공부만 잘했는데도 장가를 잘 간 것입니다. 저도 가난했지만 공부를 열심히 해서 1등을 빼앗기지 않았습니다. 제 아내는 제가 공부를 잘하니 저를 택한 것입니다. 공부를 열심히 한 사람이 직장에서나 어디에서나 열심히 해서 실력도 있는 것입니다.

그런 그가 25년간 회사에서도 열심히 일해 중역이 되었습니다. 일찍 출근하고 늦게 퇴근했습니다. 그런데 아내가 병들었습니다. 남자는 일에 살지만 여자는 사랑에 삽니다. 그가 일만 하니 그의 아내는 '내 남편은 일밖에 모른다'고 생각하고 있었습니다. 남편은 아내의 얼굴이 좋지 않으니 병원에 데리고 갔다가 암이라는 진단을 받았습니다. 암이 생겨도 20년 넘게 살기도 합니다. 그러나 암이라는 말을 들으면 대부분 충격을 받습니다. 그도 아내가 암이라는 의사의 말을 듣자 하늘이 무너지는 것 같았습니다. 집으로 돌아온 그가 통곡했습니다.

"내가 당신을 얼마나 사랑하는데, 내가 당신을 얼마나 사랑하는데……. 죽으면 어떡해?"

그때 아내의 마음에 불이 붙었습니다.

'내 남편은 일만 중요하게 생각하고 나는 아무것도 아닌 줄 알았는데 내 남편이 나를 사랑하는구나.'

"여보, 고마워요. 나는 괜찮아요. 당신 사랑을 확인했으니 괜찮아요. 나는 당신이 나를 사랑하지 않는 줄 알고 병들어 죽는 것이 낫다고 생각했어요."

그리고 아내도 함께 울었습니다. 그런데 놀라운 일은 사랑의 기적으로 부인이 회복되었다는 것입니다.

미국의 한 교수 부인이 쓴 글을 읽었습니다. 남편이 병원에서 에이즈에 걸렸다는 진단을 받았습니다. 에이즈는 대개 성적인 죄를 지었을 때 걸리게 됩니다. 남편이 말했습니다.

"여보, 미안하오. 내가 큰 실수를 했소. 나는 당신 남편의 자격이 없소. 우리 이제 떨어져서 삽시다."

그때 그 부인이 이렇게 말했습니다.

"당신이 실수했어도 내 남편이에요. 우리는 부부이니 내 몸은 당신 것이고, 당신 몸은 내 거예요. 당신이 실수를 했어도 나는 당신을 사랑해요. 당신과 함께 살다가 에이즈에 걸려 죽어도 괜찮아요. 당신과 함께 살다가 죽으면 돼요. 나는 당신을 사랑해요."

그래서 함께 살았는데 십몇 년이 지나도 부인이 에이즈에 걸리지 않았습니다. 오히려 아내의 사랑을 받은 남편이 더 건강해졌다고 합니다.

사랑에는 능력이 흐릅니다. 할렐루야! 사랑하며 삽시다. 우리 이웃도 사랑합시다. 못난 점, 미운 점은 보지 말고 좋은 점만 보며 사랑합시다.

그리고 지혜롭게 사는 가장 중요한 길이 본문 말씀 뒤에 소개되어 있습니다.

시편 90편 14절에 "아침에 주의 인자로 우리를 만족케 하사 우리 평생에 즐겁고 기쁘게 하소서"라고 말씀합니다.

삶은 기쁜 것입니다. 걱정하고 고민하는 것은 나를 잃어버리는 것입니다. 전도서 6장 6절에 "저가 비록 천 년의 갑절을 산다 할지라도 낙을 누리지 못하면 마침내 다 한 곳으로 돌아가는 것 뿐이 아니냐"라고 말씀합니다. 날마다 기쁨이 넘치시기를 바랍니다.

우리가 이른 아침에 기도해서 은혜를 받으면 하루를 기쁘게 삽니다. 하루하루가 기쁘면 평생이 즐겁고 기쁜 것입니다.

그리고 이른 아침에 기도하면 자녀에게 영광이 임하여서 자녀가 영광스럽게 됩니다.

"주의 영광을 저희 자손에게 나타내소서"(시 90:16).

그리고 새벽기도 하면 손으로 하는 일이 잘됩니다.

"우리 손의 행사를 견고케 하소서"(시 90:17).

이것은 모세의 기도입니다. 모세는 하는 일마다 다 잘되었습니다. 홍해가 갈라지고, 마라의 쓴 물이 달게 되고, 반석에서 물이 솟아나고, 손으로 하는 일이 다 잘되었습니다.

이것이 기도의 축복입니다. 내 노력으로 하는 것은 올라갈 만큼 올라간 다음에는 올라가지 못하지만 기도하면 생각하지 못한 데까지 올라가게 됩니다.

제가 우리 교회에 한 번 모실까 생각하는 분이 계십니다. 그분은 집이 너무 가난하여 초등학교 3학년에 중퇴했습니다. 산나물을 캐 먹고, 갈잎을 모아서 팔고, 식모살이를 하며 서러움도 당했습니다. 그러다 서울의 한 식당에 종업원으로 들어갔는데 주인이 월급을 쥐꼬리만큼 주었습니다. 그러나 식은 밥이라도 먹을 수 있어 계속 그 일을 했습니다. 그러면서 새벽마다 하나님 앞에 부르짖었습니다.

나중에 주일학교 교사를 하게 되었는데 반 아이가 한 명뿐이었습니다. 그 아이를 위해 기도하고 자장면을 사 먹였더니 그 아이가 "우리 선생님은 부자다. 교회 가면 자장면 먹을 수 있다"라고 전도해서 그 반이 32명이나 되었습니다. 어려운 형편에서도 호주머니를 쏟을 때 복이 있습니다.

저는 첫 목회를 할 때 약 5년간 사례비를 한 푼도 받지 않았습니다. 아내가 사업을 하고 있었기 때문에 사례비를 받지 않고 섬겼습니다. 그리고 주일마다 점심도 저희가 대접했습니다. 전도비도 저희 것으로 썼습니다. 그런데도 지금 저희를 돌아보니 '나는 머슴인데 하나님께서 이렇게 좋은 집에서 살게 하시는구나' 하는 마음에 감사가 나옵니다. 저희 부부가 돈 계산하지 않고 교회를 섬긴 것을 하나님께서 다 거두게 하신다는 생각도 해보았습니다.

그분이 어렵게 번 돈을 아이들 자장면 사주는 데 거의 다 쓰면서 전도해 온 아이들을 자기 구역으로 만들고, 구역장도 세웠습니다. 그래서 자기 반의 구역장이 5명이 되었는데, 그 구역장들을 토요일에 따로 모아 또 자장면을 사주었습니다. 교회학교는 날로 부흥되었습니다.

그런데 그 32명 중에 글씨를 못 써 왕따를 당하는 아이가 하나

있었습니다. 저녁 시간에 그 아이를 자기 집에 오게 해서 성경을 쓰게 했더니 몇 달 뒤 그 아이의 성적이 올라갔습니다. 하루는 그 아이의 엄마가 와서 "선생님, 감사합니다. 선생님 때문에 우리 아이 성적이 올라갔습니다" 하며 봉투를 주고 갔습니다. 그 안에 4만 원이 들어 있었습니다.

얼마 후에는 그 엄마가 4학년인 그 아이의 형을 데리고 왔습니다. 그분이 그 엄마에게 "저는 4학년은 받지 않습니다"라고 했습니다. 그런데 그 엄마가 "일류 대학 출신인 선생님께 부탁합니다" 하고는 6만 원을 두고 갔습니다. 그분이 "주여! 저는 3학년 것까지만 알지, 4학년 것은 모릅니다"라고 기도하다가 서점에 가서 참고도서, 학습지를 사 가지고 왔습니다. 다 모르는 것이었지만 답을 보며 "주여! 도와주세요. 주여! 도와주세요"라고 기도하면서 공부를 했습니다.

그 아이가 왔을 때 학습지에 있는 문제를 주며 "네 실력을 알아야 거기에 맞추어 가르칠 수 있으니 한번 해보아라"라고 했습니다. 그러자 아이가 "선생님, 모르셨어요? 저는 특수반입니다"라고 했습니다. 순간 '어이구! 이놈이 공부를 특별히 잘하는구나' 하는 생각에 당황했지만 "주여, 어떡하지요?" 하고 기도한 후 "그래도 해봐라"라고 했습니다.

"어휴! 선생님, 저는 글자도 모릅니다. 특수반이라니까요."

공부를 잘해서 특수반이 아니라 글을 몰라서 특수반이었던 것입니다. 그 아이를 붙잡고 기도하며 글을 가르치고 공부를 가르쳤습니다. 그 아이의 성적이 올라가니 소문이 퍼져 모여든 아이들이 30여 명이었습니다. 나중에는 수입이 200만 원이나 되었습니다. 그래서 식모 일을 그만두고 과외 교사가 되었습니다.

그런데 얼마 후 그는 그 일을 할 수 없게 되었습니다. 무허가라 문을 닫게 된 것입니다. 식모 일도 그만두었는데 이제 아이들을 가르칠 수도 없으니 새벽마다 부르짖었습니다. 하루는 어떤 사람이 와서 자기가 도와줄 테니 학원을 차리라고 했습니다. 그래서 자신의 학력은 초등학교 3학년 중퇴가 전부라고 하자, 원장의 학력은 상관없고 좋은 교사를 채용하면 된다고 했습니다. 그래서 속셈학원을 했는데 아이들이 70명에서 100명, 150명까지 와서 미술학원도 함께 운영했습니다. 미술학원에도 아이들이 몰려와 음악학원도 하게 되었습니다. 학원마다 아이들이 모여들어 500명이나 되었습니다. 그래서 돈을 많이 벌어 학교 옆의 땅을 사서 빌딩을 지었습니다. 그러자 학부모 50명이 와서 데모를 했습니다.

"왜 초등학생 학원만 하나? 중 · 고등학생 학원도 해라."

그분이 하는 학원이 아이들을 제일 잘 가르치니 중 · 고등학생들이 공부할 수 있는 학원도 세우라는 것입니다. 그래서 중 · 고등학생을 위한 학원도 세우고, 태권도 학원도 세웠습니다.

초등학교 3학년밖에 다니지 않은 부인이지만 결사적으로 기도하고 매달리니 서울 명문 학원의 원장이 되고 천만 원 이상 십일조를 하게 된 것입니다.

기도는 놀라운 일을 일으킵니다.

주님께서 말씀하십니다.

"남은 날이 얼마냐? 70에서 빼보아라."

그만큼 살지, 더 살지는 우리가 알 수 없습니다.

사무엘상 25장에 보면, 양이 3천 마리, 염소가 천 마리나 되는 큰 부자 나발이 양털을 깎는 날, 다윗이 그 사실을 알고 나발에게 은혜를 끼쳐 달라고 부탁합니다. 나발은 그 부탁을 들어주기는커녕 다윗을 부끄럽게 합니다. 그런데 사무엘상 25장 38절에 보면, 열흘 후에 나발이 죽습니다. 나발이 열흘 후에 자기가 죽을 줄 알았겠습니까? 그랬다면 다윗에게 음식을 나누어 주었을지도 모릅니다.

"내일 일을 너희가 알지 못하는도다"(약 4:14).

하루 동안에 무슨 일이 일어날지 모릅니다.

탈무드에 "오늘은 나의 최초의 날이요 최후의 날이다"라는 말이 있습니다. 바로 오늘이 내가 살 수 있는 최초의 날이고, 최후의 날일 수 있습니다. 세월을 아끼고, 부끄럼 없이 선을 행하며, 의롭고 거룩하게 살고, 사랑을 행하고, 기도하며 살아서, 오늘 주님께서 부르셔도 부끄럼 없이 그 앞에 설 수 있게 되시기를 축원합니다.

19

# 은혜의 강

(열왕기하 5:1–3, 9–15)

어느 날, 아빠 쥐가 어느 부잣집 부엌 쓰레기통에서 치즈, 소시지, 빵 부스러기들을 발견하고는 새끼들을 불러 저녁 파티를 했습니다. 이 사실을 안 그 집의 고양이가 달려오자 모두 도망쳤는데, 기가 꺾인 새끼 쥐 두 마리가 도망가지 못하고 바들바들 떨다가 잡혔습니다. 고양이가 “감히 누구 밥상을 엿보는 거야? 이 놈들을 간식거리로 먼저 먹어치워야겠다” 하고 입에 넣으려 하는데 ‘멍멍 멍멍’ 하는 사나운 개 소리가 들렸습니다. 고양이가 걸음아 날 살려라 하며 도망갔습니다. 그때 쓰레기통 뒤에서 아빠 쥐가 여유 있게 나오며 “이 어려운 때에는 외국어를 배워 두어야 살아남는다”라고 했답니다.

저도 일본에서 급한 일이 생겼을 때 일본어를 약간 할 줄 알아서 그 위기를 잘 모면한 적이 있습니다.

그런데 설교는 이 세상의 언어가 아니라 하늘의 언어입니다. 하나님의 말씀입니다. 베드로가 설교할 때 여러 나라 말로 들려서 그 말을 들은 사람들이 구원을 얻은 것처럼, 설교는 몇 사람만 살게 하는 것이 아닙니다. 설교를 듣는 자는 다 살아나게 되는 것입니다.

오늘날 수많은 사람들이 날마다 죽어갑니다. 남편 때문에, 아내 때문에, 사업 때문에 스트레스를 받아서 죽습니다. 한국 사람은 40대부터는 암으로 죽는 비율이 제일 높지만, 40세 미만은 자살해서 죽는 사람들이 더 많다고 합니다. 아버지에게 꾸중 들었다고 자살하고, 애인한테 버림받았다고 자살하고……. 어떤 학생은 아버지가 애써 구해서 보내준 등록금 700만 원을 사기당한 후 자살했는데, 그렇다고 자살하면 살아남아 있을 사람이 누가 있겠습니까?

그러나 죽음을 생각할 정도로 큰 어려움이 있어도 하나님의 음성을 들으면 살게 됩니다. 요한복음 5장 25절에 주님이 말씀하십니다.

> "진실로 진실로 너희에게 이르노니 죽은 자들이 하나님의 아들의 음성을 들을 때가 오나니 곧 이때라 듣는 자는 살아나리라."
> (I tell you the truth, a time is coming and has now come when the dead will hear the voice of the Son of God and those who hear will live.)

무덤에 있던 나사로는 썩었지만 주님께서 "나사로야, 나오라!"

하시니 나사로가 살아났습니다. 하나님의 말씀을 들으면 다 살아나게 되는 것입니다. 요한계시록 1장 3절에도 예언의 말씀을 듣는 자들이 복이 있다고 말씀하였습니다. 오바마 대통령의 연설을 듣는 자가, 하버드 대학 철학 교수의 강의를 듣는 자가 복이 있는 것이 아니라 하나님의 말씀을 듣는 자가 복이 있습니다.

아람의 군대 장관인 나아만은 크고 존귀한 자입니다. 아람이 위기를 당할 때마다 나아만 장군이 나라를 구해 냈습니다. 우리나라가 일본의 무서운 공격을 받을 때 이순신 장군이 나라를 지킨 것처럼, 나아만 장군도 그 나라를 지킨 대단한 영웅입니다. 나아만 같은 장수는 흔하지 않습니다. 그러므로 몸에 나병이 와도 군대 장관 자리를 그대로 지키도록 왕이 두었던 것입니다.

하지만 나병으로 몸이 이지러지는 아픔이 얼마나 컸겠습니까? 지금은 의술이 발달하고 약이 좋아 다 치료되지만 나아만 장군 때는 불치의 병이었습니다. 그러니 나아만 장군이 얼마나 힘들었겠습니까?

날마다 힘들게 살며 죽어가고 있는 나아만 장군에게 한 소녀가 생명의 메시지를 전해 주었습니다. 이스라엘에서 잡아와 종으로 부리고 있는 그 소녀는 착하고 예의 바르고 신실했습니다. 그래서 나아만 장군과 부인이 그 소녀를 사랑하며 신뢰했습니다. 그 소녀가 "마님, 우리 주인께서 사마리아에 계시는 하나님의 사람을 만나면 병을 고칠 수 있습니다"라고 하면서 하나님의 사람에 대해 이야기했습니다.

"그 하나님의 사람은 작은 기름병 하나에 들어 있는 기름으로 온 동네방네에서 빌려 온 모든 큰 그릇들을 끝까지 가득 채우는 기적을 행했습니다. 그리고 그 하나님의 사람에게 집을 지어 주고 침대와 책상과 의자와 촛대를 준비해 주고 귀한 음식으로 대접한 수넴 여인은 아들이 없었는데, 그가 그 여인을 축복하니 아들을 갖게 되었습니다. 또 흉년 때 한 선지자 생도가 들에 나가 들외를 따 와서 칼로 썰어 국에 넣었는데 거기에 사망의 독이 있어 그것을 먹은 사람들이 죽게 되었습니다. 그것을 보고받은 하나님의 사람이 국에 가루를 뿌리자 독이 없어져 그 국을 먹어도 아무 해를 받지 않았습니다. 한번은 어떤 성도가 하나님의 사람에게 드리기 위해 처음 익은 보리로 만든 떡 스무 개와 채소를 조금 가지고 왔습니다. 하나님의 사람이 그것을 모두에게 나누어 주라고 하자 사환이 '하나님의 사람이여, 이것은 네 사람이 먹을 양밖에 되지 않는데 어떻게 100명에게 나누어 주겠습니까?'라고 했습니다. 그래도 나누라고 해서 나누니 100명이 먹고도 남았습니다. 이런 하나님의 사람이니 주인님께서 만나시면 병이 낫게 될 것입니다."

예수님만 떡 다섯 개로 5천 명을 먹이신 것이 아닙니다. 엘리사도 보리떡 스무 개로 100명을 먹이고도 남기는 기적을 행했습니다.

하나님은 구약의 하나님이요, 신약의 하나님이요, 오늘의 하나님이요, 미래의 하나님이십니다. 하나님은 변함이 없으십니다. 오늘 우리에게도 기적을 행해 주시는 것입니다.

나아만 장군은 그 소녀의 말대로 엘리사를 만나러 가기 위해 아람 왕의 허락을 받고 은 10달란트, 금 6천 개, 의복 열 벌을 준비했습니다. 그리고 먼저 이스라엘 왕에게 인사한 다음 하나님의 사람을 찾아갔습니다.

그는 하나님의 사람 엘리사가 나와서 "각하, 먼 길을 오시느라 얼마나 수고하셨습니까?" 하고는 여호와의 이름을 부르며 당처에 손을 흔들어 병을 고쳐 줄 것을 기대했습니다. 그런데 하나님의 사람은 나오지도 않고 심부름하는 아이가 나와서 "장군이여, 요단 강에 가서 일곱 번 씻으면 깨끗하게 된다고 하셨습니다"라고 하는 것입니다.

나아만 장군은 화가 났습니다. "내 생각에는 저희가 나와서 여호와의 이름을 부르며 내 당처에 손을 흔들어 내 병을 고칠까 했노라. 돌아가자. 다메섹 강 아마나와 바르발은 이스라엘 강물보다 못하냐? 내가 거기서 몸을 씻으면 깨끗하게 되지 아니하랴? 가자!" 하고는 노하여 그곳을 떠났습니다.

그러나 그곳을 떠나면 그는 썩어서 죽습니다. 여러분, 교회에 와서 분을 내지 마시기 바랍니다. 교회에 와서 목회자 때문에, 교회 때문에, 하는 일 때문에 화내는 일이 없기를 바랍니다. 교회는 은혜 받으러, 병 고치러, 구원받으러 오는 곳입니다. 축복받으러 오는 곳입니다. 와서 축복을 받고 구원을 받으면 됩니다. 자신을 대접해 주지 않는다고 화를 내면 망합니다.

제가 미국에서 한 귀한 목사님께 들은 이야기입니다. 어떤 교회의 한 중직자가 교회에 좋지 않은 일이 있다고 교회 로비에서 "이럴 수 있어? 무슨 일을 이렇게 하는 거야? 교회가!"라고 큰 소리를 쳤답니다. 그렇게 큰소리 치면 새신자들이 상처를 받습니다. 부목사님이 달려가서 "장로님, 왜 이러십니까?"라고 말려도

"왜? 왜?" 하면서 계속 큰소리를 쳤습니다. 이것을 보고 학생들이 경찰에 신고했습니다. 그래서 바로 경찰관에게 끌려간 장로님은 '교회의 예배를 방해했으니 3개월간 그 교회에 출석하지 말라'는 법적 조치를 받았답니다. 그런데 두 달 뒤에 슬쩍 교회에 왔다가 그것을 본 학생이 신고해서 그 많은 교인들 앞에서 장로님이 다시 잡혀 갔다고 합니다.

교회에서는 특별히 더 조심해야 합니다. 하나님 앞에서 분을 내는 것은 망하는 길입니다.

그런데 나아만 장군의 참모들이 지혜로운 사람들이었고, 장군을 사랑하는 사람들이었습니다.

"각하, 진정하세요. 우리가 병을 고치러 왔으니 이보다 더 어려운 일을 시켜도 해야지요. 일곱 번 목욕하는 것은 쉬운 일이지 않습니까? 진정하시고 가서 목욕하십시다!"

나아만 장군이 정신을 차리고 보니 맞는 말입니다.

'병을 고치러 이국 만리까지 온 내가 왜 이리 기분 나빠 하지?'

그래서 잘못을 뉘우치고 요단 강에 들어갔다 나오고, 들어갔다 나오고……. 그냥 거기에서 일곱 번 씻기만 한 것이 아니라 '여호와여, 제가 화낸 것을 용서해 주세요. 여호와여, 저를 살려 주세요. 하나님께서 살아 계시면 저를 살려 주세요' 하며 씻었을 것입니다. 일곱 번 몸을 씻으니 깨끗해졌습니다.

제가 우리 교회에서 목회하면서 제일 기뻤던 날 중 하루는, 사랑하는 우리 황옥녀 권사님께서 병 고침을 받은 날입니다. 우리 황 권사님께서 쓰러지셨는데 혈관이 다 터져 피부가 빨개지고 병원에서는 이틀 안에 죽는 병이라고 했습니다. 그런데 우리가 통성으로 기도할 때 흰옷을 입으신 우리 주님께서 피를 뚝뚝뚝 떨어뜨리면서 황 권사님에게 가셔서 "사랑하는 딸아, 이제는 깨끗하라" 하시는 것을 한 교우가 보았습니다. 그 시간에 권사님이 깨끗하게 나았습니다. 온 피부가 우윳빛으로 변했습니다. 저는 그 날을 잊을 수가 없습니다.

나아만 장군이 요단 강에서 일곱 번 몸을 씻고 나오니 몸이 아기 피부처럼 깨끗하게 되었습니다. 나아만 장군이 얼마나 좋았겠습니까?

우리 교회의 어떤 분은 연초에 건강 검진을 했는데 간암 세포가 보인다는 통보를 받았습니다. 다시 검사를 했는데도 간암인 것 같다고 했습니다. 다시 정밀검사를 하니 간암이 아니라 물혹이라고 했습니다. 그러니 그분이 감사해서 울었습니다.

저도 얼마 전 6년 만에 건강 진단을 받아 보았는데 용종도 하나 없었습니다. 교인들이 시간 시간 저와 저의 어머니, 제 아내, 저의 아이들을 위해 기도해 주시니 이렇게 건강한 줄로 믿습니다.

암인 줄 알았다가 암이 아니고 혹이라 해도 감사해서 우는데, 나병에서 깨끗이 나았으니 나아만 장군이 얼마나 좋았겠습니까? 너무 기뻐서 모든 수행원을 거느리고 하나님의 사람에게 가서 겸손히 엎드려 절하며 말했습니다.

"이제는 이스라엘 외에는 하나님이 계시지 않음을 저는 압니다. 이스라엘 여호와만이 하나님이십니다. 당신의 종에게서 예물을 받으소서. 저는 당신의 종입니다."

세상 풍조는 바뀌어도 우리는 그 세상 풍조를 따라가지 않고 성경대로 가야 합니다. 세상 사람들은 '목사, 목사' 하며 목사의 목을 조르는 일이 있어도 우리는 목사님들을 귀히 여겨야 합니다. 주의 종들을 귀히 여겨야 합니다.

저는 제 동생이 목사님이기에 동생이라도 정중히 대합니다. 제 동생의 살아가는 모습이 엘리야나 엘리사 같지 않을지라도 하나님께서 쓰시는 종이니 정중히 대합니다.

이스라엘에서 자녀를 최고로 잘 기른 어머니의 자녀 교육법이 세 가지입니다. '첫째, 어떤 경우에도 감사해라. 둘째, 원망하는 사람은 사귀지 마라. 셋째, 감사하는 사람만 사귀어라.' 원망하는 사람, 불평하는 사람은 마귀가 쓰는 사람입니다. 은근히 교회를 헐고, 목사님을 헐고, 장로님을 허는 사람과는 사귀지 말아야 합니다.

"종에게서 예물을 받으소서!"

나아만 장군이 은혜를 받으니 이뿐만이 아닙니다. 본문 17절에 보면, "이제부터는 다른 신에게는 절대로 예배하지 않고 하나님께만 예배하겠습니다"라고 합니다. 그리고 아람에 가니 가족들이 기뻐합니다. 아내와 아이들이 뛰며 "우리 아빠가 살았다!"고 기뻐합니다. 나라에 경사가 났다고 왕이 기뻐합니다. 국민들이 만세를 부릅니다. 나아만 장군이 은혜를 받으니 아람에 하나님의 영광이 가득하고 주의 은혜가 임합니다. 할렐루야!

여기에 우리가 가슴에 깊이 새길 일이 있습니다.

나아만 장군이 다메섹의 아마나 강이나 바르발 강에서 100번, 700번 씻어도 낫지 않습니다. 미시시피 강, 압록강, 한강, 낙동강에서 700번 목욕해도 낫지 않습니다. 하나님께서 명하신 요단 강에서 씻을 때만 낫는다는 것입니다.

바다는 지구의 71퍼센트를 차지하고 있고, 평균 깊이는 3,800 미터입니다. 그 엄청난 물에 들어가서 천만 번 씻어도 낫지 않습니다. 오직 요단 강에서만 낫게 되는 것입니다. 그것이 바로 은혜의 강입니다. 치료하는 물이 흐르고, 은혜의 물이 흐르는 요단 강입니다.

오늘날 하나님의 능력이 흐르는, 성령이 흐르는, 치료하는 광선이 흐르는, 사람을 살리는 물이 흐르는 강은 어디입니까? 교회입니다. 교회밖에 없습니다.

에스겔 47장에 보면, 성전 문에서 물이 흘러나옵니다. 처음에는 발목, 그다음에는 무릎, 그다음에는 허리까지 흐르다가 나중에는 창일해서 능히 건너지 못하고 헤엄쳐야 할 강이 됩니다. 그 강물이 흘러넘치니 강변에 서 있는 나무들이 달마다 새 과일을 맺고, 잎사귀가 시들지 않고 약 재료가 됩니다. 또 물이 바다에 들어가니 바다가 소생하고 물고기들이 번성합니다. 이 물이 들어가는 곳마다 모든 것이 살아납니다. 이것이 바로 교회에서 흐르는 성령의 생수입니다.

예수님께서 말씀하셨습니다.

"누구든지 목마르거든 내게로 오라. 그 배에서 생수의 강이 흘러넘치리라."

예수님께서 서서 "내게 오라"고 하시는 곳이 바로 오늘날 교회입니다. 오늘날의 요단 강은 교회입니다. 누구든지 교회에 오면 살게 됩니다. 입체적으로 살게 되는 것입니다.

나아만 장군은 나병만 나은 것이 아닙니다. 하나님만 섬기게 되고 영원히 살았습니다. 교만한 마음이 낮아졌습니다. 아내에게 아픔을 주던 남편이 아내에게 기쁨을 주고, 아이들을 끌어안아 주는 아버지가 되고, 왕에게 부족했던 장군이 왕을 만족시키는 장군이 되었습니다. 또 백성들이 "아이고! 우리 장군, 우리 나아만 장군은 영웅이지만 나병이라서……"라고 했는데 다 낫게 되니 온 백성에게 기쁨을 주는 입체적인 은혜를 받았습니다.

오늘날에도 교회에 오면 입체적으로 은혜를 받습니다. 영원히 삽니다. 육신이 삽니다. 범사가 잘됩니다. 가정이 잘됩니다. 교회는 되게 하는 곳입니다. 하나님의 축복의 생수가 흐르는 곳입니다.

> 생명 샘이 솟아나와 모든 성도 마시니
> 언제든지 솟아나와 부족함이 없도다
> 이런 물이 흘러가니 목마를 자 누구랴
> 주의 은혜 풍족하여 넘치고도 넘친다.

어떤 어려움을 당해도 은혜의 강에 와서 씻으면 살게 되는 것입니다.

하나님께서는 요단 강에서 한 번만 씻게 하시는 것이 아니라 주일 낮마다, 주일 밤마다, 새벽마다 계속해서 씻게 하십니다.

우리는 씻을수록 은혜를 받고 더 잘됩니다. 하나님께서는 우리를 잘되게 하시는 분입니다.

저는 제 아들이 고급 공무원인데 계속 승진하고 나아가 대통령이 되기를 바랍니다. 제 딸이 미국에서 이름을 떨치며 성악 활동을 하고 있는데 세계 최고가 되기를 바랍니다. 작은아들이 방송국에서 쑥쑥 커나가고 있는데 방송국 사장보다도 목사님이 되기를 바랍니다. 제 아내도 날이 갈수록 더 좋아지기를 바랍니다. 우리 가족이, 우리 교인들이 더욱 잘되기를 바랍니다.

하나님께서도 우리를 사랑하셔서 우리가 더 잘되기를 바라십니다. 하나님께서는 우리를 향하여 계획을 갖고 계십니다. 우리를 하나님의 자녀로 삼아 주셨고, 은혜의 강에서 먹여 주십니다. 얼마나 감사합니까?

우리는 예수님의 피와 살을 은혜로 받았습니다. 예수님께서 "이것은 내 살이다. 이것은 내 피다" 하시며 주신 떡과 포도주를 우리가 성찬식을 하며 받아먹은 후에 우리는 예수님과 한 몸이 된 것입니다. 고린도전서 12장 13절에 말씀합니다.

"우리가 유대인이나 헬라인이나 종이나 자유자나 다 한 성령으로 세례를 받아 한 몸이 되었고 또 다 한 성령을 마시게 하셨느니라."

한 성령으로 세례를 받아 한 몸이 되었고, 교회의 한 몸이 되었습니다. 우리는 주님과 같은 몸이 되었습니다. 주님의 피가 우리 속에 흐르고 있습니다. 그보다 더 놀라운 것은 하나님의 성령께서 우리 안에 계시다는 것입니다. 우리는 얼마나 소중한 존재인지 모릅니다.

세계 역사상, 명마 중의 명마가 '선데이 사일런스'입니다. 1986년에 태어난 이 말이 미국의 전 경기에서 상을 다 휩쓸었습니다. 선데이 사일런스를 능가하는 말이 없었습니다. 그러나 그 명마도 나이가 드니 더 이상 경기에 나가지 못하게 되었습니다. 그때 세계적인 종마 사육장인 일본 홋카이도 사육장의 요시다 제냐 사장이 그 말을 128억 원이나 주고 샀습니다. 주위에 있는 사람들은 그를 비웃었습니다. 그러나 그는 선데이 사일런스를 종마로 삼아 교배료를 받았는데, 그 피를 받고 태어난 말들이 경기에 나갈 때마다 우승했습니다. 그러자 나중에는 한 번의 교배료가 7억 원까지 되어 교배시켜 주고 번 돈이 무려 1조 3천억 원이나 되었습니다. 또 선데이 사일런스가 죽을 때까지 생산한 말 1,514마리가 경기에서 우승하여 벌어 준 돈이 1조 540억 원이었습니다. 말 한 마리에 투자해서 2조 원을 번 것입니다. 요시다 사장은 그 말이 너무 고마워 홋카이도 샤다이 목장에 말 동상을 세워 주었습니다.

세계의 명마를 결정하는 것이 핏줄, 혈통이었습니다. 기름이 자르르 흐르고 잘생기고 건강해도 혈통이 좋지 않은 말은 우승하지 못하고, 비실비실해 보여도 명마의 피를 받은 말이 우승한다는 것입니다.

우리는 주님의 피를 받았습니다. 하나님의 성령을 받았습니다. 그러므로 우리는 이기게 되어 있습니다. 어떤 일을 당해도 이기는 것입니다. 낮아져도 이깁니다. 요셉이 감옥에 들어가고 낮아질수록 더 올라갑니다. 다니엘이 사자 굴에 들어가도 더 올라갑니다. 우리는 이래도 저래도 더 잘되는 것입니다.

우리의 미래는 열려 있습니다. 우리의 미래는 환합니다. 우리의 미래는 발전할 것입니다. 왜 그렇습니까? 하나님의 성령께서 우리 안에 계시기 때문입니다. 그러므로 우리는 희망차게 나아가야 합니다.

그리고 더 중요한 것이 있습니다.

전쟁이 터지자 아람 군사들이 와서 어린 소녀를 끌고 갔습니다. 그 어린 소녀가, 그 귀한 딸이 낯설고 물 선, 문화가 다른 곳에서 종 노릇을 합니다. 그런데 이것은 하나님께서 하신 일이라는 것입니다.

요셉이 쇠사슬에 매여 애굽으로 끌려갔지만 그것도 하나님께서 하신 일입니다. 그래서 애굽을 구원하고 이스라엘 백성을 구원했습니다. 이처럼 하나님께서 소녀를 나아만 장군의 집으로 보내 주셔서 그 소녀 때문에 나아만 장군이 살고, 하나님의 영광이 아람에 펄럭이게 된 것입니다.

요셉의 하나님이 우리의 하나님이시고, 소녀의 하나님이 우리의 하나님이십니다. 요한복음 20장 21절에 주님이 “아버지께서 나를 보내신 것같이 나도 너희를 보내노라”(As the Father has sent me, I am sending you)라고 말씀하십니다.

제가 목사로서 당당하게 목회하고 당당하게 일하는 것은 하나님께서 저를 세우시기 때문입니다.

우리가 결혼한 것은 우연이 아닙니다. 어떤 회사의 직원이 된 것도 우연이 아닙니다. 어느 곳에 있든지 하나님께서 그곳에 파송하셨습니다. 거기에서 하나님의 일을 잘 감당하십시오.

만일 소녀가 입을 열지 않았다면 나아만 장군은 죽었을 것입니다. 하나님의 영광도 없었습니다. 소녀가 “마님, 우리 주인께서 사마리아의 하나님의 사람을 만나면 고침을 받습니다"라고 알려 주어서 그 집이 살고, 하나님의 영광이 아람에 가득해진 것입니다.

얼마 전에 인천의 한 여학생이 죽으려고 12층 아파트에서 떨어졌는데 죽지 않았습니다. 그날 새벽, 그 여학생이 죽기 직전에 자기가 죽을 것이라는 내용의 메일을 친구에게 보냈기 때문입니다. 그것을 본 친구 세 명이 그 즉시 아파트로 달려와 보니 친구는 벌써 아파트에 매달려 있었습니다. 친구들이 "죽으면 안 돼! 떨어지지 마!"라고 하는데 그 여학생이 매달려 있던 손을 놓아 버렸습니다. 그때 유도를 하는 한 친구가 떨어지는 친구를 받아서 뒹군 덕분에 둘 다 멀쩡했다는 것입니다.

우리 교회에도 14층 아파트에서 떨어졌던 분이 계십니다. 그분이 우리 교회에 나오시기 전에, 예수님을 믿기 전에 14층 아파트에서 떨어졌는데 죽지 않았습니다. 14층 아파트에서 떨어지면 당연히 죽지 않습니까? 그런데 그분은 부드러운 자동차 티코 위에 떨어져서 죽지 않았습니다. 그분의 남편은 고위 공직자이고, 아들도 공부를 잘했답니다. 그런 부인이 죽으려고 14층 아파트에서 떨어진 것입니다. 죽지는 않았지만 병원으로 실려 갔는데 그것을 우리 권사님께서 보시고 그분을 찾아가셨습니다.

"사모님, 왜 그러셨어요?"

인생이 공허해서, 살 의미가 없어서 그랬다고 하면서 또 죽을 것이라고 했습니다. 우리 권사님께서 "살 의미가 있습니다. 예수님이 계십니다. 우리 교회에 한 번만 와보십시오"라고 전도를 하셨습니다. 일주일 후에 퇴원을 하신 그분이 우리 교회에 오셨습니다. 구원을 받았습니다. 온 가족이 구원을 받았습니다. 우리 권사님께서 가서 전했기 때문에 그 가정이 산 것입니다. 만일 우리 권사님께서 전하지 않았다면 그분은 또 14층 아파트에서 떨어져 돌아가셨을지도 모릅니다.

내가 입을 열면 개인이, 가정이, 나라가 삽니다. 할렐루야!

로마서 10장 13-14절에 말씀합니다.

"누구든지 주의 이름을 부르는 자는 구원을 얻으리라 그런즉 저희가 믿지 아니하는 이를 어찌 부르리요 듣지도 못한 이를 어찌 믿으리요 전파하는 자가 없이 어찌 들으리요."

남편에게 상처를 받아도 "주여!", 교통사고를 당해도 "주여!", 몸에 암이 와도 "주여!", 해고를 당해도 "주여!", 인생이 허무해도 "주여!" 하고 주님을 부르면 살 수 있습니다.

그런데 믿어야 주님을 부를 수 있고, 그 믿음은 들음에서 나니, 먼저 우리가 주님을 전해야 합니다. 전하는 자가 없으면 들을 수 없습니다. 우리가 전해야 그들이 듣고 구원을 받는 것입니다.

우리는 여기에서 아주 중요한 교훈을 하나 더 깨닫게 됩니다.

만일 나아만 장군 집의 소녀가 주인에게 신뢰받지 못했다면 장군이 소녀의 말을 들었겠습니까? 소녀가 언제나 깨끗하고 단정한 모습으로 예의를 지키며 신실하게 자신의 일에 최선을 다하니 주인에게 신뢰를 받은 것입니다.

여러분이 회사의 사원이든 사장이든 신뢰 받기 바랍니다. 의사이든 간호사이든 신뢰 받기 바랍니다. 제가 천사의 말을 해도 우리 교인들이 "에이, 우리 목사님 믿을 수 없어"라고 한다면 저를 통해 은혜 받을 수 없습니다. "우리 목사님이 말씀하시는 것이라면 콩을 팥이라 해도 나는 믿어"라고 할 때 은혜를 받을 수 있습니다.

우리 모두가 신뢰를 받도록 신실하게 살아야 합니다. 회사의 사원이든 사장이든 귀하게 살고, 대통령이든 종이든 귀하게 살 때 신뢰를 받는 것입니다. 그리고 가정부라도 귀하게 살면 그 집의 며느리가 될 수 있고, 머슴이라도 귀하게 살면 그 집의 사위가 될 수 있는 것입니다.

저는 워싱턴 대통령을 사랑하고 존경합니다. 워싱턴 대통령이 프랑스의 한 장군을 맞이했을 때의 이야기입니다. 대통령이 장군을 융숭하게 대접하고 있는데, 한 노예가 지나가다가 정중히 인사를 했습니다.

"대통령 각하, 장군님, 좋은 시간 가지세요."

그때 식사를 하던 대통령이 일어나 "고맙네. 자네도 좋은 시간을 가지게"라고 했습니다. 그러자 프랑스 장군이 놀란 표정으로 물었습니다.

"대통령 각하, 노예에게 일어서서까지 그렇게 인사할 필요가 뭐 있습니까? 노예인데……."

그때 워싱턴 대통령이 대답한 말이 제 가슴을 찌릅니다.

"아니? 장군, 노예도 예의를 지키는데 내가 그보다 못한 예의로 그를 대해야 한다는 말이오?"

'노예도 예의를 지키는데 나도 예의를 지켜야지. 노예가 인사

했으면 나도 서서 정중히 인사해야지.'

그래서 그 대통령이 전 세계인의 존경을 받는 것입니다.

저는 우리 교회 직원들에게 반말을 한 적이 없습니다. 우리 여직원이 차 한 잔을 갖다 주어도 "고맙습니다. 감사합니다"라고 합니다. 그렇게 한다고 제가 낮아집니까? 더 존경을 받습니다. 제가 만일 "아! 그것, 그것……"이라고 한다면 겉으로는 "예" 해도 속으로는 싫어하는 것입니다.

승무원들은 가방을 많이 들고 타는 승객을 제일 싫어한답니다. 가방을 화물로 부치면 되는데도 부치지 않고 메고, 들고, 끌고 오면 싫답니다. 그리고 반말 하는 승객, 명령하듯이 말하는 승객을 두 번째로 싫어한답니다. "물 좀 가져와요. 신문 하나 가지고 와요"라고 하면 물을 갖다 주고 신문을 갖다 주지만 속으로는 욕을 한답니다. "물 좀 주시겠어요? 신문 좀 볼 수 있을까요?" 하고 겸손히 말하는 승객은 존경하게 되고 고마운 마음이 생겨 최고로 좋은 것을 가져다준답니다.

식당에서 밥을 먹는데 머리카락이 들어 있거나 국에 파리가 빠져 있을 때도 "이거 뭐하는 거야? 이리 와봐요!"라고 하지 마시기 바랍니다. 그럴 때에도 "잠깐 좀 보실까요? 이것 좀 바꾸어 주시면 좋겠는데요"라며 상냥하게 말해야 합니다. 그래야 그들이 "아이고, 죄송합니다" 하며 속으로 존경하게 되는 것입니다.

내가 있는 자리에서 신뢰 받으면 내가 말할 때 하나님의 영광이 드러납니다. 내가 신뢰 받지 못하면 아무리 교회에 가자고 해도 오지 않는 것입니다.

우리 교회는 장로님을 세울 때 전도 열매를 봅니다. 장로님이 되려면 적어도 30명은 전도해야 하는데 한 명도 하지 않은 분이 있었습니다. 그래서 그분은 장로님 후보가 되지 못했습니다. 잎사귀는 무성한데 열매가 없는 무화과나무를 예수님께서는 저주하셨습니다. 열매가 있어야 합니다.

신뢰를 받음으로 나아만 장군을 살려 놓은 그 소녀가 어떻게 되었겠습니까? 성경에 기록되어 있지는 않지만 우리가 상상해 볼 수는 있습니다.

"얘야, 너는 내 생명의 은인이다. 너 때문에 내가 살았다. 너는 내 생명이나 마찬가지다" 하며 그 소녀를 자기 생명같이, 공주같이 높였을 것입니다. 그래서 그 소녀는 종이 아니라 가장 귀한 딸이 되었을 것입니다.

열매를 잘 맺으면 하나님께서 우리를 높여 주십니다.

20

# 은혜의 배달부

(에베소서 6:23-24)

우리는 하나님을 직접 보지 않아도 성경을 통해서 하나님을 알 수 있습니다. 성경은 하나님의 편지이기 때문입니다. 성경을 통해 예수님을 보고 하나님을 보는 것입니다.

그런데 세상 사람들은 예수님을 보지 못하니 우리를 보고 예수님을 그리게 됩니다. 고린도후서 3장 3절에 "너희는……그리스도의 편지니"라고 말씀합니다. 우리는 그리스도의 편지입니다. 우리는 어떤 면에서 걸어 다니는 성경, 걸어 다니는 하나님의 편지입니다. 우리는 성경을 읽지만 하나님을 믿지 않는 사람들은 성경을 읽지 않으니 그들에게는 우리의 삶이, 우리의 인격이 하나님의 편지, 그리스도의 편지인 것입니다. 그래서 우리는 사람들이 우리를 통해 하나님을, 예수님을 볼 수 있도록 살아야 합니다.

저희가 얼마 전에 이사를 했습니다. 그래서 전에 살던 아파트에 우편물이 와 있을지 모른다며 집사람이 그곳에 다녀왔습니다. 우편물은 없었지만 그 아파트 주민 몇 분을 만났는데, 그분들이 눈물을 글썽이며 "목사님 내외분이 여기에 계실 때는 아파트가 꽉 찬 것 같았는데, 이렇게 떠나가시니 너무 허전해요"라고 하시더랍니다.

그리고 그저께는 모 회사 사장님으로부터 이런 이야기를 들었습니다. 그분이 얼마 전 저희 아파트로 이사를 오셨는데 경비 아저씨께서 그 사장님께 "여기는 아무나 사는 데가 아닙니다. 대단한 분들이 사는 곳입니다. 양곡교회 목사님도 사십니다"라고 하셨답니다. 그 이야기를 들으니 부담이 되었습니다.

어쨌든 우리가 걸어 다니면 사람들이 우리를 보고 평안과 기쁨과 희망과 든든함을 얻어야 합니다. 우리는 사람들에게 평안을, 기쁨을, 희망을, 든든함을 주는 하나님의 사람이 되어야 합니다.

예수님께서는 모든 사람에게 평안을 주십니다. 만나는 사람들에게 은혜를 주십니다. 믿음을 주십니다. 사랑을 주십니다. 우리 안에 그런 예수님께서 사십니다.

"내게 사는 것이 그리스도니"(빌 1:21).

그래서 우리는 우리의 모습에서 예수님이 보이도록 살아야 합니다.

본문 에베소서 6장 23-24절에 "아버지 하나님과 주 예수 그리스도에게로부터 평안과 믿음을 겸한 사랑이 형제들에게 있을

지어다 우리 주 예수 그리스도를 변함없이 사랑하는 모든 자에게 은혜가 있을지어다"라고 말씀합니다. 우리는 평안의 배달부, 믿음의 배달부, 사랑의 배달부, 은혜의 배달부가 되어야 합니다.

그런데 이런 배달부가 되려면 광에서 인심이 난다는 말이 있듯이 먼저 우리 안에 평안이, 믿음이, 사랑이, 은혜가 가득해야 합니다.

우리나라 일류 기업의 임원 중에 연봉이 60억 원, 한 달 월급이 5억 원인 경우가 있습니다. 어떻게 그런 많은 돈을 줄 수 있습니까? 그렇게 많이 줄 수 있을 만큼 수입이 많기 때문입니다. 기업이 적자 운영이라면 그렇게 많은 돈을 줄 수 없습니다. 한 회사의 회장님이 치과에서 한 번 치료를 받고 나서 간호사에게 팁을 100만 원이나 주었다고 합니다. 대기업의 회장님이니 그런 팁을 주는 것이지, 한 달 수입이 70만 원이라면 줄 수 없습니다. 광에서 인심이 나는 것입니다.

이처럼 영적으로, 입체적으로도 많은 것을 받아 우리에게 많은 것이 있을 때 많은 것을 줄 수 있는 것입니다.

먼저 우리는 평안의 배달부가 되어야 합니다.

그러기 위해서는 우리가 평안의 사람이 되어야 합니다. 만나면 왠지 평안해지는 사람, 아내에게, 남편에게, 자녀에게, 친구에게 평안을 주는 사람이 되어야 합니다. 만나면 불안해지는 사람은 그리스도의 사람이 아닙니다.

우리가 평안을 주려면 먼저 우리 안에 평안이 넘쳐야 합니다. 그런데 그 평안은 세상이 주는 평안이 아닙니다. 아버지 하나님과 예수 그리스도로부터 오는 평안입니다.

> "평안을 너희에게 끼치노니 곧 나의 평안을 너희에게 주노라 내가 너희에게 주는 것은 세상이 주는 것 같지 아니하니라 너희는 마음에 근심도 말고 두려워하지도 말라"(요 14:27).

찬송가에서도 "평화 평화로다 하늘 위에서 내려오네"라고 했습니다. 평화는 하늘에서 내려오는 것입니다. 교회는 평화의 집입니다. 하늘의 평화가 넘칩니다. 그러므로 교회에서 많이 받아야 나눌 수가 있습니다.

그리고 성경에 평화가 가득합니다. 그래서 아무리 불안하고 걱정스러워도 성경을 읽으면 평안해집니다.

> "아무것도 염려하지 말고 오직 모든 일에 기도와 간구로, 너희 구할 것을 감사함으로 하나님께 아뢰라 그리하면 모든 지각에 뛰어난 하나님의 평강이 그리스도 예수 안에서 너희 마음과 생각을 지키시리라"(빌 4:6-7).

힘 있는 어떤 사람이 나를 죽이려 할 때, 그 사람을 보면 겁나지만 성경을 읽으면 걱정, 근심이 물러갑니다.

> "두려워 말라 내가 너와 함께함이니라 놀라지 말라 나는 네 하나님이 됨이니라 내가 너를 굳세게 하리라 참으로 너를 도와주리라 참으로 나의 의로운 오른손으로 너를 붙들리라"(사 41:10).

왠지 두렵고 무서울 때, 무슨 일이 일어날 것만 같을 때도 성경을 읽으면 평안해집니다.

"두려워 말라 나는 너의 방패요 너의 지극히 큰 상급이니라"(창 15:1).

내가 탄 인생의 배에 풍랑이 칠 때 그 풍랑을 보면 "아이구! 내가 풍랑에 침몰되겠네" 하고 두려움에 떨게 되지만 하나님의 말씀을 보면 담대해지는 것입니다.

"야곱아……너는 두려워 말라 내가 너를 구속하였고 내가 너를 지명하여 불렀나니 너는 내 것이라 네가 물 가운데로 지날 때에 내가 함께할 것이라 강을 건널 때에 물이 너를 침몰치 못할 것이며 네가 불 가운데로 행할 때에 타지도 아니할 것이요 불꽃이 너를 사르지도 못하리니 대저 나는 여호와 네 하나님이요 이스라엘의 거룩한 자요 네 구원자임이라"(사 43:1-3).

우리에게 아무리 어려운 일이 닥쳐도 주님을 바라보면 염려가 사라집니다. 놀라운 평화가 하늘에서, 하나님에게서, 예수님에게서 우리에게 오기 때문입니다.

큰 물결이 설레는 어둔 바다 저 등대의 불빛도 희미한데
이 풍랑에 배 저어 항해하는 주 예수님 이 배의 사공이라
나 두렴 없네 두렴 없도다 주 예수님 늘 깨어 계시도다
이 흉흉한 바다를 다 지나면 저 소망의 나라에 이르리라.

어떤 어려움이 와도 우리 주님께서는 다 이기게 하십니다. '내가 정말 구원받았을까? 내가 혹시 죄지은 것 때문에 정죄받으면 어떻게 하지? 내 구원이 정말 끝까지 안전할까?'라는 마음이 들 때도 성경을 읽으면 우리 마음에 평화가 옵니다.

> "내가 저희에게 영생을 주노니 영원히 멸망치 아니할 터이요"(요 10:28).
> "의롭다 하신 이는 하나님이시니 누가 정죄하리요"(롬 8:33-34).
> "내가 확신하노니 사망이나 생명이나 천사들이나 권세자들이나 현재 일이나 장래 일이나 능력이나 높음이나 깊음이나 다른 아무 피조물이라도 우리를 우리 주 그리스도 예수 안에 있는 하나님의 사랑에서 끊을 수 없으리라"(롬 8:38-39).

그 어떠한 경우에도 우리에게는 평화가 있습니다. 나이가 90세가 되고 120세가 되어 죽을 때가 되어도 우리에게는 평화가 있는 것입니다.

> "너희는 마음에 근심하지 말라 하나님을 믿으니 또 나를 믿으라 내 아버지 집에 거할 곳이 많도다"(요 14:1-2).

우리는 염려할 것이 아무것도 없습니다. 쌀이 떨어지고, 돈이 떨어져도 말씀을 읽으면 다 해결됩니다. 우리 주님께서 "너희는 무엇을 먹을까 무엇을 마실까 염려하지 말라. 공중의 새를 보라. 들의 백합화를 보라"라고 말씀하시기 때문입니다. 그리고 주님 말씀은 그대로 되기 때문입니다.

나 어느 곳에 있든지 늘 맘이 편하다
주 예수 주신 평안함 늘 충만하도다
나의 맘 속이 늘 평안해 나의 맘 속이 늘 평안해
악한 죄 파도가 많으나 맘이 늘 평안해.

우리가 평안해야 사람들에게 평화를 배달할 수 있습니다.

요한복음 20장 19절 이하에 보면, 예수님께서 두려워 떠는 제자들에게 오셔서 "너희에게 평강이 있을지어다. 너희에게 평강이 있을지어다"라고 말씀하시니 그들에게 기쁨이 넘쳤습니다. 우리는 아무리 불안해도 교회에 오면 평안을 얻습니다.

예전에 제 아내가 뉴스를 보면서 "바다에 방사능이 유출되면 이제 소금을 어떡하지?" 하며 걱정을 하더니 가게에 소금을 사러 갔나 봅니다. 하루는 "아이고! 큰일 났다"고 해서 무슨 일이냐고 물으니 가게에 소금이 다 팔리고 없더라는 것입니다. 그래서 제가 "방사능에 오염된 소금을 먹으면 되지"라고 했습니다.

우리는 어차피 죽습니다. 크게 마음먹으면 걱정할 것 없습니다.

그리고 하나님께서는 모든 것을 다 알고 계십니다. 바다가 어떻게 되는지, 우리나라가 어떻게 되는지 하나님께서 다 아시니 우리가 고민할 것이 없습니다. 하나님께 맡기고 살면 되는 것입니다. 주 날개 밑에서 우리가 편안히 쉴 수 있습니다. 어떤 걱정, 어떤 염려가 생겨도 주님을 생각하고 성경을 읽으면 평안을 얻게 됩니다. 그래서 모두에게 평안을 배달할 수 있기 바랍니다.

그다음, 우리는 믿음의 배달부가 되어야 합니다.

예수님께서는 산 같은 믿음으로 세상을 일으키셨습니다. 예수님의 믿음은 흔들림이 없습니다. 우리도 그런 믿음을 가져야 합니다. 그래서 사람들이 우리를 만나면 믿음이 생겨야 합니다. 믿음이 있을 때 하나님께서 일하시는 기적을 보게 되는 것입니다.

지난 2월, 예수제자학회 세미나 때의 일입니다. 회원이신 목사님 한 분에게 서울대를 나온 예쁜 딸이 있는데, 그 딸이 결혼을 한 지 꽤 오래되었지만 아기가 생기지 않았습니다. 세미나 장소에 그 딸이 와서 잉태되게 기도해 달라고 했습니다. 그래서 열두 분의 목사님이 머리에 손을 얹고 아이를 낳게 해달라고 기도했습니다.

그때 청주 상당교회의 정 목사님께서 대표로 기도를 하셨는데, "한나의 하나님! 리브가의 하나님! 사라의 하나님! 오늘 밤에 잉태하게 해주세요. 오늘 밤에……"라고 하셨습니다. 그때 그 남편도 오지 않았는데 그런 기도를 하셔서 정 목사님의 믿음이 참 대단하다고 생각했습니다. 그런데 그렇게 기도하다 보니 저도 믿음이 생겨서 지갑에 있는 돈 30만 원을 봉투에 넣어 주며 아기 옷을 사라고 했습니다. 그런데 세상에! 한 달 전에 잉태했다는 감사 메시지가 왔습니다. 믿음의 역사가 놀랍습니다.

이번에 제가 미국에 갔을 때도 놀라운 소식을 들었습니다. 미국 양곡교회에 미국에서 몇 퍼센트 안에 들 정도로 세금을 많이 내는 한 가정이 있는데, 교회를 위해 충성을 다하십니다. 그 집의 고3 아들이 예배 시간에 드럼으로 봉사하는데, 학생 예배를 마치고 나서 어른 예배에 꼭 참석합니다. 교회 일에 아주 열심입니다. 그러니 엄마가 걱정이 되어 "그러다 대학에 떨어지면 어떡하려고 그러니?"라고 하니 그 아들이 "엄마, 엄마는 그렇게 믿음이 없어요? 두고 보세요. 나는 대학에 붙어요"라고 하더랍니다. 엄마가 속으로 '붙긴 어떻게 붙어? 공부를 열심히 해야 붙지' 하면서도 꾹 참았답니다. 그런데 그 아들이 미국의 명문 이튼 대학에 붙었습니다. 하루도 빠지지 않고 40분씩 차를 타고 매일 새벽기도회에 오시는 그 가정이 합격한 그날 새벽기도회 때 감사헌금을 하셨습니다.

그런데 그 아들이 엄마에게 "엄마, 내가 장학금을 받을 거니 두고 보세요"라고 하더랍니다. 대학에 합격한 것만 해도 감사한데 장학금을 받을 것이라며 장담하더랍니다.

"얘, 성적이 좋지도 않은데 어떻게 장학금을 받니?"

"엄마, 그렇게 믿음이 없어요? 두고 보세요."

며칠 뒤 정말 장학금 3만 4천 달러가 나온 것입니다. 그런데 그 아이는 제가 보기에도 그렇게 공부벌레가 아닙니다. 참 잘 노는 아이입니다. 그러나 믿음이 큰 아이입니다. 자기가 보기에는 그만하면 된다는 것입니다.

> 구주 예수 의지함이 심히 기쁜 일일세
> 허락하심 받았으니 의심 아주 없도다
> 예수 예수 믿는 것은 받은 증거 많도다
> 예수 예수 귀한 예수 믿음 더욱 주소서.

이렇게 믿음은 놀라운 일을 행하는 것입니다.

예수제자학회 세미나 때 목사님들 부부와 함께 잠시 대나무 숲을 산책했습니다. 그때 한 목사님께서 전화를 받으셨습니다. 목사님의 딸이 해산을 했는데 아이가 잘못되어 인큐베이터에 들어갔는데도 죽어가고 있다는 것입니다.

여러분, 기도하는 것은 아이스크림을 먹는 것과 같아서 제때 해야 합니다. 그래서 제가 "여러분, 지금 여기에서 우리 모두 함께 통성으로 기도합시다. 사람들이 다니고 있지만 아이가 죽어간다고 하니 지금 기도합시다"라고 했습니다. 저의 제안으로 수많은 사람들이 지나다니는 길에서 열두 분의 목사님과 그 사모님들이 함께 통성으로 기도했습니다.

"하나님 아버지! 아기를 살려 주세요. 아기를 살려 주세요. 하나님 아버지! 아기를……아기를……."

간절히 기도하고 나서 보니 70명쯤 되는 사람들이 저희를 둘러서서 구경하고 있었습니다. 그들이 '이상한 사람들이네. 길에서……'라고 생각했을 것입니다. 그런데 얼마 후 아기가 생기를 찾았다는 연락이 왔습니다. 지금 그 아기가 건강하게 잘 자라고 있습니다.

그러면 믿음의 부자가 되기 위해서는 어떻게 해야 합니까?

믿음은 들음에서 나고, 들음은 예수 그리스도의 말씀으로 말미암습니다. 말씀을 들으면 믿음이 커가는 것입니다.

제가 어릴 때는 부흥회를 월요일 밤부터 토요일 새벽까지 했습니다. 새벽과 밤에만 하는 것이 아니라 낮에도 말씀을 받고 기도했습니다. 오후에도 집에 가지 않고 계속해서 찬송하고 기도하고, 밤 10시쯤 부흥회를 마쳐도 12시까지 계속 찬송하고 기도했습니다. 그러면 방언이 터지고 하늘의 불을 받아 모두 믿음의 용사가 되었습니다.

믿음은 들음에서 나며, 들음은 그리스도의 말씀으로 말미암는 것입니다. 그래서 우리는 말씀을 듣고 읽어야 합니다.

비행기를 타면 '이 비행기가 태평양에 떨어지면 어떻게 하나?' 하고 걱정이 되지만 성경을 읽으면 산 같은 믿음이 생겨 그런 염려가 다 사라집니다. 일이 잘못되어도 성경을 읽으면 '모든 것이 합력하여 선이 된다. 하나님을 사랑하는 자 곧 그 뜻대로 부르심을 입은 자들에게는 모든 것이 합력하여 선이 된다'는 믿음이 생겨 오히려 감사하게 되는 것입니다.

늘 말씀을 듣고 읽어 믿음의 대장부가 되시기를 바랍니다. 그래서 만나는 사람들에게 믿음을 전하고 든든함을 전하는 믿음의 배달부가 되시기를 바랍니다.

또 우리는 사랑의 배달부가 되어야 합니다.

사랑이 얼마나 귀한지 모릅니다. 어떤 남편이 결혼 23주년을 맞아 아내에게 명품 가방을 선물했습니다. 사실 명품 때문에 많은 남편들이 얼마나 고생을 하는지 아십니까? 그 명품 가방 하나의 값이 얼마나 되는지 아십니까? 명품 하나 값이면 1년간 먹고 살 수 있답니다. 그런데 명품도 가짜가 있어서 많이 들고 다니는데 보기에는 진짜와 똑같답니다. 그래서 가짜인지 진짜인지 모르는데 비가 오면 알 수 있답니다. 비가 오면 진짜 명품은 옷 안에 넣고, 가짜는 우산 대신 머리 위에 쓴다고 합니다.

그 남편이 아내를 위해 돈을 모으고 모아 멋진 명품 가방을 아내에게 사주니 아내가 감격하며 "이제는 이 가방을 들고 다녀야겠어요"라고 했습니다. 그러고는 들고 다니던 가방을 열어 물건들을 꺼내는데, 마치 백화점의 물건처럼 많은 것들이 나왔습니다. 마지막에는 많은 종이 뭉텅이가 나왔습니다. 그것을 보고 남편이 물었습니다.

"여보, 그게 뭐야?"

"당신이 내게 준 사랑의 편지예요."

남자는 일에 살지만, 여자는 사랑에 삽니다. 그것을 아는 이 남편이 한 달에 한 번씩 "당신을 사랑하오. 딩신은 내게 너무나 소중한 사람이오"라는 편지를 써서 아내에게 주었습니다. 아내가 그것을 다 가방에 넣고 다녔던 것입니다.

"여보, 뭐 하러 그것을 무겁게 가방에 넣고 다녀?"

"당신의 사랑의 편지가 많으면 많을수록 나는 행복해요."

사랑의 짐은 짐이 되지 않는다는 것입니다. 사랑이 그렇게 좋은 것입니다.

그런데 우리가 배달해야 하는 사랑은 그런 사랑이 아닙니다. 이 세상의 사랑이 아닙니다. '아버지 하나님과 주 예수 그리스도께로부터'(from God the Father and the Lord Jesus Christ) 오는 하늘의 사랑입니다. 할렐루야!

이 사랑은 원수를 사랑하는 것입니다. 세상의 사랑은 예쁜 사람은 사랑하고, 미운 사람은 사랑하지 못합니다. 나를 좋아하는 사람은 사랑하고, 나를 싫어하는 사람은 사랑하지 못합니다. 그러나 주님의 사랑은 원수까지 사랑하는 것입니다.

로마서 5장 5절에 "우리에게 주신 성령으로 말미암아 하나님의 사랑이 우리 마음에 부은 바 됨이니"라고 말씀합니다. 사랑의 어머니는 성령입니다. 그래서 성령을 충만히 받을수록 더 많은 사람을 사랑할 수 있습니다. 성령이 충만하면 모든 사람을 품고 사랑할 수 있습니다. 성령이 충만하지 못하면 그 품이 좁습니다. 우리 모두 바다처럼 품이 넓은 사랑의 사람이 될 수 있기를 바랍니다.

> 내게 바다 같은 사랑 내게 바다 같은 사랑
> 내게 바다 같은 사랑 넘치네.

우리 모두 사랑을 많이 받아 모든 사람에게 주님의 사랑을 전하는 주님의 집배원이 될 수 있기를 바랍니다.

야곱이 라헬을 사랑하니 7년이 수일같이 여겨졌습니다. 사랑이 충만하여 예배드리면 2시간 동안 드려도 그 2시간이 10분처럼 느껴집니다. 사랑하는 사람과는 밤새워 이야기할 수 있습니다. 저는 제 아내와 데이트할 때 밤새워 이야기해 보았습니다. 그래도 잠이 오지 않았습니다. 사랑은 희한한 묘약, 마약 같은 것입니다.

사도 요한의 얼굴에는 언제나 사랑이 넘쳐흘렀습니다. 우리 모두 사도 요한 같은 사랑의 사람이 되기를 바랍니다.

마지막으로, 우리는 은혜의 배달부가 되어야 합니다.

은혜가 무엇입니까? 기쁨(grace)입니다. 웃으며 살아도 한평생, 울며 살아도 한평생입니다. 짜증내고 신경질 부리며 살아도 한평생, 기뻐하며 살아도 한평생입니다. 즐겁게 감사하며 살아도 한

평생, 불행하게 살아도 한평생입니다. 기쁘게 사시기 바랍니다.

그런데 내 안에 기쁨이 충만해야 웃으며 기쁘게 살 수 있습니다. 내 마음이 아프고 뒤틀리는데 어떻게 웃을 수 있습니까? 어떻게 기뻐할 수 있습니까? 내 마음이 아프고 뒤틀릴 때 웃으면 이상한 웃음이 될 것입니다. 기쁘게 살려면 내 안에 샘솟는 기쁨이 있어야 합니다.

이 기쁨은 세상의 기쁨이 아닙니다. 주식이 올라가면 기쁘고, 주식이 내려가면 기쁨이 도망가는 것은 세상의 기쁨입니다. 어떤 환경에서도 기뻐하는 것, 항상 기뻐하는 것, 그것이 하늘의 기쁨입니다. 하늘의 기쁨은 상황을 초월하는 기쁨입니다. 주님께로부터 오는 신비로운 기쁨입니다. 그것이 바로 은혜입니다.

이 은혜는 누가 받습니까? 야고보서 4장 6절에 "더욱 큰 은혜를 주시나니 그러므로 일렀으되 하나님이 교만한 자들 물리치시고 겸손한 자에게 은혜를 주신다 하였느니라"라고 말씀합니다. 우리가 은혜를 받아 기쁘게 살려면 겸손해야 합니다. 어디에서나 겸손해야 합니다. 그럴 때 기쁨이 오는 것입니다.

본문 24절에 "우리 주 예수 그리스도를 변함없이 사랑하는 모든 자에게 은혜가 있을지어다"라고 말씀합니다. 변함없이 교회를 사랑하고 주님을 사랑할 때 하나님께서 은혜를 부어 주십니다.

변하지 않는 것이 아름답습니다. 금(gold)은 변하지 않습니다. 그래서 귀합니다. 다이아몬드는 아무리 깨뜨려도 변하지 않습니다. 그래서 귀한 것입니다. 춘향이가 예쁜 것은 사랑이 변하지 않아서입니다. 춘향이가 사랑의 절개를 지키니 그렇게 사랑을 받는 것입니다.

집사님 때는 겸손했는데 권사님이 되니 교만하다면 맛이 간 사람입니다. 언젠가 제가 집회를 인도하고 돌아왔을 때의 일입니다. 배가 고파 테이블에 있는 떡을 먹으려니 어머니께서 "먹지 마라. 먹지 마라"고 하셨습니다.

"왜 그러세요?"

"맛이 갔다."

변한 것은 맛이 간 것입니다. 집사님 때는 겸손했는데 장로님이 되어 고개를 든다면 맛이 간 것입니다. 그러면 하나님께 채찍을 맞지, 복을 받을 수 없습니다. 집사님 때든 장로님 때든, 십일조를 10만 원 할 때든 2억 원을 할 때든, 티코를 타든 벤츠를 타든 자가용 비행기를 타든, 사원이든 사장이 되든 변함이 없어야 합니다. 12평 아파트에 살다가 200평 저택에 살게 되어도 똑같이 겸손한 사람, 변함없는 사람이 금 같은 사람입니다. 그 사람이 은혜가 충만하게 되는 것입니다.

어떤 목사님이 심방을 갔다가 집사님이 두 마리의 개에게 "전골아! 수육아!" 하고 부르는 소리를 들었습니다. 그래서 "집사님, 왜 그렇게 부르세요?"라고 물으니 "아, 이것은 전골감이고, 저것은 수육감이라서요"라고 하더랍니다. 잡아먹기 위해 그 개들을 기르는 것입니다.

어떤 집사님도 개를 잡아먹기 위해, 수육도 해 먹고 보신탕도 해 먹기 위해 길렀답니다. 그래서 복날, 그 개를 잡아먹으려고 친구들과 함께 개를 끌고 산으로 갔습니다. 나일론 밧줄을 개의 목에 건 다음 소나무에 감아 잡아당기니 개가 발버둥을 쳤습니다. 그래도 인정사정없이 줄을 잡아당기는데 그만 나일론 밧줄이 풀어지고 말았습니다. 그러자 개가 쏜살같이 도망갔습니다. 복날 잡아먹으려 했던 개가 도망을 갔으니 김이 팍 새서 터벅터벅 집으로 돌아왔습니다. 그런데 세상에! 개가 꼬리를 치며 달려 나와 집사님에게 뛰어오르는 것입니다. 개가 먼저 집에 와 있다가 주인을 그렇게 반기며 환영한 것입니다. 자기를 잡아 죽이려 했던 주인을 변함없이 사랑하여 환영하는 그 개를 보고 집사님이 양심의 가책을 받았습니다. 그래서 개를 안고 "내가 앞으로 개고기를 먹으면 개새끼다"라고 했습니다. 그리고 그 후로는 개고기를 먹지 않는답니다.

변함없는 것이 귀합니다. 세월이 지나고 나이가 들어도, 천당 갈 때까지 주님을 사랑하는 마음, 교회를 사랑하는 마음이 변함없기를 바랍니다. 그런 자에게 우리 주님께서 은혜를 주십니다.

은혜를 받으면 먼저 우리가 기쁘고, 사람들에게 은혜를 끼치는 은혜의 배달부가 되는 것입니다.

그리고 은혜는 단비입니다. 단비가 내리면 배추가 잘되고, 무가 잘되고, 고추가 잘되고, 가지가 잘됩니다. 오곡백과가 잘되는 것은 단비 때문입니다.

은혜가 내리면 가지 나무에도 수박이 열립니다. 은혜가 내리면 가게도 잘되고, 자녀도 잘되고, 몸도 건강하고, 형통합니다. 잘되는 집은 더 잘됩니다. 은혜가 제일입니다. 그래서 "우리 주 예수 그리스도의 은혜가 너희에게 있을지어다"라고 하시는 것입니다.

이 은혜는 우리 주 예수 그리스도를 변함없이 사랑하는 모든 자에게 임하는 것입니다.

사실 은혜를 받으면 평안이 오고, 믿음의 역사가 있고, 사랑이 있고, 모든 것이 다 됩니다. 물이 바다를 덮은 것처럼 은혜가 우리를 덮으면 안 될 것이 없습니다. 우리 교회에 은혜가 넘치면 삽시간에 큰일이 일어나게 됩니다. 우리 가정에 은혜가 넘치면 놀라운 일이 일어나는 것입니다.

오래전 제가 주일 1부 예배를 마치고 강단에서 내려가니 한 젊은 여집사님이 울고 있었습니다. 얼마나 울었는지 화장이 다 지워져 있었습니다. 왜 우느냐고 물으니 "어머님께서 아기를 기다리는데 잉태되지 않아 병원에 갔더니 아기를 낳을 수 없대요. 저도 모르는 사이에 자궁에 결핵균이 들어가 다 망가져 아기를 가질 수 없대요" 하며 더 서럽게 울었습니다. 제가 이렇게 말했습니다.

"의사 선생님의 말은 참고로 하고 전능하신 하나님의 말씀을 믿어요. 하나님께는 불가능이 없어요."

그리고 집사님의 머리에 손을 얹고 기도했습니다.

"하나님! 우리 권사님이 어떻게 기른 아들인데……. 우리 권사님이 어떻게 기른 아들인데 며느리가……. 이 딸의 자궁을 재창조해 주세요. 권사님 며느리를 재창조해 주셔서 잉태하게 해주세요."

기도하는데 저도 눈물이 났습니다. 왜냐하면 그 집사님의 시어머니이신 우리 권사님이 너무 귀하기 때문입니다. 우리 권사님께서 29년 동안 하루도 빠짐없이 저와 함께 교회를 섬기고 계시는데 오늘까지 권사님의 얼굴이 바뀌는 것을 한 번도 보지 못했습니다. 29년 동안 항상 똑같으신 분이십니다. 그래서 저도 눈물을 흘리며 기도했습니다. 그 권사님의 며느리가 낳은 아들이 오늘

나와서 구역 특송을 했습니다. 할렐루야!

하나님께서는 전능하십니다. 하나님의 은혜가 임하면 불임이라도 아기를 낳을 수 있습니다. 불임이었던 리브가가 쌍둥이를 낳았습니다. 90세의 사라가 아기를 낳았습니다. 아기를 낳지 못하던 한나가 아기를 낳았습니다.

은혜가 임하니 가난한 야베스가 부자가 되었습니다. 양을 치던 목동 다윗이 왕이 되었습니다. 은혜가 임하면 예수님을 믿지 않던 사람도 예수님을 믿게 됩니다. 은혜를 받으면 다 되는 것입니다.

21

# 지존자의 은밀한 곳에 거하는 자

(시편 91:1–7, 14–16)

제가 지난해 1월, 미국 워싱턴 DC에서 오바마 대통령 내외분으로부터 아주 극진한 대접과 환영을 받았습니다. 예수님을 믿지 않았으면 머슴이나 할 저를 미국 대통령께서 귀히 여겨 내실까지 안내하시고, 영부인께서도 저를 기쁘게 하시기 위해 무척 애쓰셨습니다.

'살다 보니 이런 때도 있구나!'

깨어 보니 꿈이었습니다. 꿈이지만 너무 생생해서 오바마 대통령 내외분이 지금도 고마운 생각이 듭니다.

꿈에서 미국 대통령의 초청을 받아도 기분이 좋습니다. 내로라하는 세계적인 음악가도 백악관에 한 번 가서 노래하는 것을 영광스럽게 생각합니다. 중국의 지도자도 미국 백악관에 초청을 받으면 조심하며 만반의 준비를 하고, 또 그것을 자랑합니다.

그런데 아무리 귀한 국빈이라도 백악관에서 계속 살지는 못합니다. 약속 시간이 끝나면 돌아가야 합니다. 하지만 대통령의 가족은 은밀한 방에서 대통령과 함께 살고, 은밀한 대화를 나누며 가까이에서, 그 품에서 삽니다.

한국에서도 청와대에 초청을 받으면 다 그것을 귀히 여깁니다. 청와대에서 초청하면 사업가나 대학 교수나 예술가나 그 누구든 그것을 고마워하고 영광스럽게 생각합니다. 그러나 청와대에 초청을 받아 간 사람은 거기에서 살지 못합니다. 약속된 시간이 지나면 거기를 떠나야 합니다. 그러나 대통령 가족은 거기에 거하고 대통령과 은밀한 대화를 나누며 함께 삽니다.

하나님께서는 본문의 귀한 말씀을 통하여 지존자의 은밀한 곳에 거하는 자에 대해 가르쳐 주십니다.

지존자는 'the most High', '가장 높으신 분'이라는 뜻입니다. 물론 이 세상에도 질서가 있어 동장 위에 구청장이 있고, 구청장 위에 시장, 도지사, 장관, 국무총리, 대통령이 있습니다. 질서상 이렇게 피라미드 같은 조직이 있지만 사람은 근본적으로 다 똑같습니다. 대통령도 늙고, 장관도 늙고, 도지사도 늙고 쇠합니다.

베드로전서 1장 24절에 모든 육체는 풀과 같고 그 모든 영광은 풀의 꽃과 같으니 풀은 마르고 꽃은 떨어진다고 말씀합니다. 이사야 40장 6-7절에도 "모든 육체는 풀이요 그 모든 아름다움은 들의 꽃 같으니 풀은 마르고 꽃은 시듦은 여호와의 기운이 그 위에 불이라 이 백성은 실로 풀이로다"라고 말씀합니다. 사람이 영광스러워도 그 영광이 곧 사라지고, 절세미인도 곧 시듭니다.

저는 매일 우리 장로님들의 이름을 부르며 기도합니다. 하루도 빠짐없이, 한 분도 빠짐없이, 멀리 이사 가신 장로님들도 이름을 부르며 기도합니다. 그리고 천국에 계시는 장로님들은 그 가족을 위해 기도합니다. 그리고 시간이 날 때마다 안수집사님과 권사님들의 사진을 보며 그분들을 위해 기도합니다. 그러다 제가 깜짝 놀란 사실은, 세계의 미남은 우리 교회에 다 있다는 것입니다. 얼마 전 해외 연수를 가시는 한 집사님을 위해 기도해 드렸더니 그 집사님께서 눈물을 머금으셨는데 그 집사님의 모습도 영화배우 같았습니다. 우리 권사님들도 전부 배우 같습니다. 그냥 하는 말이 아닙니다. 제가 오늘까지 수많은 교회를 다녔지만 잘난 사람을 보기가 어렵습니다. 대개 우중충한데 우리 교우들은 정말 예쁘고 잘났습니다.

그런데 이렇게 잘생긴 얼굴이 영원하지 못합니다. 그 아름다움은 꽃과 같아서 곧 시드는 것입니다. 10대, 20대 때는 자기가 보아도 예쁘고 멋있습니다. 거울 앞에 서면 '와! 내가 봐도 잘생겼다. 어찌 이렇게 잘생겼나? 어찌 이리 곱나?' 하며 흥분합니다. 그러나 70세가 넘어서면 '아! 곱다'고 하는 사람이 없을 것입니다.

제가 5년 전만 해도 샤워하고 머리를 말리면서 거울을 보면 17세 홍안 소년 같았습니다. 그런데 지금은 아무리 봐도 소년의 모습이 없습니다.

"좌석버스 지나고 입석뿐이라 타고 보니 서서 갈 팔자였는데, 여학생이 앉았다 일어나더니 아저씨 하면서 앉으라 하네. 아하하 아하하! 내가 벌써 이렇게 됐나"라는 가사의 노래도 있습니다. 자기는 장가도 가지 않았는데 여학생이 "아저씨, 앉으세요" 하고 버스의 자리를 양보하는 것입니다.

'내가 벌써 이렇게 됐나?' 우리 인생, 일식간에 지나갑니다.

"우리의 평생이 일식간에 다하였나이다"(시 90:9).

제가 영국 대영박물관에서 이집트 왕과 세계 유명한 왕들의 왕관과 왕복을 보았는데 그것들 모두가 녹슬고 낡아빠져 있었습니다. 한때 이집트를, 세계를 뒤흔든 왕들의 왕관과 왕복입니다. 그 왕들이 그 옷을 입고 "여봐라! 여봐라!" 하면 신하들과 시종들이 "예!" 하고 대답했을 텐데, 사람은 흔적도 없이 다 썩었고 낡은 옷만 남았습니다. 그리고 장군들, 영웅들의 갑옷과 칼도 보았지만 그것을 사용하던 사람은 없었습니다.

한 장군이 전쟁을 승리로 이끌었습니다. 승리한 군사들이 승리의 기쁨에 칼춤을 추었습니다. 그 칼춤이 번쩍번쩍 대단했습니다. 그런데 그것을 보던 장군이 갑자기 통곡했습니다. 참모가 놀라서 물었습니다.

"장군님, 왜 그렇게 우십니까?"

"이 무적의 대단한 우리 병사들, 천하무적인 우리 군대이지만 세월이 흐르면 다 없어지고 누가 남겠나? 인생의 허무를 생각하니 이렇게 울음이 나온다."

야고보서 4장 14절에 "너희 생명이 무엇이뇨 너희는 잠깐 보이다가 없어지는 안개니라"라고 말씀합니다. 모든 사람은 잠깐 있다가 사라집니다. 예수님을 믿어 영생을 얻은 사람도 육신의 몸은 사라집니다. 그러나 하나님은 근본이 영원한 분이십니다. 할렐루야! 영원히 하나님이십니다. 쇠하지도, 늙지도, 변하지도 않으십니다.

영원하신 하나님, 산이 생기기 전, 땅과 세상을 창조하시기 전에도 하나님, 창조하신 후에도 하나님, 해가 빛을 잃고 별들이 떨어지는 마지막 종말에도 하나님은 변함이 없으십니다. 할렐루야! 그 높으신 분이 바로 지존자이십니다.

지존자, 'the most High', 이 세상의 열왕들이 엎드려 경배할 분은 우리 하나님뿐이십니다. 할렐루야!

나폴레옹 같은 사람도 이렇게 말했습니다. "우리가 있는 이 자리에 셰익스피어가 오면 우리는 일어서서 경의를 표하지만 그리스도께서 오시면 엎드려 경배하리라."

그 귀하신 지존자의 은밀한 곳에 거하는 자는 얼마나 복이 있는지 모릅니다. 오바마 대통령 가까이에 있는 것도 복입니다. 하지만 몇 년 지나면 오바마 대통령은 백악관에서 사라집니다. 청와대에 한 번 가는 것, 대통령 가까이에 있는 것도 귀하지만 청와대 대통령은 임기가 되면 그 자리를 떠나야 합니다. 그러나 우리 하나님의 옥좌는 영원하십니다. 그 지존자의 은밀한 곳에 거하는 우리 모두가 될 수 있기를 축원합니다.

### '지존자의 은밀한 곳'이란 어디를 말합니까?

넓게 말하면 하나님의 이름, 하나님의 마음, 하나님의 눈이 영원히 거하시는 성전입니다. 열왕기상 9장 말씀대로 하나님의 이름, 하나님의 마음, 하나님의 눈이 영원히 거하시는 곳이 성전입니다. 어떤 사람들은 "교회는 성도들이다. 사람이 중요하지 건물은 중요하지 않다"라고 하는데, 그들은 큰 잘못을 저지르는 것입니다. 하나님의 눈이, 하나님의 마음이, 하나님의 이름이 영원히 계시는 곳은 사람이 아니라 건물, 성전입니다. 우리 예수님께서도 "어찌하여 나를 찾으셨나이까? 내가 내 아버지 집에 거할 줄을 알지 못하셨나이까?"라고 말씀하셨습니다.

성전은 귀합니다. 하나님의 집은 귀합니다. 성전은 하나님의 집입니다. 하나님의 집은 보석으로 지어도 아깝지 않은 것입니다. 자기는 호화로운 집에 살면서 하나님의 집은 창고처럼 짓기 바라는 사람은, "교회를 짓는 데 그런 돈을 쓰고 마느냐? 가난한 자들을 돕지"라고 하는 사람은 잘못된 사람입니다.

예수님께서 말씀하셨습니다.

"가난한 자들은 항상 너희와 함께 있느니라."

옥합을 깨뜨린 여인! 옥합을 깨뜨린 것은 주의 성전에 부은 것입니다. 모인 사람들도 귀하지만 성전도 귀합니다. 예배당도 귀합니다.

'주 날개 밑', 주님의 은밀한 곳은 하나님의 성전입니다. 여호와의 성전에 거하는 것이 하나님의 은밀한 곳에 거하는 것입니다.

그러나 지존자의 은밀한 곳은 좀 더 가깝게, 좀 더 좁게 나아가면 하나님의 품입니다. 그래서 지존자의 은밀한 곳에 거하는 자는 하나님의 품에 거하는 자입니다.

누구나, 아무나 암탉의 날개 안에 들어갑니까? 암탉의 사랑을 받는 병아리들만 들어가서 깃에 감싸여 덮이는 것입니다. 하나님의 은밀한 곳에 거하는 자는 언제나 하나님의 따뜻한 손길을 느끼고, 하나님의 포근한 날개 깃을 느낄 수 있습니다.

언제나, 교회에 올 때마다, 그리고 집에서도 하나님의 품어 주심을 느끼는, 하나님 품의 사람들이 될 수 있기를 축원합니다. 그것이 최고입니다. 그보다 더 귀한 복은 세상에 없습니다.

그러면 그 주님의 품에, 주님의 가슴에, 주님의 사랑의 깃 안에 들어가는 사람은 누구입니까?

잠언 8장 17절에 "나를 사랑하는 자들이 나의 사랑을 입으며"라고 말씀합니다. 다윗은 주의 성전을 사랑해서 "내가 왕궁에 영원히 거하리라"가 아니라 "내가 여호와의 집에 영원히 거하리로다"(I will dwell in the house of the Lord forever)라고 고백했습니다. 주의 성전을 사랑하는 자가 주의 날개 아래, 주의 은밀한 곳에 거하는 것입니다.

다윗은 주의 전을 어찌나 사랑하는지, 병이 들 정도로 사랑했습니다. 성전을 사랑하면 성전의 먼지까지도 더럽지 않은 것입니다.

주의 전을 사랑하는 자가 주의 은밀한 곳에 거하는 것입니다.

> 내 주의 나라와 주 계신 성전과
> 피 흘려 사신 교회를 늘 사랑합니다.

우리 교회가 새롭게 장로님들을 세우려 합니다. 장로님이 되려면 교회에서는 물론 어디에서나 존경을 받아야 하고, 가족을 신앙으로 잘 지도해야 하고, 전도 열매가 적어도 30명 이상이 되어야 합니다. 헌금도 다른 사람에 비해 그 헌신이 뜨거워야 합니다. "교회도 돈 가지고 그럽니까?"라고 할지 모르지만, 열매를 보면 그 나무를 알기 때문입니다. 정말 교회를 사랑하는 표가 나타나야 합니다. 안수집사님, 권사님도 그렇지만 장로님은 특별히 생애를 바쳐 교회를 세우는 분들이 되어야 합니다.

교회를 사랑하는 자가 주의 은밀한 곳에 거하는 것입니다.

요한복음 15장 7절에 "너희가 내 안에 거하고 내 말이 너희 안에 거하면"이라고 말씀합니다. 곧 '말씀으로 자기를 채우는 자'가 되어야 합니다. 빈 자루는 서지 못합니다. 곡식이 들어가야 섭니다. 빈 자루 같은 성도는 서지 못합니다. 하나님 말씀으로 꽉 친 사람이 세워지는 것입니다.

> "말씀이 육신이 되어 우리 가운데 거하시매 우리가 그 영광을 보니 아버지의 독생자의 영광이요 은혜와 진리가 충만하더라"(요 1:14).
> (The Word became flesh and made his dwelling among us. We have seen his glory, the glory of the One and Only, who came from the Father, full of grace and truth.)

말씀이 육신이 되어 우리 가운데 거하시는 분이 독생자 하나님이십니다. 말씀이 하나님이십니다. 말씀이 예수님이십니다. 그래서 하나님을 사랑하는 자는 말씀을 사랑하는 것입니다.

제 아내는 제가 보낸 사랑의 편지를 하나도 버리지 않고 아직까지 다 갖고 있습니다. 저를 사랑하기 때문입니다. 제 글씨는 영어인지 한글인지 잘 모를 정도여서 저도 읽기가 힘듭니다. 제 아내는 글씨를 잘 씁니다. 그런데도 아내가 저를 귀히 여기니 형편없는 필적의 제 편지를 갖고 있는 것입니다.

우리가 주님을 사랑하면, 말씀을 사랑하면, 우리의 최고의 기쁨이 말씀에 있게 됩니다.

> "복 있는 사람은 악인의 꾀를 좇지 아니하며 죄인의 길에 서지 아니하며 오만한 자의 자리에 앉지 아니하고 오직 여호와의 율법을 즐거워하여 그 율법을 주야로 묵상하는 자로다"(시 1:1-2).
> (……His delight is in the law of the Lord, and on his law he meditates day and night.)

어떤 아버지는 설 쇠러 집에 온 아들의 가방에 성경이 없는 것을 보고 충격을 받았답니다. 그래서 "명절이지만 어떻게 성경을 안 갖고 왔느냐? 집을 잠시 떠나도 성경을 갖고 다녀야지. 내가 자식을 잘못 키웠구나. 말씀이 우리 양식이고 생명인데 어찌 성경을 안 갖고 다닐 수 있단 말이냐?" 하며 슬퍼했다고 합니다.

우리의 최고 즐거움과 기쁨은 성경에, 말씀에 있습니다. 성경은 하나님같이 귀합니다. 말씀을 우리 안에 가득 채우는 것이 최고입니다. 예수님께서 말씀하셨습니다.

> "너희가 내 안에 거하고 내 말이 너희 안에 거하면 무엇이든지 원하

는 대로 구하라 그리하면 이루리라"(요 15:7).

시간이 나면 말씀을 읽고, 시간을 내서 말씀을 읽고, 그 말씀을 기억하며 묵상하는 사람이 주의 은밀한 곳에 거하는 복을 누리는 것입니다.

요한복음 15장 10절에 "내가 아버지의 계명을 지켜 그의 사랑 안에 거하는 것같이 너희도 내 계명을 지키면 내 사랑 안에 거하리라"고 말씀합니다. 예수님께서 "내가 하나님 아버지의 계명을 지켜 하나님의 은밀한 곳에 거한 것처럼 너희도 내 계명을 지키면 내 은밀한 곳, 내 안에 거하리라"라고 말씀하셨습니다.

하나님을 사랑하는 증거가 무엇입니까? 하나님의 말씀을 지키는 것입니다. 입으로 하나님을 사랑한다고 하면서 그 말씀에 관심이 없다면 그것은 하나님을 사랑하는 것이 아닙니다.

성경의 모든 말씀 중에서 특별히 하나님께서, 예수님께서 가장 강조하신 것이 무엇입니까?

"내 계명은 곧 내가 너희를 사랑한 것같이 너희도 서로 사랑하라 하는 이것이니라"(요 15:12).

계명 중 최고의 계명은 사랑하는 것입니다. 거룩한 것도 중요하고 의롭게 사는 것도 중요하지만, 그보다 더 중요한 계명은 사랑입니다. 사랑은 허다한 허물을 보지 않는 것입니다. 허물을 보지 않고, 단점을 보지 않고, 장점을 보고 그대로 사랑하는 것입니다.

저는 한 번 택한 사람은 절대로 버리지 않습니다. 장로님으로 세운 분을 버리지 않습니다. 제가 택한 부목사님을 버리지 않습니다. 우리 교회 직원을 버리지 않습니다. 달면 삼키고 쓰면 내뱉는 것은 비즈니스입니다. 사랑은 영원히 세워 주는 것입니다. 저는 우리 교인들을 세워 줄 것입니다. 제가 제 자식을 사랑하니 영원히 버리지 못하는 것처럼 사랑하면 버리지 못합니다. 매를 댈지언정 버리지 못하는 것, 그것이 사랑입니다.

정말 사랑으로 대하는 그 사람이 바로 하나님의, 예수님의 은밀한 곳에 거하는 사람입니다. 주님의 집을 사랑하고, 주님의 말씀을 사랑하고, 주님의 계명을 지키려고 애쓰는 사람이 주님의 은밀한 곳에 거하는 것입니다.

그러면 주님의 은밀한 곳에 거하는 자의 복이 무엇입니까?

주님의 날개 깃으로 덮임 받아 포근하고 따뜻한 행복, 평화가 있습니다.

> 주 날개 밑 내가 편안히 쉬네 밤 깊고 비바람 불어쳐도
> 아버지께서 날 지키시리니 거기서 편안히 쉬리로다.

우리가 그 품에 안기니 행복한 것입니다. 할렐루야!

우리 교회 집사님의 딸이 언제나 제 품에 있는 제 손자 준이가 부러웠나 봅니다. 하루는 준이에게 “준아, 준아. 너는 어찌 그리

복이 많아 목사님 가정에서 태어났노?" 하더랍니다. 제가 보기에는 자기 아버지가 저보다 더 귀한 분인데, 그 아이에게는 목사님 품에 있는, 제 가까이에 있는 준이가 더 복 있어 보였던 것입니다.

우리가 무엇을 받아서가 아니라 하나님 품에 있고 하나님의, 지존자의 은밀한 곳에 거하는 것이 복입니다. 주님과 함께 먹고 마시고, 그 사랑을 받으며 대화하는 그 자체가 행복입니다. 할렐루야!

아무리 3천 조의 재산이 있고, 100만 명의 종업원을 거느리고, 세계가 아는 성공자가 되어도 하나님과 관계없는 사람은 아무것도 아닙니다. 불행한 사람이고 쓸쓸한 나그네에 불과합니다. 남의 집의 머슴이라도, 야곱처럼 20년간 머슴 생활을 해도 하나님과 관계하고 대화하는 사람이 행복한 사람, 축복받은 사람입니다. 물론 록펠러처럼 잘되고 크게 되어서 하나님 가까이에 있으면 더 좋겠지만, 하나님의 은밀한 곳에 거하는 자가 행복자입니다. 늘 하나님을 느끼는 사람, 하나님의 품을 느끼는 사람, 하나님을 생각만 해도 좋고, 눈물이 쏟아지고, 찬송이 나오는 사람, 조금 좋은 일을 만나도 "하나님, 고마워요" 하는 사람, 어려운 일을 만나도 "주여!" 하는 사람, 그 사람이 행복자입니다.

본문 시편 91편 14절에 보면 "저가 나를 사랑한즉 내가 저를 건지리라"라고 말씀합니다.

주님께서는 주님의 은밀한 곳에 거하는 자가 어려움에 처하면 건져 주십니다. 주님의 은밀한 곳에 거하는 자는 흑암, 밤의 염병과 백주의 파멸을 두려워하지 않고, 천만 인이 쓰러지고 주변 사람들이 다 쓰러져도 두려워하지 않습니다. 하나님의 은밀한 곳에 거하는 자는 하나님께서 방패가 되어 주시고, 하나님께서 구원해 주시기 때문입니다. 아무리 전염병이 많이 지나가도 하나님께서 사랑하시는 자는 건져 주십니다. 병들지 않게 하시고, 병들어도 치료해 주십니다. 간증거리가 되게 해주십니다.

능력이 한이 없으신 주님께서 그 은밀한 곳에 거하는, 사랑하는 자를 어떻게 그냥 두시겠습니까?

또 "저가 내 이름을 안즉 내가 저를 높이리라"(14절)라고 말씀합니다. 은밀한 곳에 거하면 주님께서 높여 주신다는 것입니다.

다윗이 "하나님은 나의 목자, 나의 반석, 나의 피난처, 나의 구원의 뿔, 나의 반석, 나의 전부입니다. 주밖에 다른 복은 내게 없습니다"라고 할 때 하나님께서 그를 높여 주셨습니다. 그 시골 소년 다윗을 높여 주셨습니다.

링컨이 성경을 귀히 여기고, 매일 읽으며, 하나님의 이름을 높일 때 하나님께서 그를 미국의 대통령으로 세워 주셨습니다. 잠언 4장 8절에도 "그를 높이라 그리하면 그가 너를 높이 들리라 만일 그를 품으면 그가 너를 영화롭게 하리라"라고 말씀합니다.

하나님을 존귀하게 여기면 하나님께서도 그를 존귀하게 여겨 주십니다.

저는 죄인이고 부족하지만 하나님 이름을 높입니다. 하나님의 이름을 함부로 불러 영광을 가리는 것을 보면 제 마음이 아픕니다. 한국의 중요한 지도자 모임에 갔다가 교회 지도자들이 소리

치며 추태 부리는 것을 보았습니다. 신문 기자들과 방송국의 기자들이 와서 취재를 하고 있는데도 그러는 것을 보고 제가 통곡했습니다.

'저분들이 하나님의 영광을 생각하지 않는구나. 하나님의 영광은 생각도 않고 어떻게 저럴 수 있나?'

얼마나 마음이 아팠는지 모릅니다. 우리가 '하나님 영광을 지켜 드려야지. 하나님의 이름을 알고 지켜 드려야지' 할 때 하나님께서 예뻐하시고 그를 높여 주십니다. 그 마음의 소원도 이루어 주십니다.

> "여호와를 기뻐하라 저가 네 마음의 소원을 이루어 주시리로다"(시 37:4).

우리가 하나님을 기뻐하고 하나님을 높이면 하나님께서도 우리를 높여 주십니다.

본문 16절에 "내가 장수함으로 저를 만족케 하며"라고 말씀합니다.

주님의 은밀한 곳에 거하는 자는 만족할 만큼 장수하게 해주신다는 것입니다.

하나님께서 히스기야에게 "너, 이제 집안을 정리해라"라고 말씀하셨습니다. 그러나 그가 "저, 더 살고 싶어요"라고 하니 더 살게 해주셨습니다. 하나님의 사랑을 받는 자가 "하나님, 이만큼 살고 싶어요" 하면 하나님께서 "그래, 그만큼 살아라" 하시는 것입니다. 할렐루야!

사람은 70에 죽고 좀 오래 살면 80에 죽습니다. 그러나 하나님의 지존자의 은밀한 곳에 거하는 자, 하나님을 사랑하고 말씀을 사랑하고 그 말씀을 지키며 하나님을 높이기 원하는 자에게는 "너, 몇 살까지 살고 싶니? 너 살고 싶은 대로 살아라. 만족하게 장수하리라" 하신다는 것입니다.

그렇다고 욕심을 품어서 '한 300년 살고 싶다'고 하면 안 됩니다. 분수를 알아야 합니다. 다른 사람이 80년을 살면 저처럼 101세까지만 살게 해달라고 해서 '사람으로 태어나 이 정도 살면 됐지' 할 정도로 사는 것이 만족하게 사는 것입니다.

어떤 분이 98세에 돌아가셨습니다. 그때 그분의 자녀들이 "우리 아버지께서는 살 만큼 사시다 돌아가셨다" 하며 울지 않았습니다. 그것이 호상입니다.

"아! 참 그 집 호상이다. 103세까지 살았다. 와!"

이것이 바로 장수함으로 만족하게 하는 것입니다.

또 지존자의 은밀한 곳에 거하는 자의 복은 그 장수가 영원히 사는 것으로 확장되는 것입니다.

> 저 건너편 강 언덕에 아름다운 낙원 있네
> 믿는 이만 그곳으로 가겠네
> 저 황금 문 들어가서 주님 함께 살리로다
> 너와 날 위해 황금 종 울린다.

인생의 최고급 자원이 무엇입니까? 사우디아라비아의 거대한 유전입니까? 에콰도르의 노다지 황금 광산입니까? 아프리카의 다이아몬드 광산입니까? 혹은 우라늄 광산입니까?

아닙니다. 최고로 값지고 귀한 자원은 하나님이십니다. 우리 하나님이십니다. 하나님이 우리의 영광이고, 우리의 장수이고, 우리의 기쁨이고, 우리의 구원이고, 우리의 방패이십니다. 그 하나님의 은밀한 곳에, 지존자의 은밀한 곳에, 그 품에 거하는 자는 이 모든 것을 다 누리는 것입니다.

예수님을 믿다가 믿지 않아서 잘된 사람을 보면 제게 알려 주십시오. 교회를 떠나서 잘된 사람을 저는 아직 한 사람도 보지 못했습니다. 예수님을 믿다가 예수님을 버리고 교회를 떠난 후 잘된 사람을 저는 이 세상에서 지금까지 보지 못했습니다. 예수님을 버리고 교회를 떠난 사람은 다 초라해집니다. 그러나 어려울 때 예수님을 믿으면 잘됩니다.

하나님이 최고입니다. 이 지존자의 은밀한 곳에 거하는 자가 가장 복이 있습니다.

22

# 지혜로운 삶

(데살로니가전서 5:16-22)

코미디계의 영웅이요, 전설적인 희극 배우, 영화 감독자, 각본가, 제작자인 찰리 채플린, 그는 세계의 많은 사람들에게 웃음과 즐거움을 선사한 빛나는 인물입니다.

채플린이 무명 시절, 한 철공소의 직원으로 일을 했습니다. 하루는 일을 하다가 저녁 식사 시간을 넘긴 사장이 "채플린, 빵 좀 사오게"라고 했습니다. 그런데 채플린이 가져온 빵 봉투를 여니 향기로운 포도주 한 병도 같이 있었습니다.

"채플린, 내가 빵을 사오라 했는데 어찌 포도주까지 사왔는가?"

"사장님, 사장님께서는 하루 일을 끝내시고 포도주 한 잔을 즐기시던데 오늘은 포도주가 떨어진 것 같아 제가 사장님께서 즐기시는 포도주 한 병을 사왔습니다."

"고맙네."

그 이후 사장이 채플린의 임금을 올려 주고 채플린을 대하는 태도가 달라졌다고 합니다.

여러분의 일터에서, 직장에서 여러분의 상사가 또 기업주가 여러분에게 기대하는 것보다 조금 더 일찍 출근하고, 조금 더 정성을 담아 일하면 사랑을 받고 높이 세워질 줄 믿습니다.

세상에 많은 목회자가 있는데, 하나님께서 바라시는 것보다 조금 더 충성하고, 교인들이 기대하는 것보다 조금 더 정성을 쏟으면 하나님의 사랑을 받고 교인들의 사랑을 받는 목회자가 될 줄 믿습니다.

우리가 매주 예배를 드리지만, 하나님께서 기대하시는 것보다 좀 더 정성을 쏟아 일찍 나와서 다소곳이 앉아 기도로 준비하고, 매주 설교를 듣지만 좀 더 귀를 기울여 '하나님께서 내게 주시는 음성'을 들으려고 마음을 쓰면 하나님께서 점찍어 세워 주시고 사랑하실 줄 믿습니다.

오늘날 많은 사람들이 감옥에 있습니다. 감옥을 지어도 지어도 모자라 또 지어야 합니다. 미국이든 한국이든 대부분의 나라가 그렇습니다. 감옥에는 억울하게 들어간 사람들도 있고, 어떤 뜻을 품고 일하다 들어간 사람도 있겠지만 거의 대부분은 후회할 것입니다.

'내가 그때 왜 그랬지? 그때 참을 걸……. 그때 왜 내가 한 잔 마시고 그렇게 했지?'

후회하고 또 후회하면서 옥살이를 하는 것입니다.

“개천에서 용 났네! 우리 가문의 영광일세! 우리 마을의 영광일세!” 하는 말을 듣던 별 같던 인물들이 뇌물 몇억 원 때문에 수갑을 차고 TV와 신문에 이름이 오르내리며 가문의 수치, 마을의 수치가 됩니다. 그 귀한 별 같던 사람들이 옥에서 가슴을 치며 ‘내가 잘못 살았구나! 왜 내가 그 뇌물을 받았지?’ 하고 후회하는 것입니다. 술기운에 해서는 안 될 이성 교제를 했다가 그것이 만방에 알려져 그것 때문에 옷을 벗고, 명예를 잃고, 초라하게 되어 가슴을 치는 것입니다.

‘왜 내가 그런 짓을 했지? 내가 왜 바보짓을 했지?’

미국의 한 유명한 사람의 아픈 이야기를 들었습니다. 그는 존경을 받고 크게 성공한 별 같은 인물이었는데 어떤 실수를 해서 명예와 갖고 있던 큰 빌딩을 다 잃어버렸습니다. 그 후 밤 12시가 넘어 모두가 잠든 시간만 되면 그 빌딩 앞에 가서 ‘흑흑흑흑’ 하며 운답니다. ‘내가 왜 그렇게 살았던고!’ 하며 후회하는 것입니다.

“난 참 바보처럼 살았군요. 난 참 바보처럼 살았군요”라는 노래를 부른, 여대생들의 우상이었던 그 가수가 마약 문제로 옥에 갇혀 팬티 하나 입지 않고 벌거벗긴 채 ‘난 참 바보처럼 살았군요!’라는 노래를 불러야 했답니다. 그때 그는 ‘세상의 인기가 뭐냐? 내가 바보처럼 살았는데’ 하며 가수 생활을 끝내고, 신학교에 가서 목사님이 되어 지금 미국에서 목회를 잘하고 계십니다. 우리 교회에서도 성회를 인도하신 적이 있습니다.

사람은 똑똑해도, 박사 학위를 두 개 가져도, 명문 대학교를 나와도, 고등고시에 합격해도 자신의 힘으로만 살면 결국에는 ‘난 참 바보처럼 살았구나!’ 하며 탄식하는 것입니다.

그러나 하나님께서는 모든 일을 다 아시고 행하십니다.

"오직 우리 하나님은 하늘에 계셔서 원하시는 모든 것을 행하셨나이다"(시 115:3).

사람은 그것을 해서 망할 줄 모르고 하지만, 하나님께서는 멀리 모든 것을 다 내다보시기 때문에 매주일 낮마다, 매주일 밤마다, 새벽마다, 삼일마다 그의 자녀 된 우리에게 후회하지 않도록 말씀해 주시는 것입니다. 알려 주시는 것입니다.

본문도 하나님께서 우리를 사랑하셔서 우리가 결코 후회하지 않는 삶을 살도록 주시는 말씀입니다. 하루를 살아도 행복하고, 한 달을 살아도 보람이 꽉 차고, 한평생 살아도 "주여! 감사합니다. 제가 이렇게 복되게 살았습니다" 하며 살도록 말씀을 주시는 것입니다.

하나님께서는 성령으로 우리 안에 계십니다.

본문에 "성령을 소멸치 말며"(살전 5:19)라고 말씀하시는데, 원어에 보면 성령의 불(Spirit's fire)을 끄지 말라고 되어 있습니다. 우리의 이성적 판단, 우리의 통찰력, 우리의 경험으로 행하면 후회할 일을 하게 됩니다. 후회할 길을 가고, 후회할 말을 하고, 후회할 전화를 하게 되는 것입니다. 원수를 삼고, 담을 쌓고, 골을 파게 됩니다.

그러나 성령님께서는 우리에게 감동을 주시고 하나님의 말씀으로 우리를 인도하셔서 후회하지 않는 길로 가게 하십니다.

그러면 우리가 후회하지 않고 평생 감사하게, 행복하게 사는 길이 무엇입니까?

어떤 경우든지 주님을 바라보며 항상 기뻐하는 쪽으로 나아가는 것입니다.

성령께서는 우리 마음에서 언제 어디서나 "기뻐하라. 기뻐하라. 기뻐하라"고 안내해 주십니다. 'Be joyful always', 항상, 24시간, 자든지 깨어 있든지 기뻐하라는 것입니다.

예수님을 믿지 않는 사람들은 성공하면 기뻐하고 실패하면 슬퍼하고, 승진하면 기뻐하고 해고당하면 슬퍼하고, 주식이 올라가면 기뻐하고 내려가면 우울해하고, 도움받으면 기뻐하고 배신당하면 아파하지만, 예수님을 믿는 우리는 실패하고 해고당해도 '참새 한 마리까지 간섭하시는 하나님께서 계시니 무슨 뜻이 있겠지' 하고 주님 바라보며 기뻐할 수 있는 것입니다.

> "저녁에는 울음이 기숙할지라도 아침에는 기쁨이 오리로다"(시 30:5).
>
> "주께서 나의 슬픔을 변하여 춤이 되게 하시며 나의 베옷을 벗기고 기쁨으로 띠 띠우셨나이다"(시 30:11).

우리 그리스도인은 어떤 경우에도 기뻐할 능력이 있습니다. 그것은 예수 그리스도 때문입니다. '내가 박사가 되면 기쁘겠지? 내가 고등고시에 합격하면 기쁘겠지? 내가 내 집을 마련하면 기쁘겠지? 내가 취직하면 기쁘겠지? 내가 정말 좋은 자동차를 사면 기쁘겠지? 내가 미스 리하고 결혼하면 기쁘겠지?' 그것은 신기루입니다. 그렇게 해도 기쁨이 없습니다.

세상의 물질, 세상 것으로 채우면 기뻐할 것 같지만 나보다 더 가진 사람이 있어서 기뻐할 수 없는 것입니다. 세상 것으로 기뻐하려면 기뻐할 수가 없습니다.

우리나라 최고의 재벌 회장님이 하루에 몇조 원을 번들 남매간에, 형제간에 소송하고 법정에서 싸워야 되니 행복하겠습니까? 세상에서 가진 것으로 행복하려면 끝도 한도 없는 것입니다.

그리고 미래에 기뻐할 일이 있을 것이라는 것, 그것은 속고 사는 것입니다. 전도서 6장 6절에 "저가 비록 천 년의 갑절을 산다 할지라도 낙을 누리지 못하면 마침내 다 한 곳으로 돌아가는 것뿐이 아니냐"라고 말씀합니다. 낙(delight)이 없으면 아무것도 아니라는 것입니다. 전도서 6장 3절에 "사람이 비록 일백 자녀를 낳고 또 장수하여 사는 날이 많을지라도 그 심령에 낙이 족하지 못하고 또 그 몸이 매장되지 못하면 나는 이르기를 낙태된 자가 저보다 낫다 하노니"라고 말씀합니다.

사람은 오늘 행복해야 되는 것입니다.

북쪽의 부자가 남쪽으로 여행을 가서 아름다운 섬을 돌아보는데, 한 어부가 고기 잡을 시간에 고기를 잡지 않고 나무 그늘 아래 누워 뒹굴면서 빈둥빈둥 놀고 있습니다. 하도 답답해서 말을 건넸습니다.

"여보시오! 거기서 뭐 하는 거요?"

"놀고 있어요."

"아니, 물고기 잡아야지요?"

"오늘 먹을 것 잡아 뒀는데요?"

"더 많이 잡으면 좋잖아요."

"더 많이 잡아서 뭐 하게요?"

"돈 벌지요."

"돈 벌어서 뭐 하게요?"

"발동기 달린 배를 사지요. 지금 당신에게 노 젓는 배가 있는데 발동기, 엔진 달린 배를 사면 더 좋지요."

"발동기 달린 배를 사서 뭐 하게요?"

"좀 먼 바다에 가서 큰 고기를 잡아 돈을 더 많이 벌지요."

"돈을 벌어 뭐 하게요?"

"부자 되지요."

"부자가 되어서 뭐하게요?"

"좀 편안하게 살지요."

"지금 내가 어때서요?"

이 어부는 '나보다 더 편한 사람이 있으면 나와 보라'는 것입니다. 발동기 달린 배가 없어도 오늘 내가 행복하면 됩니다.

우리는 예수님 때문에 행복합니다. 아무것도 없어도 예수님께서 우리의 목자이십니다. 하나님께서 우리의 목자이십니다. 하나님은 살아 계십니다.

하박국 3장 17-18절에 보면, 그는 가진 것이 아무것도 없지만 기뻐합니다.

"비록 무화과나무가 무성치 못하며 포도나무에 열매가 없으며 감람나무에 소출이 없으며 밭에 식물이 없으며 우리에 양이 없으며 외양간에 소가 없을지라도 나는 여호와를 인하여 즐거워하며 나의 구원의 하나님을 인하여 기뻐하리로다."

아무것도 없습니다. 전부 텅텅 비어 있습니다. 그러나 기뻐하는 것입니다. 하나님께서 우리와 함께하십니다. 내가 월셋집에 살든, 전셋집에 살든, 200평 집에 살든 하나님께서 함께하시면 행복한 것입니다.

얼마 전 아내랑 밤에 운동장을 돌면서 옛날 이야기를 했습니다. 우리가 가난하게 살 때 아이들이 연탄 가스를 마시고 쓰러진 이야기, 침대 살 돈이 없어 가구점의 창고에서 비 맞아 얼룩진 것을 사 가지고 와서 기뻐했던 이야기를 했습니다. 그때 저희는 그 얼룩진 침대를 놓고도 처음으로 침대를 놓으니 몇천만 원짜리 상아 침대를 둔 것처럼 행복했습니다. 그런 침대를 두고도 기뻐하면 기쁜 것입니다.

다윗은 인생의 성공자입니다. 왕입니다. 모든 것을 다 가졌습니다. 그러나 그는 시편 16편 2절에 "주는 나의 주시오니 주밖에는 나의 복이 없다 하였나이다"라고 찬양합니다. 다 가졌지만 가진 것을 보면 행복할 수 없습니다. 그러나 주님을 바라보니, 목자되신 주님을 바라보니 행복한 것입니다.

그도 왕이 되기 전에는 10년이 넘도록 도망자, 쫓기는 자가 되어 정말 내일 아침에는 어떻게 될지, 무슨 일을 당할지 모르는 삶을 살았습니다. 그러나 시간이 지난 후에 다윗은 이렇게 고백합니다.

"여호와는 나의 목자시니 내가 부족함이 없으리로다"(시 23:1).
"여호와는 나의 힘과 나의 방패시니 내 마음이 저를 의지하여 도움을 얻었도다 그러므로 내 마음이 크게 기뻐하며 내 노래로 저를 찬송하리로다"(시 28:7).

고구마 줄기 하나를 뽑으면 큰 고구마, 작은 고구마가 줄줄이 딸려 나옵니다. 땅콩을 뽑으면 수십 개의 땅콩이 딸려 나옵니다. 감자 한 줄기를 뽑으면 큰 감자, 작은 감자, 새끼 감자가 다 올라옵니다.

예수님이 우리의 모든 것입니다. 하나님이 우리의 모든 것입니다. 하나님이 우리의 밥이고, 물이고, 방패이고, 집이고, 돈입니다. 양에게는 목자가 모든 것입니다. 하나님은 우리의 전부입니다. 그래서 그 어떤 경우에도 하나님을 주목하면 기뻐할 수 있습니다.

그리고 이렇게 기쁘게 살면 따라오는 것이 무엇입니까? "신바람 나게! 신바람 나게! 생기 차게!" 살게 됩니다. 비타민을 먹지 않아도 힘 있게 삽니다.

느헤미야 8장 10절에 "여호와를 기뻐하는 것이 너희의 힘이니라"(The joy of the LORD is your strength)라고 말씀합니다. 하나님을 기뻐하면 힘이 솟아납니다. 어디 가도 힘이 나는 것입니다.

그리고 이렇게 기뻐하고 웃으며 살 때 하는 일이 잘됩니다.

프린스턴 대학교에서 백화점 매장의 종업원들을 대상으로 비교 연구했습니다. 생글생글 웃으며 판매하는 종업원과 심각한 얼굴, 무표정한 얼굴로 판매하는 종업원의 판매 실적을 비교해 보니 웃으며 판매하는 종업원이 3-10배 정도로 실적이 좋더랍니다. 웃으면 복이 온다는 말이 진리인 것입니다.

그리고 웃으면 어디에서나 사랑을 받습니다.

얼마 전 제가 아파트의 엘리베이터에서 내리니 엘리베이터를 기다리던 한 부인이 저를 보고 "안녕하세요?"라고 하는데, 어찌나 상냥하게 웃음 띤 얼굴로 인사를 하던지 아직도 그 부인이 생각납니다. 자기 남편에게도 그렇게 하는지는 모르겠지만 '아! 참, 사랑받겠다'라는 생각이 들었습니다. 웃는 것이 그렇게 중요합니다.

무서운 강도들을 대상으로 설문 조사를 했답니다. 마켓에 강도질하러 갔는데, 종업원이 웃으며 눈을 맞추며 "안녕하세요?"라고 할 때 어떠했느냐는 질문에 강도질을 못했다는 대답이 95퍼센트였습니다. 강도질을 하려고 칼을 품고 권총을 갖고 갔는데, 종업원이 웃으며 "안녕하세요?"라고 하면 강도질을 못한다는 것입니다.

무조건 웃으십시오. 특별히 무서운 사람을 만나면 더 웃으십시오. 그러면 그 사람이 해치지 못하는 것입니다. 기뻐할 때 힘이 나옵니다.

그리고 기뻐할 때 기억력이 상승하고, 눈이 밝아집니다. 또 집중력이 강해지고 무슨 일을 해도 능률이 올라갑니다. 더구나 기뻐하면 병에도 잘 걸리지 않는다는 연구 결과도 있습니다.

어느 의학자가 쓴 글을 보니, 우리 몸에 암이 나타날 때까지는 최소한 3년, 그리고 9년이 걸린답니다. 걱정하고, 근심하고, 분내고, 화내고, 속 끓이고, 스트레스를 받으면 암세포가 잘 큰다는 것입니다. 그러므로 암환자는 이런 것들로 자기가 암을 키웠다는 것입니다. 심각하게 걱정하고, 근심하고, 스트레스를 받고, 막 긴장하고……. 그것이 암세포를 자라게 한다는 것입니다. 그런데 '허허허' 웃으면 암세포가 맥을 못 추고 죽는다는 것입니다.

클레어몬트 대학의 윤리학 교수이고 세계 핵반대위원인 놀만 컬슨 교수에게 암이 생겼는데, 7개월에서 8개월밖에 살지 못한다는 통보를 받았습니다. 그는 자기가 수술받고 항암제를 써도 곧 죽을 것을 알았습니다. 그래서 그는 '나는 그런 치료를 받지 않겠다. 병원에서 죽지 말고 산에서 죽자' 하고 진통제와 웃음보따리 테이프 세 박스를 가지고 산속에 들어갔습니다. '죽을 때까지 웃다가 죽자'라며 4시간마다 진통제를 먹고 웃음보따리 테이프를 들으며 웃고, 또 진통제를 먹고 웃고 하는데, 4시간마다 오던 진통이 5시간, 7시간, 8시간으로 그 간격이 점점 넓어졌습니다. 그리고 많이 웃으면 진통이 12시간 만에 오고, 조금 적게 웃으면 9시간 만에 온다는 것을 확인했습니다. 그래서 그때부터 하루 종일 배꼽을 잡고 웃었더니 6개월이 지나 진통이 없어졌습니다. 20리, 30리를 뛰어도 문제가 없었습니다. 깨끗이 나은 것입니다.

그래서 그는 UCLA 의과대학, MIT 의과대학, 스탠퍼드 의과대학에 자기의 그 스토리를 주며 연구해 보라고 했습니다.

"나는 항암제를 먹지 않았다. 진통제를 먹고 웃은 것뿐인데 암이 없어졌다. 무슨 일인지 연구해 보라."

3년 후 스탠퍼드, MIT, UCLA 의과대학에서 똑같은 결과가 나왔습니다.

'즐거워하고 웃으면 암세포가 사라진다. 하나님께서 주신 최고

의 약은 즐거움이다.'

그 연구로 전 세계에서 임상실험을 시작했는데, 웃고 즐거워하면 암이 없어진다는 공통적인 결과가 나왔습니다. 그러나 성경은 그 사실을 벌써 몇천 년 전에 알려 주었습니다.

> "마음의 즐거움은 양약이라도"(잠 17:22).
> (A cheerful heart is good medicine.)

마음의 즐거움은 최고의 약입니다. 의사의 도움도 받고 약도 먹어야 하지만, 우리는 웃어야 합니다. 웃으면 암세포가 없어지는 것입니다. 신비롭습니다. 기뻐하는 것이 그렇게 중요한 것입니다.

또한 성령께서는 우리를 감동시키셔서 '범사에 헤아려 좋은 것, 좋게 되는 것을 택하라'(Test everything. Hold on to the good)고 하십니다(살전 5:21).

성령께서는 언제나 쉬지 않고 기도하게 감동을 주십니다. 마귀는 "싸워! 싸워! 싸워! 그냥 엎어 버려! 엎어 버려!" 하지만 성령께서는 "기도해라. 기도해라" 하십니다. 마귀는 "낙심해! 실망해! 자살해!" 하지만 성령께서는 "기도해라. 기도해라" 하십니다.

1997년 우리 한국이 IMF를 맞았을 때 한 달에 129명의 사장님이 자살했습니다. 회사가 부도 나고 어려우니 '내 인생은 끝이다' 하고 자살한 것입니다. 그러나 그들이 예수님을 믿었으면 '기도해라! 기도해라!'라는 감동을 받았을 것입니다.

"환난 날에 나를 부르라 내가 너를 건지리니 네가 나를 영화롭게 하리로다"(시 50:15).

기도는 어떤 문제도 이길 힘이 있습니다. 다니엘, 사드락, 메삭, 아벳느고가 왕이 꾼 꿈을 모르고 해석을 못해서 죽게 되었을 때도 금식하며 기도하니 하나님께서 왕의 꿈을 다 보여주셔서 죽을 그들이 총리가 되고, 도지사가 될 수 있었습니다.

하나님은 살아 계십니다.

우리의 기도에 귀를 기울이십니다.

기도하는 자에게 변화를 주십니다.

기적을 일으켜 주십니다.

살길을 열어 주십니다.

성령께서는 "기도하라! 기도하라!"(pray, pray continually)고 하십니다. 우리는 성령께서 주시는 감동대로 자면서도 "주여!", 일어나면서도 "주여!" 하며 늘 기도하는 마음으로 살아야 합니다. 그럴 때 모든 문제를 이기게 되는 것입니다.

"천만 인이 에워싸서 나를 치려 해도 나는 두려워하지 아니하리로다. 사람이 내게 어찌하리요! 하나님은 나를 돕는 자시니 사람이 내게 어찌하리요!"

꾸준히 기도하면 영력이 강해지고 믿음이 굳세져서 겁나는 것이 없는 것입니다. 기도하는 다윗은 골리앗이 겁나지 않았습니다.

늘 기도하면 '내 사업이 망하면 어떡하지? 해고당하면 어떡하지? 자식이 교통사고로 죽으면 어떡하지?' 하는 걱정을 하지 않습니다. '하나님께서 든든히 세워 주시리라. 하나님께서 책임져 주시리라! 하나님이 나의 방패다! 나를 돕는 자시다!'라는 담대함이 오는 것입니다.

그래서 성령께서 늘 "기도하라. 쉬지 말고 기도하라"고 하시는 것입니다.

또한 성령께서는 우리를 감동시키셔서 우리의 통찰력을 도와주시고 범사에, 어떤 경우에도 감사하게, 모든 일에 감사하게 하십니다.

자식이 속을 뒤집어 놓고, 며느리가 속을 뒤집어 놓고, 시누이가 속을 뒤집어 놓고, 회사의 종업원이 배신을 할 때 얼마나 마음이 아픕니까? 그래도 성령께서는 '감사하라!'고 하십니다. 감사하면 이기는 것입니다.

예수님을 믿는 사람이 싸우면 마귀가 박수 칩니다. 예수님을 믿는 시어머니와 며느리가 싸우면 마귀가 '꼴좋다!' 하고 박수 치는 것입니다. 싸울 일이 있고, 정말 뒤엎어 버리고 싶은 일이 있지만, 그때도 성령께서는 우리에게 '감사하라. 그래야 이긴다'라는 감동을 주십니다.

다니엘은 의롭고 신실하게 총리 노릇을 했지만 사자 굴에 들어가게 되었습니다. 그래도 다니엘 6장 10절에 보면, "예루살렘으로 향하여 열린 창에서 전에 행하던 대로 하루 세 번씩 무릎을 꿇고 기도하며 그 하나님께 감사하였더라"라고 말씀합니다. 다니엘은 사자 굴에 들어가게 되어도 "하나님! 제가 전쟁 포로였는데 이렇게 한 나라의 총리로까지 세워 주신 것에 감사드립니다. 제가 사자 밥이 되어 죽긴 죽어도 나쁜 죄를 지어 죽는 것이 아니라 기도하다가 죽게 되니 감사합니다" 하고 감사했습니다. 그때 하나님께서는 사자의 입을 막으시고 오히려 다니엘의 정적들 모두를 사자 밥이 되게 하시며, 다니엘을 더 높이 세워 주시고 형통하게 해주셨습니다.

어떤 경우에도 감사하면 하나님께서 그 손으로 도와주십니다. 길이 열립니다. 이기게 됩니다. 그러나 불평하고 싸우면 패배하게 됩니다.

"모든 일을 헤아려 좋은 것을 택하라"(Test everything. Hold on to the good).

공자가 하급 관리로 일하는 자기 조카 공멸에게 물었습니다.

"공멸아, 네가 관리로 일해 보니 어떠냐? 잃은 게 뭐고 얻은 게 뭐냐?"

"삼촌, 다 잃었어요. 얻은 것은 하나도 없고 잃은 것이 세 가지나 돼요."

"무엇을 잃었느냐?"

"너무 일이 바빠서 공부를 하지 못했어요. 월급이 적어서 친척을 대접하지 못했어요. 공무가 바빠서 친구들을 만나지 못했더니 친구들을 다 잃었어요."

공자의 제자 자천도 공멸과 똑같은 하급 관리였는데, 자천에게도 물었습니다.

"자천! 너는 잃은 게 뭐고 얻은 게 뭐냐?"

"선생님, 저는 잃은 것은 하나도 없고, 얻은 것만 세 가지입니다."

"뭘 얻었느냐?"

"일을 해보니 제가 그동안 배운 대로 되어서 '아, 공부한 대로 되는구나!' 하는 것을 확인했습니다. 월급을 아껴서 친척들을 대접했더니 친척들과 행복하게 지내게 되었습니다. 일을 마치고 시간을 내어 친구들을 만났더니 친구들과 우정이 아주 돈독해졌습니다."

똑같은 상황인데 좋은 쪽을 택하니 얻은 것만 있고, 좋지 않은 쪽을 택하니 잃은 것만 있는 것입니다.

우리는 언제나 좋은 쪽을 택해야 합니다. 성령께서는 우리로 좋은 쪽을 택하게 하십니다. 어떤 경우에도 좋은 쪽을 선택하게 하십니다.

우리는 기뻐하는 것을 선택해야 합니다. 우리는 기도하는 것을 선택해야 합니다. 우리는 감사하는 것을 선택해야 합니다. 이렇게 나가면 하루를 살아도 행복하고, 한 달을 살아도 보람차고, 10년을 살아도 명예롭고, 한평생을 살아도 '아! 멋진 인생을 살았구나!' 하며 하나님께 감사하게 되고, 가문이 빛나게 될 것입니다.

# 은혜의 배달부

2014년 7월 25일 인쇄
2014년 7월 30일 발행

지은이 | 지용수
발행인 | 이형규
발행처 | 쿰란출판사

주소 | 서울시 종로구 이화장길 6
TEL | 745-1007, 745-1301~2, 747-1212, 743-1300
영업부 | 747-1004, FAX, 745-8490
본사평생전화번호 | 0502-756-1004
홈페이지 | http://www.qumran.co.kr
E-mail | qrbooks@gmail.com
qrbooks@daum.net
한글인터넷주소 | 쿰란, 쿰란출판사

등록 | 제1-670호(1988.2.27)

책임교열 | 박은아

값 13,000원

ISBN 978-89-6562-635-0 93230